빅데이터를
활용한
예측마케팅
전략

마인드큐브(Mindcube) :
책은 지은이와 만든이와 읽는이가 함께 이루는 정신의 공간입니다.

Predictive Marketing

측정하고 반응할 줄 아는 기업으로의 안내

빅데이터를 활용한 예측마케팅 전략

외머 아튼·도미니크 레빈 지음 | 고한석 옮김

Mindcube

'측정하고 반응할 줄 아는 기업'으로의 안내서

우병현/ 조선일보 디지털 전략실장
『구글을 가장 잘 쓰는 직장인 되기』 저자

세계 최대 동영상 콘텐츠 서비스 업체인 넷플릭스^{Netflix}는 고객의 취향과 속마음까지 읽는 알고리즘으로 큰돈을 버는 기업으로 유명하다. 넷플릭스는 리드 헤이팅스 회장이 1997년 DVD를 인터넷에서 빌려주는 서비스를 시작했을 때 닷컴 버블 기간 동안 우후죽순처럼 생긴 수만 개 스타트업 중의 하나였을 뿐이다.

하지만 넷플릭스는 온라인 동영상 시장을 석권하고 드라마·영화 등 최고급 콘텐츠를 직접 제작해 회원들에게 바로 제공하는 콘텐츠 제작자로 발돋움했다. 한국의 봉준호 감독에게 5000만 달러를 투자해 〈옥자〉를 만들도록 한 큰손도 넷플릭스였다.

넷플릭스의 성장 비결은 디지털 공간에서 고객의 행동과 욕구를 측정하고 그 결과를 분석해 고객을 대하는 DNA를 장착한 점이다. 넷플릭스는 사업을 시작할 때부터 주소와 신용카드 정보, 나이 등 고객의 프로파일 정보를 확보했다. 이어 DVD 대여 패턴 등 고객들의 온갖 행위 데이터를 측정하고 체계적으로 축적했다.

또 수학의 힘을 잘 아는 헤이팅스는 그런 데이터를 이리저리 조합하고 분석하는 알고리즘을 만드는 데 막대한 돈을 투자했다. 헤이팅스는 언론 인터뷰에서 "선택지가 너무 많을 때 망설이는 시간을 줄여주고 뭘 보면 좋을지 모를 땐 존재조차 알지 못했던 작품을 추천하기도 한다"라면서 넷플릭스의 알고리즘 경쟁력을 자랑했다.

넷플릭스 기업을 새로운 관점에서 정의하면 '측정하고 반응하는 기업'이다. 측정하고 반응하는 기업은 고객과 고객의 행위가 핵심 자산이며 상품이나 서비스는 부차적인 것이다. 측정하고 반응하는 기업은 원하기만 하면 무엇이든지 유통시킬 수 있는 만능 플랫폼과 같다. 넷플릭스의 주력 서비스가 DVD 대여에서 비디오 스트리밍으로, 그리고 다시 동영상 제작으로 계속 바뀐 것이 그런 점을 증명한다. 세계 최대 온라인 쇼핑회사인 아마존 역시 그런 기업이다.

넷플릭스 같은 기업 사례를 접하면 따라하고 싶은 욕구를 느낀다. 내 고객이 누구인지를 알고, 고객이 무엇을 원하는지를 알 수 만 있다면 기업 경영을 정말 잘 할 수 있을 것 같다. 내 상품과 서비스를 좋아하는 고객에게는 더 많은 혜택을 주고 또 진짜 괜찮은 상품을 먼저 알려주고 싶다. 비록 내 고객은 아니지만 내 상품과 서비스를 좋아할 만한 신호를 포착하면 즉시 연결점을 제공하고 싶다.

디지털 기술의 매력은 경험과 직관으로 수집했던 고객 정보를 객관적인 데이터로 무한정 수집하고 과학적으로 분석할 수 있는 점이다. 그뿐 아니라 디지털 기술은 분석 데이터를 바탕으로 고객과 시간과 공간을 뛰어넘어 연결해준다. 이런 디지털 기술의 힘을 빌려 고객의 모든 데이터를 실시간으로 한눈에 보면서 원하는 마케팅을 버튼 하나로 즉시 실행할 수 있다면 마치 신 같은 기분을 느낄 것이다.

디지털 기술의 발전 추세는 실제 기업들이 넷플릭스처럼 측정하고 반응하는 기업이 될 수 있는 길을 활짝 열었다. 특히 클라우드 컴퓨팅이 대중화되면서 기업들이 이전보다 훨씬 저렴한 비용으로 측정하고 반응하는 기업 시스템을 만들어 운영할 수 있다.

또 고객들이 모두 스마트폰을 들고 다니면서 자신의 위치, 취향, 사회적 관계망 등 막대한 양의 정보를 실시간으로 발신하고 있는 점도 넷플릭스 따라하기를 가능하게 만들었다. 기계학습과 같은 인공지능 기술의 대중화도 모든 기업이 저렴한 비용으로 똑똑해질 수 있는 길을 열어줬다.

하지만 대부분 기업이 처한 현실은 넷플릭스 따라하기는커녕 기본적인 디지털 마케팅을 펼치기도 어렵다. 아마도 최고 경영자가 의욕을 갖고 기업 내 고객 프로파일 수집 및 보관 상태를 점검하면, 한숨만 나올 것이다. 여러 부서가 따로따로 관리하고 있고 데이터 정리 기준도 제각각일 것이다. 심지어 고객의 핵심 데이터를 회사 내부에 보관되지 않고 파트너들의 손에 있을 가능성도 높다. 그나마 손에 쥔 데이터마저도 실제로 활용할 수 있는 수준에 한참 못 미칠 것이다. 예를 들어 이메일, 휴대폰 번호 등 컨택 포인트가 누락되어 있거나 고객에게 보낸 우편물 반송률이 30%에 이를 정도로 주소 데이터가 엉망일 것이다.

그동안 디지털 데이터 수집 및 분석에 꽤 많은 투자를 한 기업들도 내부 상황을 점검하면 답답함을 느낄 것이다. 우선 디지털 형태의 데이터는 IT부서가 수집하고 관리하고 있는데, 현업 부서가 이 데이터를 필요할 때마다 복잡한 절차를 거치게 돼 있을 것이다.

최고 경영자가 의지를 갖고 임원들을 모아놓고 빅데이터 기반 디지털 기업을 만들자고 하면 참석자들은 이구동성으로 '데이터 과학자를 영입해야 한다', '첨단 인공지능 솔루션을 도입해야 한다' 등 기술과 돈타령을 할 것이다.

『빅데이터를 활용한 예측마케팅 전략』은 유사한 주제를 다룬 다른 책과 달리 개념과 비전을 강조하지 않고 대부분의 기업이 처한 현실에서 실천 가능한 해법을 찾도록 조언한다. 예를 들어 처음부터 완벽한 고성능 솔루션을 장착하려고 하지 말고, 웹사이트, 매장 등 기존 접점을 통해 모을 수 있는 현실적인 데이터부터 수집하고 분석하는 데서 출발할 것을 제시한다. '싸고 빠르게 여러번 실패하라'는 디자인 업체 아이디오의 디자인 싱킹Design Thinking과 일맥상통하는 접근법이다.

이 책은 또 동일한 데이터를 놓고 전사적 관점에서 볼 수 있는 싱글 뷰를 강조했는데, 현장에서 일하는 입장에서 아주 공감했다. 데이터는 데이터일 뿐이다. 데이터에서 의미를 제대로 추출하려면 종합적인 관점에서 데이터를 해석해야 진짜 보석을 캘 수 있다.

무엇보다 이 책에 끌린 것은 책 목록 자체가 내가 속한 조직의 할 일 목록과 거의 일치하는 점이다. 뉴스 미디어 산업 역시 독자와 광고주로 구성된 고객의 욕구와 행위를 실시간으로 측정하고 과학적으로 반응할 수 있어야 생존이 가능하다.

그런 기업으로 변신하기 위해 당장 실행할 수 있는 프로젝트부터 시작해 작은 성공 경험을 쌓아야 한다. 그러면서 회사 내 곳곳에 흩어져 있는 데이터를 통합하고 하나의 관점에서 데이터를 분석할 수 있는 시스템을 갖춰야 한다. 아울러, 판매, 광고, 제작 등 여러 부서에서 직업 데이터에 접근해 필요한 정보와 인사이트를 얻을 수 있도록 디지털 기술 활용능력을 높여야 한다.

전통 산업계에 속한 기업이 측정하고 반응하는 기업 문화를 만드는 데 어떤 장애물을 만날지 나름대로 머릿속에 그릴 수 있다. 각 부서가 관리하고 있는 데이터를 다른 부서와 공유하기를 꺼리는 사일로Silo 문화가 먼저 떠오른다. 디지털 기술이 대중화되고 발전하는 과정에서 조직 내 IT시스템에 제각각 이식된 다양한 하드웨어와 소프트웨어의 복잡성을 파악하고 정리정돈하는 것도 골칫거리다.

마지막 허들은 아마도 현업 부서에서 필요한 데이터를 직접 다루고 활용하는 디지털 능력일 것이다. 엑셀과 파워포인트를 다루는 데 익숙하지만 스스로 백지 위에 가설을 세우고 검증하면서 해법을 찾는 일을 낯설어 할 것이다. 이 문제를 해결하지 않으면 아무리 좋은 예측마케팅 솔루션을 도입해도 그 솔루션은 무용지물이 될 것이다.

그러나 디지털 전환에 필요한 리더십 부재를, 또 사일로 속에서 자신의 이해를 지키려는 조직문화를 비난하면서 현재 상황을 버틸 수 없다. 빅데이터를 활용한 예측마케팅이 남의 이야기가 아니라, 바로 내 이야기라고 생각하고 작은 실행 프로젝트를 만들어 성공하는 경험을 쌓는 일부터 시작해야 한다.

그런 면에서 이 책을 다른 사람에게 추천하기에 앞서 나와 같이 일하고 있는 조직 내 상사 · 동료들에게 추천하고 싶다. 또 마케팅 접점을 디지털 공간으로 옮겨야 하는 오프라인 전통 산업 종사자들에게 추천하고 싶다. 측정하고 반응할 줄 아는 기업만이 디지털 시대에 살아남아 번영할 것이라고 확신한다.

CONTENTS

3부 : 진정한 예측마케팅 고수가 되는 법

누가 이 책을
읽어야 하는가

이 책은 예측마케팅이 무엇인지 배우고자 하는 마케팅 실무자, 그리고 자신이 일하는 회사에서 예측마케팅을 할 준비가 된 마케터를 대상으로 한다. 예측마케팅에 대한 공부를 막 시작했든 아니면 이미 예측마케팅을 시작했든 관계없이, 이 책에서 많은 유용한 팁을 찾을 수 있을 것이다.

이 책에서 우리는 크고 작은 회사의 마케터들이 예측마케팅에 대해서 꼭 알아야 할 사항들을 알려줄 것이다. 이를 통해서 하라스 엔터테인먼트$^{Harrah's}$ ^{Entertainment*}, 아마존^{Amazon}, 넷플릭스^{Netflix}와 같은 얼리어답터들처럼 막대한 수익을 거둘 수 있는 방법을 보여줄 것이다. 또 마케팅의 새로운 길로 나아가는 데 도움이 되는 실용적인 가이드를 제공할 것이다. 그리고 무엇보다도 유통업에서 출판업까지, 소프트웨어에서 제조업까지 크고 작은 회사들의 이야기를 여러분과 공유할 것이다. 이 마케터들은 모두 극적인 수익을 올렸으며, 당신도 그렇게 할 수 있을 것이다.

---

* 미국의 카지노 호텔 체인으로 미국 전역에 50여 개의 카지노 호텔 소유. 세계에서 4번째로 큰 도박기업. 2016년에 시저스 엔터테인먼트(Caesars Entertainment)로 사명을 바꾸었다.

이 책에 대하여

우리는 마케팅의 질을 개선하는 데 대해서 열의를 가지고 있다. 또 마케팅을 예전처럼 다시 고객과 관련이 있도록 만들기 위해, 필요한 지식과 도구로 마케터들을 무장시키는 데 대해서도 많은 관심을 가지고 있다. 우리는 마케터들이 이 책을 통해서 빅데이터 및 기계학습 기반의 마케팅을 이해하고 그것을 시작하기 위한 지식과 영감을 얻을 수 있기를 바란다. 우리는 이것이 고객, 기업, 마케터 모두에게 윈-윈이 될 것이라고 믿는다. 고객은 자신과 더 관련 있고 의미 있는 경험을 하게 될 것이고, 기업은 수익성 높은 고객 관계를 구축할 수 있게 될 것이며, 마케터는 기업 내에서 부각되고 존중받게 될 것이다. 우리는 웹사이트 www.predictivemarketingbook.com, 링크드인 LinkedIn의 "Predictive Marketing Book" 그룹 (https://www.linkedin.com/groups?gid=8292127) 또는 twitter.com/agilone을 통해서 여러분과 지속적으로 소통할 수 있기를 기대한다.

이 책은 크게 세 부분으로 나뉘어 있다. 1부 "예측마케팅이란 무엇인가"에서는 예측마케팅 소프트웨어의 내부에서 어떤 일들이 벌어지는지, 데이터 과학 및 예측분석이 어떻게 작동하는지, 고객평생가치customer lifetime value라는 개념 뒤에는 어떤 기본적인 사항들이 깔려 있는지를 포함하여 예측마케팅의 다양한 요소를 소개할 것이다. 2부 "예측마케팅을 시작하기 위한 9가지 손쉬운 실행전략"은 예측마케팅을 시작하기 위한 구체적인 전략에 대한 설명서이다. 3부 "진정한 예측마케팅 고수가 되는 법"에서는 예측마케팅과 관련된 테크놀로지, 마케터를 위한 경력개발 조언, 프라이버시, 그리고 예측마케팅의 미래에 대해 살펴볼 것이다.

각 장들은 대부분 독립적인 내용의 글로 읽을 수도 있으므로 아래의 요약 정보를 사용하여 당신이 가장 필요하다고 생각하는 장으로 건너뛰어도 된다.

이 책의 내용

〈1부. 예측마케팅이란 무엇인가〉

1장. 이제는 모든 마케터가 빅데이터 및 예측분석에 쉽게 접근할 수 있다

예측마케팅이란 고객 관계에 대한 새로운 사고 방식이다. 그것은 예측분석이라고 하는 빅데이터 및 기계학습의 신기술을 활용한 것이다. 이제 마케터들은 예측분석에 관심을 기울여야 한다. 약 20년 전 인터넷이 주류가 된 이래로 예측분석의 응용은 다시 한번 업계 판도를 바꿀 수 있는 가장 큰 기회이다. 현재 일부 대형 브랜드들이 이미 수년 전부터 예측마케팅을 사용하고 있기는 하지만 그 도입은 아직 초기 단계에 처하여 있기에 당신이 시작하기에 전혀 늦지 않았다. 크고 작은 회사들 사이에서 예측마케팅의 도입이 점점 가속화되고 있다. 이는 (a) 고객이 브랜드에 대해서 보다 의미있는 관계를 요구하고 있고, (b) 예측마케팅이 엄청난 가치를 제공한다는 것을 얼리어답터들이 이미 보여 주었으며, (c) 예측마케팅을 쉽게 할 수 있는 새로운 기술들이 사용 가능해졌기 때문이다.

2장. 마케터를 위한 알기 쉬운 예측분석 입문

많은 마케터들은 적어도 예측분석이라는 블랙박스 안에서 어떤 일이 일어나는지 이해하기를 바라고, 이러한 모델을 자신있게 적용하고 데이터 과학자와 의사소통할 수 있기를 바란다. 이 장을 읽고 나면 마케터는 예측분석의 전체 프로세스를 잘 이해하게 될 것이다. 마케터가 알아야 할 예측분석 모델에는 자율 학습, 감독 학습, 강화 학습이라는 세 가지 유형이 있다. 많은 마케터들은 향후 고객 행위의 예측과 관련된 업무의 80%가 고객 데이터를 수집, 정리하는 쪽으로 나아가고 있다는 것을 인식하지 못하고 있다. 이 데이터 잡역부 일은 비록 화려하지는 않지만 필수적이다. 정확하고 완전한 고객 데이터가 없다면 의미있는 고객 분석은 불가능하다.

3장. 먼저 고객을 파악하라: 완전한 고객 프로파일의 구축

완전하고 정확한 고객 프로파일을 구축하는 것은 결코 쉽지 않지만 커다란 가치가 있는 일이다. 만약 당신 회사의 고객 프로파일이 다른 대부분 회사들과 비슷한 상황이라면 고객 데이터는 오류 및 중복으로 가득 차 있을 것이며 마케팅 실무자들은 그것을 제대로 활용할 수 없을 것이다.

다행히도 퍼지 매칭fuzzy matching을 포함한 예측 기술은 혼란스러운 데이터를 정리하고 온라인 데이터와 오프라인 데이터를 결합하며 디지털 및 물리적으로 나뉜 데이터베이스들을 통합하여 고객 신원을 파악하는 데 도움을 줄 수 있다. 모든 고객 데이터를 한 곳에 모으는 것은 막대한 가치를 지니고 있으며, 기업 각 부문의 고객 접촉 담당자들이 고객 프로파일에 액세스할 수 있게 하는 것은 각 고객에게 더 나은 경험을 제공하기 위한 중요한 첫걸음이다.

4장. 기업 가치를 높이기 위해 고객을 투자 포트폴리오처럼 관리하라

어떤 기업이든 기업 가치를 최적화하는 가장 좋은 방법은 '모든 개별 고객'의 고객평생가치를 최적화하는 것이다. 고객은 어떤 기업이든 기업 가치의 기본 단위이기 때문에 고객평생가치는 마케팅에서 가장 중요한 지표이다. 모든 고객의 평생가치 또는 수익성을 극대화하면 기업 전체의 수익성과 가치를 극대화할 수 있다. 모든 고객의 평생가치를 최적화하는 가장 좋은 방법은 고객을 마치 투자 포트폴리오처럼 관리하는 것이다. 신규고객과 단골고객에게 각기 그에 맞는 행동을 취해야 하고 그에 맞는 메시지를 보내야 한다. 또한 낮은 가치의 고객, 중간 가치의 고객, 높은 가치의 고객에 따라서 그에 대한 생각과 예산을 조정해야 한다.

〈2부. 예측마케팅을 시작하기 위한 9가지 손쉬운 실행전략〉

5장. 전략 #1: 고객 데이터를 이용하여 마케팅 지출을 최적화하라

마케팅 예산을 배정하라고 하면 그 즉시 대부분의 마케터들은 고객 획득을 위한 지출을 떠올리면서 그 실적이 가장 좋은 채널 및 제품에 예산을 배정하는 것에 대해 생각한다. 그러나 지출 할당에 대한 예측마케팅적 방식은 올바른 제품이나 채널보다는 올바른 사람들에게 비용을 할당하는 것에 토대를 둔다. 대부분의 기업은 고객 획득에 주력하고 있다. 그러나 그들이 고객의 유지 및 재활성화에 더 많은 시간과 예산을 집중적으로 투자한다면 비용 대비 더 많이 효과적으로 성장할 수 있다. 마케터는 고객의 획득, 유지, 재활성화 목표에 기반하여 예산을 배정하는 법을 배워야 하며, 가장 높은 가치의 고객을 획득하도록 해주는 제품 및 채널을 찾는 법을 배워야 한다.

6장. 전략 #2: 고객 페르소나를 예측하고 마케팅을 다시 고객과 관련성 있게 만들어라

우리는 군집분석clustering이라는 예측 기법에 대해서 알아보고 그것이 고전적인 고객 세분화segmentation와 어떻게 다른지 살펴볼 것이다. 군집분석은 기업의 고객기반customer base으로부터 페르소나* 또는 커뮤니티를 '발견'하기 위한 강력

---

* 공통적 특징을 지닌 사용자 그룹을 설명하기 위하여 가상의 인물을 설정하고 그가 가진 여러가지 특성을 묘사하는 방법론.

한 도구이다. 특히 이 장에서는 제품 기반, 브랜드 기반, 행동 기반의 군집분석을 각각 예로 들어 설명한다. 군집분석은 마케팅 상호작용, 제품 및 서비스의 이용과 관련하여 고객의 니즈needs, 행위, 인구사회학적 특성, 태도, 선호도에 어떠한 차이가 있는지에 대한 통찰력을 얻는 데 사용할 수 있다. 이러한 군집cluster들을 사용하여 고객 그룹별로 마케팅 활동과 제품 전략을 차별화하고 최적화할 수 있다.

7장. 전략 #3: 생애주기 마케팅을 위해 고객 여정customer journey*을 예측하라

이 장에서는 고객의 획득acquisition, 성장growth, 유지retention에 이르는 고객생애주기를 자세히 살펴보고 모든 개별 고객에 대한 인게이지먼트engagement**전략이 생애주기 동안 어떻게 전개되어야 하는지 살펴본다. 고객의 평생가치를 최적화하는 기본 원칙은 생애주기의 모든 단계에서 동일하며 그것은 다음과 같은 세 마디 문장으로 요약할 수 있다. '얻기 위해 주어라.' 고객이 당신을 신뢰하면 그는 당신으로부터 구매할 가능성이 훨씬 높다. 신뢰를 얻는 가장 좋은 방법은 가치있는 경험을 '제공'하는 것이다. 고객에게 가치를 '주어야' 고객으로부터 가치를 '얻는다'.

8장. 전략 #4: 고객가치를 예측하라: 가치기반 마케팅

모든 고객의 평생가치가 다 동등한 것은 아니다. 모든 비즈니스에는 높은 가치의 고객, 중간 가치의 고객, 낮은 평생가치의 고객이 있다. 고객의 가치에 따라 차별화된 마케팅 전략을 수립함으로써 기업 가치를 창출할 수 있는 기회를

---

*고객들이 서비스나 제품에 대해서 경험하게 되는 단계들로, 일반적으로 인지-고려-평가-구매-사후 경험 등으로 이루어진다.
**고객이 참여하도록 적극적으로 유도하는 행위.

얻을 수 있다.

이렇게 고객평생가치를 기준으로 세그먼트를 나누고 타깃을 정하는 것을 가치 기반 마케팅이라고 한다. 높은 가치의 고객을 존중하고 유지하기 위해 더 많은 돈을 투자해야 한다. 중간 가치의 고객에게는 상향판매^{upsell}*를 함으로써 이들 고객을 더 높은 가치의 세그먼트로 끌어올려야 한다. 그리고 낮은 가치 또는 수익성이 없는 고객에 대해서는 서비스 비용을 절감해야 한다.

9장. 전략 #5: 고객 등급화를 위해 고객의 구매 또는 참여 가능성을 예측하라

예측분석이라는 단어를 사용할 때 대부분의 사람들이 생각하는 것은 구매 가능성^{likelyhood-to-buy} 모델이다. 이러한 모델을 통해 한 고객이 미래에 특정한 유형의 행동을 할 가능성을 예측할 수 있다. 이 장에서는 소비자 마케팅 및 기업 대상 마케팅에서 구매 가능성 예측에 기반한 프로그램을 살펴볼 것이다. 우리는 기업 대상 마케팅에서 예측 리드**점수 또는 고객 점수가 어떻게 판매 및 고객지원^{customer success}팀의 시간을 최적화할 수 있는지 알아볼 것이다. 우리는 또한 소비자 마케팅 담당자가 어떻게 경향성 모델^{propensity model}에 기반하여 할인 전략과 이메일 발송 빈도를 최적화할 수 있는지 보여줄 것이다.

10장. 전략 #6: 각 고객마다 적절한 개인별 추천사항을 예측하라

또다른 인기있는 예측 기술은 맞춤형 추천이다. 이 장에서는 추천에 대한 입문 지식을 마케터에게 제공하고 다양한 유형의 추천에 대해 알려줄 것이다. 우리는 구매 시점에서의 추천과 후속 추천에 대해서 알아볼 것이고, 특정한 제품

---

*어떤 한 상품을 구입하는 고객에게 더 고급의 상품을 판매하는것. 예)낮은 사양의 컴퓨터를 구입한 고객에게 더 높은 사양의 컴퓨터를 판매하는 것.
**리드(lead)란 회사가 제공하는 서비스나 상품에 관심을 표명하여 향후 구매할 가능성이 높은 잠재 고객을 말한다.

에 연계된 추천 그리고 특정한 고객 프로파일에 연계된 추천에 대해서 알아볼 것이다. 또 맞춤형 추천을 생성할 때 겪을 수 있는 오류에 대해 논의하는 한편, 상품기획^{merchandising} 규칙, 옴니채널 조율^{omni-channel orchestration}, 개인별 추천 시 고객에게 설정 권한 부여의 필요성에 대해서 강조할 것이다.

11장. 전략 #7: 더 많은 고객 전환을 위해 예측 프로그램을 실행하라

이 장에서는 더 많은 그리고 더 좋은 고객을 획득하는 데 도움이 되는 구체적인 예측마케팅 전략 세 가지를 다룬다. 즉, 페르소나를 이용한 더 나은 획득 캠페인의 설계, 리마케팅^{remarketing*}을 사용한 고객 전환율의 향상, 유사 고객 look alike의 타깃팅이다. 리마케팅을 할 때는 되돌아올 가능성이 큰 고객과 그렇지 않은 고객을 차별화하여 전자에 대해서는 간단한 리마인드 메시지^{reminder}를 보내고 후자에 대해서는 추가적인 인센티브를 제공한다. 이러한 기법은 장바구니 미결제, 웹페이지 방문, 상품 검색 등에 대한 캠페인에 활용될 수 있다. 페이스북 및 기타 광고 플랫폼의 유사 고객 타깃팅 기능을 사용하면 기존고객들과 유사한 고객을 더 많이 찾아내거나, '최우수' 고객과 유사한 신규고객을 찾아낼 수 있다.

12장. 전략 #8: 고객가치 증대를 위해 예측 프로그램을 실행하라

고객을 유지하는 비결은 고객을 획득한 그날로부터 그를 계속 붙잡아두기 위한 노력을 시작하는 것이다. 최초 거래는 그 이후로 계속 육성되고 개발되어야 하는 긴 관계의 시작일 뿐이다.

예상 고객^{prospect}을 구매자로 전환시켰다고 해서 고객과의 접촉을 멈추어서

---

* 웹사이트를 방문하였으나 구매하지 않고 이탈한 잠재고객을 대상으로 다른 웹사이트에 관련 광고를 디스플레이하여 다시 관심을 갖게하여 구매를 유도하는 마케팅.

는 안된다. 이 장에서 우리는 고객가치 성장을 위한 구체적인 예측마케팅 전략인 구매후 캠페인, 리필 구매 캠페인, 반복구매 프로그램, 신제품 소개, 고객 사은 캠페인을 다룬다. 또한 예측분석 시대의 고객 충성도[loyalty] 향상 프로그램 및 옴니채널 마케팅에 대해서도 논의할 것이다.

13장. 전략 #9: 더 많은 고객 유지를 위해 예측 프로그램을 실행하라

금전적 가치의 유지에 초점을 두는 것이 좋다. 그러지 않으면 고객은 유지하되 돈을 잃을 수 있다. 또 고객 유지율을 측정할 때 모든 고객 이탈이 다 동등한 가치를 지니는 것이 아님을 인식하는 것이 중요하다. 수익성이 낮은 고객을 잃는 것은 최우수 고객을 잃는 것만큼 나쁜 일은 아니다. 그리고 고객이 이미 쇼핑을 그만둔 후에 그를 다시 활성화하는 것보다 고객이 이탈하지 않도록 예방하고 노력하는 것이 훨씬 쉽고 저렴하며 효과적이다. 이 장에서 우리는 타깃팅되지 않은, 모든 고객에게 동일하게 적용되는 프로그램으로부터 타깃팅된 프로그램에 이르기까지 다양한 고객이탈 관리 프로그램을 살펴볼 것이며, 선제적 유지 관리 및 고객 재활성화 캠페인을 다룰 것이다.

〈3부. 진정한 예측마케팅 고수가 되는법〉

14장. 예측마케팅 역량에 대한 간편한 체크리스트

이 책에서 설명하는 예측마케팅 기법들을 사용하려면 예측마케팅 마인드와 함께 특정한 예측마케팅 기술 역량들을 확보해야 한다. 캠페인, 채널, 획일적 마케팅에 초점을 맞추지 않고 고객과 그들의 상황에 초점을 맞추는 쪽으로 생각을 발전시켜야 한다. 기술적 관점에서 보자면 고객 데이터 통합, 예측 인텔리전스, 캠페인 자동화 분야의 기본 역량들을 확보해야 한다.

15장. 예측(및 관련) 마케팅 테크놀로지에 대한 개괄

우리는 흥미로우면서도 다소 혼란스러운 시대에 살고 있다. 매년 수많은 새로운 마케팅 기술이 등장하고 있다. 이 장에서는 상업적으로 이용가능한 다양한 유형의 테크놀로지들에 대해서 개략적으로 설명하고 예측마케팅 솔루션을 기업 내부에서 자체적으로 구축하려 할 경우 무엇이 필요한지 설명한다.

16장. 야심찬 예측마케터를 위한 경력 개발 조언

예측마케팅과 예측분석을 포함한 새로운 방법론 및 테크놀로지의 얼리어답터가 되면 경력 발전을 위한 커다란 기회를 갖게 된다. 만약 당신이 숫자와 수학에 대해서 불안해하며 예측마케팅을 시작하는 것을 두려워한다면, 당신이 알아야 할 몇 가지 사항이 있다. 비즈니스에 대한 이해가 수학보다 더 중요하다는 것, 올바른 질문을 하는 것이 매우 중요하다는 것, 최고의 마케터는 예술과 과학을 결합할 줄 안다는 것, 그리고 당신은 다른 사람들로부터 많은 것을 배울 수 있다는 것이다.

17장. 프라이버시, 그리고 유쾌함과 불쾌함의 차이

일반적으로 소비자는 개인화된 제품 및 서비스 이용으로 인한 뚜렷한 혜택(예를 들면 편의성)과 맞바꿀 수 있다면 개인적 선호에 대한 정보를 기꺼이 기업과 공유하려고 한다. 개인맞춤화와 관련하여 기업이 사용할 수 있는 고객 정보에는 여러가지 유형이 있으며 소비자는 정보의 유형에 따라서 각기 다르게 느낀다. 고객에게 마케팅 캠페인이 유쾌한 것이 될지 아니면 불쾌한 것이 될지 고려할 때는 상식을 적용하고 상황적 맥락을 고려하라.

이 장에서는 고객 데이터의 취급에서 고객으로부터 신뢰를 얻을 수 있는 몇 가지 지침을 제공한다.

18장. 예측마케팅의 미래

마케팅 분야 안팎에서 예측분석의 새로운 응용 사례들이 계속하여 등장할 것이다. 더 많은 알고리즘을 사용할 수 있게 될 것이고 고객에 대한 실시간 통찰력이 미래의 매장을 포함한 물리적 세계의 모습에 영향을 주기 시작할 것이다. 남들보다 먼저 예측마케팅을 시작할수록 고객, 기업, 마케터 모두 큰 혜택을 얻게 될 것이다. 조만간 고객과 경쟁업체들이 당신으로 하여금 예측마케팅 마인드를 받아들일 수 밖에 없도록 할 것이므로, 얼리어답터가 되어 경쟁 우위를 확보하는 것이 좋을 것이다.

저자들에 대해

외머 아튼^{Ömer Artun}

나는 훈련된 과학자이다. 나는 지적 호기심과 기존 틀에 대한 도전 욕구에 이끌리는 본능적 기업가이다. 초등학교 시절에는 학교 뒤뜰의 뽕나무에서 오디를 따서 길거리에서 팔아야겠다고 생각하고 학교 친구들을 끌어들여 이 작은 사업을 운영했다. 엔지니어이신 부모님으로부터 자극을 받은 나는 형의 뒤를 따라 브라운 대학의 물리학 박사과정에 입학하여 뇌신경 시스템 연구소의 레온 쿠퍼^{Leon Cooper} 밑에서 공부했다. 쿠퍼 박사는 초전도성에 관한 연구로 노벨 물리학상을 수상했으며, 그 다음으로 해결해야 할 큰 문제는 우리가 어떻게 배우고 적응하는지를 해독하는 신경과학이라고 판단했다. 그는 1970년대 초반부터 학습 이론의 개척자였는데 이는 실험 신경과학을 기초로 통계 기법을 사용하여 학습 시스템을 이해하고 만들어내는 것이다. 이는 현재 일반적으로 '기계학습'이라고 불린다. 나는 학습과 기억의 기초가 되는 생물학적 메커니즘과 함께 추상화, 계산, 언어 습득과 같은 고차원적인 인지작용을 학습하고, 연관짓고, 재현할 수 있는 네트워크인 인공신경망의 구축에 대해 연구했다. 인간은 이러한 작업을 쉽게 수행할 수 있지만 이를 기존의 컴퓨터 프로그램으로 구현하기는 쉽지 않았다.

1998년쯤 브라운 대학에서 박사과정을 거의 마쳐갈 즈음 나는 비즈니스 세계가 대부분 단순한 스프레드시트로 운영되고 있음을 알게 되었다. 나는 비즈니스에 데이터 과학 및 기계학습 접근법을 적용해보고 싶었다. 이러한 목표를 가지고 있었기에 나는 근거 중심fact-based의 문제해결 접근법에 기초하여 대기업들이 전략을 수립하는 데 도움을 주는 최고의 전략 컨설팅 회사인 매킨지McKinsey & Co.에서 근무하게 되었다.

1999년 매킨지에 입사했을 때, 나는 몇 가지 프로젝트에서 데이터 과학적 접근방식을 일부 시도할 수 있었다. 첫번째 프로젝트는 한 대형 테크놀로지 회사를 도와서 이 회사가 고객의 요구와 영업팀의 능력 및 경험을 근거로 영업팀과 고객을 과학적으로 매칭시킴으로써 영업 범위를 확장하도록 하는 것이었다. 이 회사의 CEO는 내 보고서의 결론에 깊은 인상을 받았지만 그러한 결론을 현실에서 반복가능하게 정규절차화할 수는 없었다. 이는 내가 데이터 분석의 최종 구간the last mile 문제라고 부르는 것이다. 나는 이것이 해결해야 할 큰 문제임을 깨달았다. 데이터 분석은 상업적 효율성을 개선하는 데 중요한 역할을 하지만 일상적인 실행 업무 플로우의 일부가 되는 경우에만 실제로 가치를 창출할 수 있다. 나는 이러한 문제점이 가격 책정, 공급망 관리, 마케팅, 판매 등 비즈니스의 여러 분야에서 계속 반복되는 것을 목격했다. 내가 매킨지에서 참여한 대부분의 프로젝트는 모두 올바른 답을 가지고 있었지만 결과 보고서로 끝났으며 실제 가치를 창출한 적은 거의 없었다. 매킨지에서의 훈련을 무기로 2002년에 나는 고객 회사 중 하나였던 마이크로웨어하우스Micro Warehouse에 마케팅 담당 부사장으로 취임했다. 여기서 나는 데이터 과학을 일상 업무에 적용하는 것을 목표로 삼았다. 운 좋게도 나는 CEO 제리 요크Jerry York와 회장 커비 마이어스Kirby Myers의 신임을 얻었다. 제리는 현재까지 내가 비즈니스에서 알게 된 사람들 중에서 가장 데이터 분석에 기반하는 사람이었다. 그는 이전에 거스너Gerstner가 IBM 사장이던 시절에 IBM의 CFO였으며 그보다 전에는 크라이슬러Chrysler의 CFO였다. 그는 내가 데이터 과학을 사용하여 비즈니스를 보다 효과적으로 운영하는 데 도움을 주기를 원했다.

나는 최종 구간 문제를 해결하기 위해서는 실행과 데이터 과학을 결합하는 접근방식을 설계해야 한다는 것을 알고 있었다. 나는 두 명의 중요한 직원을 뽑았는데 예일 대학에서 훈련된 명석한 응용수학자인 미셸 네이혼Michel Nahon 은 기계학습 알고리즘 방면에서 나를 도왔으며, 비범한 해커인 글렌 데머라스키Glen Demeraski는 데이터베이스 및 응용 프로그램과 관련된 모든 것을 도와주었다. 나는 데이터를 통해서 자원을 보다 효율적으로 할당하고 마케팅 비용을 줄이면서도 새로운 수익원을 발굴하는 접근방법과 시스템을 만들었다. 우리는 마케팅 효율성, 가격 책정, 할인 패턴뿐만 아니라 영업인력의 효과성에도 상당한 영향을 미쳤다. 2003년초 우리는 영업팀의 구매, 가격 책정, 고객획득 패턴에서 해당 분야의 이동 평균보다 지표가 하락할 경우 경고 시그널을 보내는 실시간 시스템을 갖게 되었는데, 이를 통해 세일즈 담당 임원은 즉각적인 조치를 취할 수 있게 되었다. 2004년부터 2006년까지 마이크로웨어하우스를 거친 후 나는 베스트바이Best Buy의 새로 설립된 기업고객 부문 B2B 마케팅 수석임원Senior Director이 되었다. 당시 베스트바이는 똑같은 최종 구간 문제, 많은 내부 자원과 도구들, 고객 세분화를 논하는 많은 기고만장한 컨설턴트들, 데이터 분석 등 문제로 분투하고 있었지만 정작 고객이 매장에 들어섰을 때 그것들 중 아무 것도 고객에게 영향을 미치지 못했다. 데이터 분석에 대한 진정한 테스트는 그것이 고객이 경험할 수 있는 긍정적인 방법으로 고객에게 영향을 미치는가 하는 점이다. 그렇지 않다면 그것은 첫 단추부터 잘못된 것이다. 베스트바이에서 진전을 이루는 것은 훨씬 더 어려웠는데, 이에 대해서는 1장에서 살펴보겠다.

마이크로웨어하우스 및 베스트바이에서 일하면서 나는 콜럼비아 대학 및 뉴욕 대학 스턴 경영대학원Stern MBA에서 히텐드라 와드화 박사Dr. Hitendra Wadhwa가 가르치던 '관계마케팅' 및 '가격 책정' 수업에 정규 외부강사로도 출강했다. 나는 또 2006년 봄에 뉴욕 대학 스턴 경영대학원의 부교수로 재직하면서 MBA 과정에서 '관계마케팅' 프로그램을 가르쳤다.

이 기간 동안 학생들과 이야기하고, 시장조사를 하고, 다른 회사의 동료들과 이야기하면서, 나는 데이터 기반의 예측마케팅이 향후 10년 동안 새로운 패러다임이 될 것이라고 주장했다.

예측마케팅의 가치는 이미 내게는 자명했지만 상업 분야의 디지털 전환, 고객 접점의 증가, (지금은 '빅데이터'라 불리는) 데이터의 크기, 다양성 및 속도의 급격한 증가로 인해 그 중요성은 가속화되었다.

내가 쿠퍼 박사로부터 배웠던 것들 중 중요한 것이 무엇인지 묻는다면 나는 문제를 분해하여 핵심을 파악하고 근본적인 수준에서 문제를 해결하는 것이라고 말할 수 있다. 그는 항상 어떤 문제에 대한 해결책의 이면에 있는 아이디어는 명확하고 아주 간단해야 한다고 말했다. 이것이 마케터들이 부딪치는 문제에 대해서 내가 생각한 방법이다. 오래된 동네 가게에서의 마케팅은 쉬운 일이었다. 그들은 우리 이름과 우리가 좋아하는 것과 싫어하는 것을 알고 있으며 우리를 일대일로 대했다. 획일적one-size-fits-all인 대량 최적화mass optimization 시대를 맞이하면서 마케터들은 고객과 멀어지게 되었다. 고객은 그저 설문조사 응답자로 되었고 포커스그룹 인터뷰 참가자일 뿐이었다. 모든 논의는 제품과 채널에 관한 것이었다. 그럼에도 불구하고 고객 중심 마케팅에 대한 필요성은 항상 존재해왔다. 다만 그것은 실천하기에는 실용적이지 않고 비용 대비 효과가 적었을 따름이었다. 정보를 저장, 처리, 추출하는 기술과 결합된 웹, 이메일, 모바일, 소셜, 위치 기반 기술을 포함한 디지털 변환은 무엇이 실용적이고 비용 대비 효과가 큰 것인지에 대해서 심대한 변화를 가져왔다.

예측마케팅은 디지털과 오프라인 생활에 인간적 감성을 제공하고 소비자의 개인적 감각을 개별적으로 파악하여 그 사람이 한 일과 앞으로 할 일을 이해함으로써 개인적 접촉을 복원하는 접근 방식이다. 기계학습 알고리즘을 기반으로 하는 예측분석은 마케터가 이러한 행동을 이해하는 데 강력한 지렛대를 제공한다. 기계학습 및 복잡한 알고리즘은 인간의 의사결정을 대체하기보다는, 사람들의 지능을 확장하고 훨씬 큰 규모의 문제를 처리하는 데 도움을 줄 수 있다. 마치 삽으로 땅을 파던 사람들에게 불도저를 주는 것처럼 말이다.

나는 점점 더 많은 회사들이 어려움을 겪고 있는 문제를 해결할 수 있다는 가능성을 보았고, 현재 상태를 극복하고 이 문제를 해결하기로 마음먹었다. 2006년에 나는 사용하기 쉽고 강력한 클라우드 기반 소프트웨어 플랫폼을 통해서 빅데이터 및 예측분석의 강력한 힘을 현업 마케터들에게 제공하는 것을 목적으로 애질원AgilOne을 설립했다. 애질원은 초기 5년간 자력으로 운영되었으며 그후 세콰이어 캐피털Sequoia Capital, 메이필드 펀드Mayfield Fund, 테나야 캐피털Tenaya Capital, 넥스트월드 캐피털Next World Capital을 포함한 최상위 벤처 투자회사들의 지원을 받았다. 우리는 유통, B2B, 인터넷, 미디어, 출판, 교육 분야에서 150개 이상의 브랜드들에게 다양한 채널 전반에 걸쳐 올바른 고객 경험을 제공할 수 있도록 지원하고 있다. 완전하고 정확한 고객 프로파일, 예측 통찰력 및 생애주기 마케팅 캠페인을 통해 마케터들은 고객 충성도를 향상시키고 고객평생가치를 끌어올리고 있다.

나는 여가 시간에는 도예를 즐긴다. 28년 경력의 훌륭한 도예가로 자처한다. 브라운 대학 시절 로드아일랜드 디자인 스쿨Rhode Island School of Design의 로렌스 부시Lawrence Bush 밑에서 수년간 공부했다. 터키 출신인 나는 아내 부르칵Burcak 과 두 딸인 아이스Ayse, 레일라Leyla와 함께 로스 가토스Los Gatos에서 살고 있다. 이 서문을 쓰는 동안 팔로 알토의 카스티예하 스쿨Castilleja School of Palo Alto 신입생인 내 딸 아이스는 그녀가 수강한 수학 수업에서 예측마케팅이 어떻게 차세대에서 주류가 될 것인지를 설명하는 예측마케팅에 관한 기사를 읽고 있었다.

도미니크 레빈

마케팅에 대한 나의 좌뇌-우뇌 통합 접근법은 엔지니어링 스쿨, 디자인 스쿨, 비즈니스 스쿨이 결합된 나의 교육과정에 기반한 것이다. 나는 네덜란드 델프트 대학Delft University에서 산업디자인공학 석사학위를 취득했고 하버드 대학에서 MBA 학위를 취득했다. 나는 고객에게 가치를 제공하려면 테크놀로지 학습과 인간적 창의성을 결합하라고 모든 마케터들에게 권고한다. 지난 20년 동안 나는 기업과 소비자를 대상으로 하는 4개 대륙의 크고 작은 회사에서 마케팅을 해왔다. 무엇보다도 나는 고객데이터의 중요성을 깨달아 방향전환을 한 초기 개종자이다.

1994년에 나는 페루의 쿠스코Cusco에서 여름 인턴쉽을 시작했다. 나는 픽업 트럭을 몰고 현지 농민들을 방문하고 다니면서 얼마나 많은 사람들이 과일을 잼과 주류로 가공하기 위해 지역의 협동조합에 가입하는지를 기록했다. 그 다음에는 필립스 가전Philips Consumer Electronics에서 일을 하면서 더 많은 전자제품을 소녀들과 여성들에게 판매할 방법을 찾아야 했다. 나는 데이터를 수집하기 위해 지방 고등학교의 10대들과 어울렸다. 필립스는 소녀용 전자수첩인 키드컴KidCom과 10대를 위한 쌍방향 페이징 장치인 틴컴TeenCom을 출시했다. 이 프로젝트에서 내 상사는 토니 패델Tony Fadell이었는데, 그는 나중에 아이팟iPod과 아이폰iPhone의 아버지가 되었고 그후 네스트NEST를 설립했다. 1997년 나는 일본의 도쿄로 이주하여 NTTNippon Telegraph and Telephone(일본 전신전화)에서 근무했다. 제조 분야에서 일하든 금융 분야에서 일하든 상관없이 NTT의 모든 직원은 일주일 동안은 회사 매장에서 고객을 만나고 봉사해야 했다. 어떠한 숫자도 고객을 직접 대면으로 만나는 것을 대체할 수 없으므로 나는 어떠한 기업이든 이러한 '고객과의 만남' 프로그램을 실행할 것을 권장한다.

2000년 실리콘밸리로 옮겨 나의 첫 번째 빅데이터 회사인 로그로직LogLogic

에서 마케팅을 담당했는데 이 회사는 나중에 TIBCO 소프트웨어에 인수되었다. 처음으로 나는 많은 고객데이터를 디지털 형식으로 접할 수 있었다. 로그파일들은 마치 인터넷 상의 디지털 비디오 카메라와 같다. 로그로직에서 우리는 이 로그 데이터를 사용하여 보안 모니터링을 했는데 그것은 또한 나로 하여금 비슷한 데이터를 사용하여 고객을 더 잘 이해하고 더 좋은 서비스를 제공할 수 있는 가능성에 눈을 뜨게 해주었다.

나는 펀들리Fundly와 토탕고Totango를 비롯한 여러 다른 테크놀로지 회사를 위해 데이터 중심의 마케팅 조직을 구축해주는 일을 했다. 펀들리는 비영리 단체들이 소셜미디어를 이용하여 돈을 모으도록 도와주는 일을 한다. 우리는 회원 가입 셀프서비스에서 모금 성공에 이르기까지의 프로세스를 데이터를 사용하여 자동화했다. 토탕고는 문제에 봉착한 고객과 유망한 고객을 식별하기 위해 고객 행동을 모니터링하는 예측마케팅 솔루션을 제공한다. 두 경우 모두 고객 획득을 가속화하고 고객평생가치를 높이면서도 매출원가는 낮추는 데 데이터 및 예측이 큰 도움을 주고 있다.

나는 애질원의 CMO 역할을 맡으면서 외머를 만났다. 나는 애질원에서 어떻게 하면 고객 데이터를 가장 효과적으로 활용하여 고객을 즐겁게 할 수 있는지를 찾아내기 위해 바로 당신과 같은 수천 명의 마케터들과 함께 일했다. 외머와 나는 데이터 기반의 고객중심 마케팅 방식에 대해 의견이 일치했다. 데이터와 인간적 경험은 함께 가야 한다. 고객에 대한 열정이 이 책을 쓰도록 우리를 이끌었다.

나는 여유 시간에는 남편과 세 자녀와 함께 여행하면서 전 세계 사람들, 장소 및 문화를 경험하는 것을 즐긴다. 나는 숨이 턱에 찰 때까지 아이스하키를 하기도 하는데 한때는 네덜란드 국가대표팀의 일원이었다. 나는 기업가들과 함께 일하면서 그들이 꿈을 실현할 수 있도록 도와주는 일을 즐긴다.

감사의 말

이 책은 다른 회사들이 예측마케팅을 통해서 성공하도록 도움을 주기 위해서 불철주야로 일할 뿐만 아니라 업무상의 책임을 넘어서서 이 원고에 자신들의 경험, 사례, 지혜를 덧붙여준 앤 푸잇Anne Puyt, 바바라 폰 이유Barbara Von Euw, 리낫 심시Rinat Shimshi, 드루브 바르가바Dhruv Bhargava, 캐리 코이Carry Koy, 조 만시니Joe Mancini, 앤젤라 산필리포Angela Sanfilippo, 학 판Hac Phan, 프란시스 브레로Francis Brero에 의해서 훨씬 풍부해졌다.

우리는 또 예측마케팅 접근방식의 얼리어답터였던 선구자 CEO들과 CMO들, 특히 빌리 캐스퍼 골프Billy Casper Golf의 마케팅 상무 존 시브리즈John Seabreaze, 스타가스Stargas의 영업 마케팅 전무 조 맥도날드Joe McDonald, 무스조Moosejaw의 사장 이오인 코머포드Eoin Comerford, 아르셸릭Arcelik의 사장 레벤트 카키로글루Levent Cakiroglu, 마비Mavi의 사장 에르신 아카릴라르Ersin Akarlilar, 타이거디렉트TigerDirect의 마케팅 부사장 아담 섀퍼Adam Shaffer에게 감사의 뜻을 전한다.

또 보니 바르톨리Bonnie Bartoli, 피터 고프리Peter Godfrey와 그의 '입양 자녀들'인 오저 우낫Ozer Unat, 드루브 바르가바, 오이쿠 아카Oyku Akca, 안셀메 레반Anselme LeVan, 루이 르카Louis Lecat, 라이언 윌렛Ryan Willette, 프란시스 브레로의 도움이 없었다면 외머의 개인적인 성공, 애질원의 성공, 그리고 이 책에 등장하는 개념들은 현실화되지 못했을 것이다.

우리는 또 가족들에게도 감사의 뜻을 전한다.

　외머는 언제나 그를 믿어주고 그가 도전하도록 격려해주고 그의 바쁜 일정을 인내해준 그의 아내 부르칵 아튼 박사Dr. Burcak Artun에게 사랑과 감사를 전한다.

　도미니크는 글쓰기 과정에서 격려해준 그녀의 남편 에일람Eilam과 아이들인 리브Liv, 야나이Yanai, 밀로Milo에게 감사를 전한다. 마찬가지로 그녀는 자신이 시간을 내어 책 저술에 집중할 수 있도록 각자 맡은 일을 독립적이고 책임감 있게 해준 애질원의 마케팅 수퍼스타들인 크리스 필드Chris Field, 존슨 강Johnson Kang, 케사완 렐라나파판Kessawan Lelanaphaparn, 안젤라 산필리포에게도 감사를 전한다.

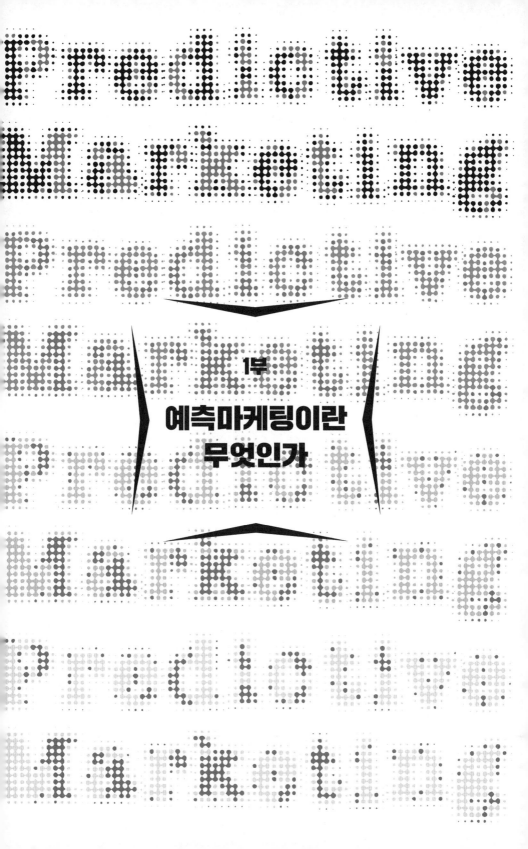

1부

예측마케팅이란
무엇인가

이제는 모든 마케터가 빅데이터 및 예측분석에 쉽게 접근할 수 있게 되었다

예측마케팅은 지난 수십 년 동안 많은 다이렉트 마케팅 담당자들에 의해 정의되고 실행된 고객관계 마케팅이 진화한 것이다. 예측마케팅은 단순한 테크놀로지가 아니라 하나의 접근방식 또는 철학이다. 예측마케팅은 예측분석을 사용하여 고객생애주기 전반에 걸쳐 모든 고객접점에서 고객과 더 관련성 있고 의미 있는 고객경험을 제공하고 이를 통해 고객 충성도와 수익을 향상시키는 것이다.

예측마케팅의 증가는 다음의 세 가지 요인에 의해 촉발되었다. (1) 고객이 많은 채널들을 통해 마케팅 및 세일즈에 접하게 되면서 고객들은 점점 더 개인적, 통합적 접근방식을 원하고 있다. (2) 얼리어답터들은 예측마케팅이 엄청난 가치를 가져다준다는 것을 보여주었다. (3) 새로운 테크놀로지들이 등장하여 고객 데이터의 기존 소스들과 함께 새로운 소스들을 포착하고 새로운 패턴을 인식하게 해주고 있으며, 과거 어느 때보다도 실제 세계와 디지털 세계의 교차점에서 고객 데이터를 사용하는 것을 더욱 쉽게 만들어주고 있다.

예측분석은 예측마케팅을 가능하게 해주는 일련의 도구 및 알고리즘이다. 그것은 데이터의 패턴을 인식하거나 미래에 대한 예측을 할 수 있도록 해주는 다양한 수학적 및 통계적 기법을 포괄적으로 지칭하는 용어이다. 예측분석이 마케팅에 적용되면 여러 응용사례들 중에서도 특히 미래의 고객행위를 예측하고 고객을 군집별로 분류하는 데 사용될 수 있다. 언론에서는 이러한 프로세스를 가리켜 '기계학습', '패턴 인식', '인공지능', '데이터 마이닝' 같은 다양한 용어를 쓰기도 한다. 예측분석과 기계학습은 이 책에서 같은 의미로 사용된다.

예측마케팅은 고객생애주기 전반에 걸쳐서 비즈니스 마케팅 및 소비자 마케팅을 근본적으로 변화시키고 있다. 그것은 마케팅의 초점을 제품 및 채널에서 고객중심으로 전환하고 있다. 예측분석은 신규고객의 획득, 고객평생가치의 증대, 더 많은 고객의 유지를 위한 전략을 개선하는 데 사용된다. 넷플릭스 및 아마존과 같은 혁신적인 테크놀로지 중심의 기업은 이미 예측분석을 수년 전부터 사용해왔으며 통신, 금융서비스 산업, 그리고 하라스 엔터테인먼트와 같은 카지노 산업 분야에서도 많은 기업들이 활용하고 있다. 소파에 앉아서 넷플릭스를 켜면 줄줄이 나타나는 '당신이 좋아할 만한' 영화들과 TV 프로그램들은 이 회사의 성공을 이끄는 원동력이다. 이는 모두 스마트한 분석을 통해 고객데이터를 해석함으로써 가능해졌다. 넷플릭스의 연구개발 본부장인 제이비어 아마트라이언Xavier Amatriain은 2012년에 회사의 테크 블로그에 "사람들이 [넷플릭스에서] 시청한 영화의 75%는 이러저러한 방식의 추천에 의한 것"이라고 썼다.

아마존은 회사 설립 초기부터 예측분석을 사용하여 성공을 일구어왔다. 장바구니에 추가하려는 제품 밑에 나타나는 추천 상품은 아마존을 오늘날 전자상거래의 강자로 만들어준 요인이다. 이 회사는 매출의 35%가 예측 엔진으로 추천한 상품에서 비롯된 것이라고 공개적으로 언급했다. 이는 2013년도 매출액 중 260억 달러에 해당하는 비중이다. 이 회사는 다양한 방법으로 예측분석을 사용하고 있는데, 예를 들어 어떤 내용의 이메일 뉴스레터를 보내는 것이 적절할지 예측하거나 고객이 제품을 재주문하기에 적절한 시점을 예측하여 추천을 하였다.

카지노 산업에서 예측 모델은 도박가들을 위해 예산 및 일정을 설정해주고 이 과정에서 그들의 평생가치를 예측하여 계산해낼 수 있다. 매달 찾아오던 도박가가 어느 달은 건너뛰어서 평소보다 적게 게임을 하게 될 경우 카지노 회사는 그에게 무료 식사, 공연 티켓, 게임 우대권을 제공하는 편지 또는 전화통화를 통해 대응조치를 취할 수 있다. 이러한 유형의 고객데이터 분석이 없다면 카지노 운영자는 어떤 고객이 향후 문제가 생길 수 있다는 조짐을 알려주는, 해당 고객의 행위에서 발생하는 아주 작고 인지하기 어려운 변화를 알아차리지 못할 것이다. 예를 들어 오랜 단골고객이 그동안 축적한 게임 포인트를 모조리 현금화하기로 결정한 경우, 그것은 아마도 그가 카지노 시설에서 겪은 최근의 경험이 불만족스러웠기 때문일 수 있다. 예측분석은 이러한 흐름을 신속하게 파악하여 카지노 관리자에게 경고해줌으로써 관리자가 그 개인에게 접근하여 어떤 문제점이 있는지를 파악할 수 있게 해준다. 이런 종류의 개인화는 불만을 품은 고객을 달래기 위해 중요한 역할을 할 수 있으며 이로 인해서 고객을 유지하느냐 잃어버리느냐가 결정될 수 있다.

하라스 엔터테인먼트의 토털 리워드Total Rewards 프로그램은 1997년에 토털 골드Total Gold라는 이름으로 시작되어 1년 후 지금의 이름으로 개명되었다. 고객관계 프로그램의 모범 사례로 간주되어 많은 사람들이 이후 이를 따라하였는데 이 프로그램은 예측분석 알고리즘에 의해 강력하게 뒷받침된 것이었다. 이 고객충성도 향상 프로그램에 대한 회사의 믿음은 매우 강해져서, 회사는

2008년과 2009년에 기존의 전통적인 광고지출을 50% 이상 줄였다. 이 회사는 2008년에 1억600만 달러를 매체광고에 지출했지만 2014년 상반기에는 이를 5,200만 달러로 줄였으며, 2015년 상반기에는 고작 2,000만 달러밖에 지출하지 않았다(출처: http://adage.com/article/news/harrah-s-loyalty-program-industry-s-gold-standard/139424/).

비록 일부 대형 브랜드들은 이미 여러 해 전부터 예측분석을 사용해왔지만 크고작은 다른 브랜드의 경우 아직도 늦지 않았다. 사실 예측마케팅은 현재 중소 규모 기업에서 광범위하게 채택되고 있다. 예측마케팅으로 큰 성공을 거둔 회사의 좋은 예는 터키 이스탄불에 본부를 둔 고급 의류 제조업체이자 유통업체인 마비Mavi이다. 마비는 유명인과 슈퍼 모델이 선호하는 유기농 데님으로 유명하다. 마비는 미국, 캐나다, 호주, 터키, 유럽 10개 국에 350개가 넘는 다국적 매장과 판매 채널을 운영하고 있다.

마비는 6년 전에 예측마케팅 캠페인을 시작했다. 마비가 처음 사업을 시작했을 때는 마케팅 및 IT 부서를 포함한 각 부서들은 각자의 핵심성과 지표를 수립하고 마케팅 보고서 및 고객 데이터도 제각기 사용했다. 이로 인해 번거롭게 상호대조를 해야 할 필요가 발생했고 중요한 의사결정을 내리기가 어려웠다. 다른 많은 회사들과 마찬가지로 마비의 마케팅팀은 처음에는 IT 부서와 시스템에 의존하지 않고서는 고객데이터에 접근할 수 없었다. 이것은 마케팅팀이 해결해야 할 첫 번째 문제였다. 마비는 2009년 클라우드 기반의 최신 예측마케팅 솔루션을 도입했다. 이로 인해 이 회사는 1일 단위로 고객 데이터를 통합, 정리하고 중복된 항목들을 제거할 수 있게 되었다. 그런 후 그들은 초(超)개인화된 캠페인을 수행하기 위해 데이터를 사용할 준비가 되었다.

마비가 테스트한 최초의 예측마케팅 프로그램 중 하나는 특정한 구매자 페르소나에 대한 프로그램이었다. 마비는 예측분석을 사용하여 서로 다른 제품 선호도를 가진 사람들의 그룹들을 찾아냈다. 예측분석의 전문용어로 이것들을 '제품 기반 군집'이라고 한다. 마비는 적어도 3개의 상이한 구매자 그룹을 발견했다. 주로 남방 셔츠를 선호하는 고객들, 해변 의상을 선호하는 고객들, 그리고 주로 신상품 고급 패션 의류 및 액세서리를 구매하는 세 번째 페르소나 등이었다. 마비는 이러한 페르소나들을 활용하여 이메일 및 문자 메시지 서비스를 통한 타깃 마케팅 캠페인을 더 많이 구현하기 시작했다. 특히, 휴면고객을 대상으로 리인게이지먼트re-engagement 캠페인을 실시하여 고객별로 딱 맞는 제품 유형을 추천했다. 이러한 군집들을 사용하여 마비는 휴면고객의 20%를 다시 활성화할 수 있었다. 기존고객이 한 명 유지되거나 재활성화될 때마다 이 회사가 고객 한 명을 새로 획득해야 할 필요성이 줄어들기 때문에 이는 커다란 도약이었다.

마비는 현재 1년에 80가지가 넘는 예측마케팅 프로그램들을 운영하고 있다. 처음 몇 년 동안 이 캠페인들은 마비의 전체 매출이 7% 포인트 증가하는데 큰 도움을 주었다. 이를 금액으로 환산하면 엄청난 액수이다. 위키피디아Wikipedia에 따르면 2014년 마비의 매출은 7억7,400만 달러였으므로 7% 포인트 증가는 곧 매출이 5,200만 달러만큼 늘어났다는 것을 의미한다. 마비는 고객평생가치를 높이기 위한 새로운 방법을 모색중이며, 이러한 모든 캠페인들이 실행되면 이 숫자는 더 커질 것이다.

마비의 고객관계 관리 책임자인 엘리프 오너Elif Oner는 모든 마케터들이 예측마케팅을 시작할 것을 권한다. 그녀는 "일단 이런 프로그램을 하나만 선택하여 작게 시작하고, 그 성공을 기반으로 확대해야 한다"고 말한다. 엘리프는 이 회사의 CFO가 가장 좋아하는 마케터이기도 하다. 그녀가 마케팅에 지출하는 돈 1달러마다, 그리고 그녀가 제안하는 모든 할인 프로그램마다 그것이 왜 의미가 있는지 설명되고 테스트되고 최적화된다.

이 회사의 CIO 불런트 덜슨$^{Bulent Dursun}$ 역시 데이터 분석의 잠재력을 실현하는 데 중요한 역할을 했으며 이러한 접근방식을 성공할 수 있게 지원해준 핵심 지지자였다.

예측마케팅 혁명

사실 고객 니즈를 예측하는 것은 별로 새로운 개념이 아니다. 진짜 새로운 것은 한 번에 수백, 수천 또는 수백만 고객을 대상으로 거의 자동으로 실시간에 이들 고객 각각의 니즈를 대규모로 예측하고 대응할 수 있는 능력이다.

그다지 오래 전도 아니었던 시절에 당신이 동네 가게에 들어가면, 가게 주인은 당신의 이름, 당신이 전에 구입한 물건의 종류, 당신이 고객이었던 기간, 당신의 성격과 행동에 관한 중요한 정보들을 다양하게 알고 있었다. 이러한 관계는 고객의 구매 과정을 즐겁게 해줄 뿐만 아니라 그가 다시 가게를 찾아와 더 많은 돈을 지출하게 하고 브랜드에 대한 충성도와 신뢰감을 형성하게 해주었다.

오늘날 우리는 우리의 이름을 아무도 모르는 슈퍼마켓에서 쇼핑한다. 예측마케팅은 동네 가게의 개인적인 관계를 온라인 및 오프라인 마케팅이라는 첨단 세계로 옮겨올 것을 약속해준다. 예측분석은 제품 및 프로모션을 중심으로 하는 매스마케팅의 시대로부터 고객을 중심으로 하는 고도로 개인화된 마케팅의 시대로 넘어갈 수 있게 해준다.

오늘날에는 심지어 중소기업들도 웹사이트, 소셜미디어, 모바일앱, 매장방문을 비롯한 매우 다양한 채널을 통해 엄청난 규모의 고객과 상호작용한다. 고객 상호작용의 속도, 양, 유형이 상당히 증가했기 때문에 기업은 과거에 비즈니스 수행의 중요한 측면이었던 개인적인 관계를 지금 시대에도 유지할 수 있는 기회를 더 많이 가지게 되었다. 물론 이것은 쉬운 일이 아니기에 많은 기업들이 기술적 및 조직적 역량, 전략적 초점 등의 부족으로 인하여 실패한다.

고객과의 상호작용과 일상 활동이 디지털화되면서 기업은 고객에 대한 엄청난 양의 데이터를 수집할 수 있게 되었고, 이를 고객에게 더 나은 서비스를 제공하는 데 사용할 수 있게 되었다. 예를 들어 만약 당신이 자포스^{Zappos}에서 신발 한 켤레를 구입하면 이 회사는 당신이 좋아하는 신발의 종류가 무엇인지, 성별은 어떤지, 거주지가 어디인지, 해당 우편번호 지역이 주로 아파트 건물 또는 단독주택인지, 당신이 한 가지 제품만 구입했는지 아니면 다양한 제품들을 구입했는지, 당신이 일반적으로 제품을 정가에 구매했는지 아니면 할인가격으로 구매했는지, 최초 주문을 하기 전에 얼마나 자주 자포스 이메일을 클릭하거나 웹사이트를 방문했는지, 얼마나 자주 콜센터에 전화를 걸었는지, 최초구매 고객인지 아니면 반복구매 고객인지, VIP 고객인지 아니면 계속 쓰는 제품보다 반품해버리는 제품이 더 많은, 수익성이 없는 고객인지 등을 알 수 있다.

대부분의 회사는 여전히 이와 같은 정보를 제대로 사용하는 것이 매우 어렵다고 느낀다. 기록된 데이터의 규모와 내용이 광범위하기 때문에 대규모 데이터 세트에서 통찰력을 이끌어내기 위한 교육 및 경험이 없는 사람들은 이를 이해하기 어렵다. 이 지점에서 예측분석과 기계학습이 필요하게 된다. 컴퓨터는 대규모 데이터 세트에서 자동으로 통찰력을 얻는 데 매우 적합하다. 컴퓨터는 아무런 힘도 들이지 않고 수백만 고객의 이름을 기억하고 마치 과거에 상점 주인이 그랬던 것처럼 각각에 맞춰 환영인사를 할 수 있다. 다시 말해서, 컴퓨터를 사용하면 설사 회사의 고객이 수백만 명이더라도 이제 맞춤형 마케팅 상호작용을 할 수 있게 된 것이다. 그림 1.1은 마케팅 혁명이 어떻게 완전하게 한 바퀴를 돌았는지 보여준다. 1800년대에 상점 주인은 모든 고객과 개인적인 관계를 유지했었다. 산업혁명 기간인 1900년대에 이러한 개인적인 관계는 사업 규모의 확대 욕구와 매스 마케팅에 의해 희생되었다. 이제 테크놀로지 혁명 덕분에 마케터들은 대규모로 비즈니스를 운영할 수 있게 되었을 뿐만 아니라 다시 과거와 같이 개인적인 관계도 회복할 수 있게 되었다.

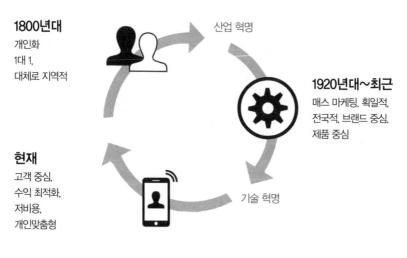

1800년대
개인화
1대 1,
대체로 지역적

산업 혁명

1920년대~최근
매스 마케팅, 획일적,
전국적, 브랜드 중심,
제품 중심

현재
고객 중심,
수익 최적화,
저비용,
개인맞춤형

기술 혁명

그림 1.1 예측마케팅 혁명

예측마케팅은 기계학습과 인간지능 간의 완벽한 결혼이다. 예측마케팅의 요점은 마케터들을 기계로 대체하는 것이 아니라 기계학습을 통해 인간지능을 강화하고 확장하는 것이다.

고객자산 customer equity의 힘

예측마케팅은 고객을 중심에 두는 데이터 기반의 새로운 마케팅 접근방식을 제시한다. 고객 한명 한명의 데이터와 그들이 브랜드와 상호작용한 내용을 수집하고 분석할 수 있는 능력으로 인해서 기업들이 고객에게 더 나은 서비스를 제공하고 더 많은 매출을 창출할 수 있게 되었다. 그림 1.2에서 볼 수 있듯이 예측마케팅은 기업이 제품 또는 채널 지향적 방향에서 고객 지향적

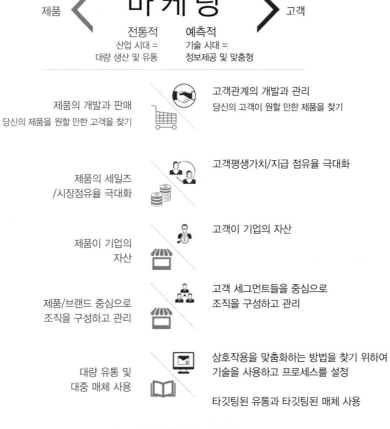

그림 1. 2 제품 중심에서 고객 중심으로

방향으로 진화하도록 도와준다. 예측마케팅을 사용하는 기업은 단지 제품 이나 채널을 개발하고 판매하는 것에 그치지 않고 고객관계를 개발하고 관리하는 데 초점을 둔다.

- 제품을 원하는 고객을 찾는 대신에 고객이 앞으로 어떤 제품을 원할 것인지 발견할 수 있다.
- 고객 시대의 기업은 판매를 극대화하는 대신에 기업의 수익성을 높이기 위해서 고객평생가치와 지갑점유율share of wallet을 최적화하는 데 중점을 둔다.
- 예측마케팅을 수행하는 회사는 채널 및 제품 라인을 중심으로 조직을 구성하는 대신에 고객을 중심으로 조직을 구성한다.
- 기업은 고객을 중심에 두고 고객과의 상호작용을 개인맞춤화할 수 있는 방법을 찾기 위해 빅데이터 및 예측분석을 사용하여 프로세스와 조직을 설계한다.
- 훨씬 더 타깃팅된 고객 의사소통이 이루어지며, 도달범위reach가 아니라 고객관련성relevance이 핵심 지표가 된다.

예측마케팅은 고객관계의 장기적인 가치를 파악, 실현하게 함으로써 최우수 고객이 계속 재방문하여 더 많이 구매하도록 해준다. 그림 1.3은 그 핵심 원리를 보여준다. 기업이 수익성 있는 고객을 획득하고 체계적으로 각 고객의 가치를 성장시키며 오랜 기간 동안 고객관계를 유지한다면 기업도 성장할 것이다.

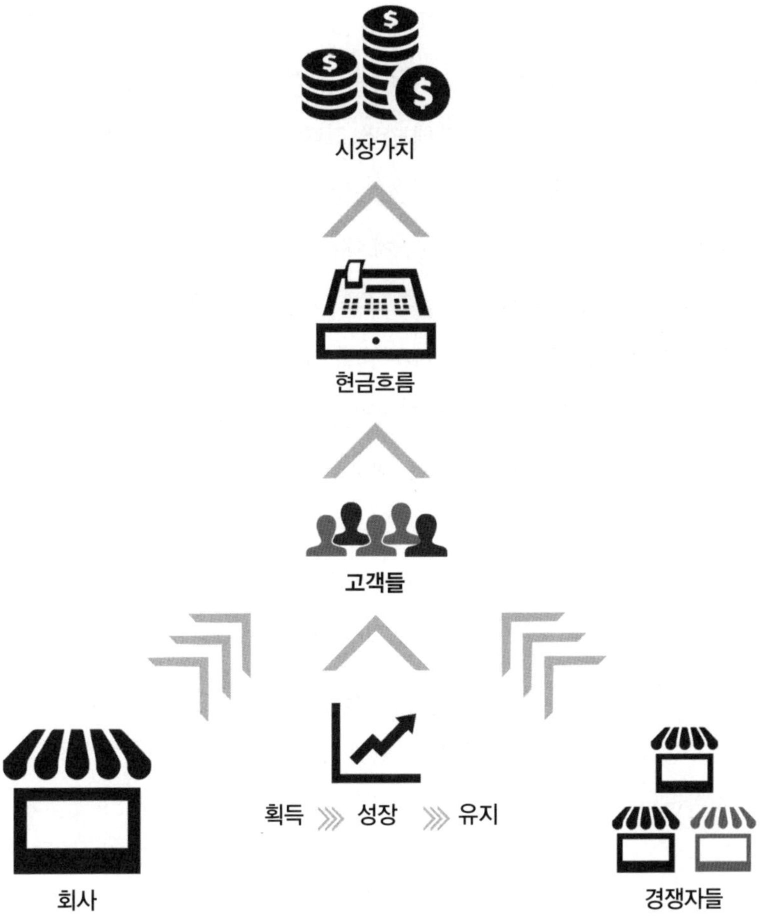
시장가치
현금흐름
고객들
획득
성장
유지
회사
경쟁자들

그림 1. 3 고객은 시장가치의 핵심

기업은 투자 포트폴리오를 관리하는 것과 같은 방식으로 고객자산customer equity을 관리해야 한다. 주식과 마찬가지로 일부 고객은 다른 고객들보다 더 가치가 있으며 그 가치는 시간이 지남에 따라 상승하거나 하락할 것이다. 기업은 예측마케팅을 통해 쉽고 자동적인 방식으로 고객평생가치와 고객자산을 개별적으로 관리할 수 있다.

이 가치를 해독하는 열쇠는 수집할 수 있는 고객정보에 달려 있다. 고객에게 제공하는 경험을 더 많이 개인화할수록 고객은 브랜드 충성도를 유지하게 된다. 당신의 미용사에 대해 생각해보라. 그녀는 당신에 관한 많은 정보를 가지고 있다. 그녀는 당신이 머리카락을 어떻게 자르기를 원하는지 잘 알고 있으며 어쩌면 당신의 직업, 가족, 친구에 대해서도 많이 알고 있을 수 있다. 이러한 정보는 미용사와의 대화를 원활하게 해준다. 당신이 자리에 앉으면 그녀는 일을 시작하고 두 사람은 즐거운 대화를 나눈다. 그녀는 어쩌면 다음 약속 날짜 하루 전에 미리 전화를 해서 확인을 하고 가끔은 새로운 헤어스타일을 제안하기도 한다. 이러한 일들을 새로운 미용사와 다시 시작하려면 시간이 많이 걸릴 것이다. 미용사가 상대하는 고객들은 그리 많지 않다. 하지만 대부분의 마케터들은 수백만 명의 고객에게 서비스를 제공한다. 기업이 컴퓨터와 소프트웨어 없이 수백만 고객의 데이터를 수집하고 처리하는 것은 불가능한다. 예측마케팅은 고객 데이터와 통찰력을 마케터 및 고객 접촉 담당자의 손에, 그리고 개별 고객에게 개인화된 경험을 제공하는 응용 프로그램에 직접 전달한다.

예측마케팅 활용 사례

예측마케팅은 단순히 추천 사항을 제공하는 것만을 의미하지 않는다. 예측마케팅의 가장 일반적인 활용 사례는 다음과 같다.

- **고객 타깃팅 및 고객 획득 활동의 정밀도를 향상시킨다.** 예측마케팅을 통해 가장 수익성 높은 고객을 창출하는 채널을 파악할 수 있으며 이러한 지

식을 바탕으로 마케팅 지출을 최적화할 수 있다. 구매자 페르소나에 대한 더 나은 행동과학 정보로 무장한 마케터는 특정한 마이크로 세그먼트를 초정밀 타깃으로 설정하고 이들의 고객 전환율을 4배 이상 증가시키는 더 효과적인 고객 획득 캠페인을 설계할 수 있다.

• **개인화된 경험을 활용하여 고객평생가치를 높인다.** 예측마케팅은 (어떤 한 고객의 구매 가능성과 같은) 미래의 고객 선호 및 상호작용을 예측할 수 있다. 이러한 정보를 바탕으로 마케터는 고객 상호작용의 개인화, 관련성, 타이밍을 개선할 수 있다. 이러한 경험이 고객으로 하여금 재방문하게 만들고 그의 고객평생가치를 극대화한다. 각 고객의 평생가치를 극대화할 수 있다면 전체 고객 포트폴리오의 가치를 극대화하고 그에 따라 회사 전체의 가치를 자동으로 극대화할 수 있다.

• **고객 유지 및 충성도에 대해서 이해한다.** 언제, 왜, 어떤 고객이 되돌아올지 아니면 이탈할지 예측하는 것은 많은 기업에게 커다란 도전과제이다. 예측마케팅은 마케터가 이러한 고객을 계속 붙잡아두기 위해 선제적으로 조치를 취할 수 있도록 이탈 위험이 있는 고객을 찾아내어 리스트에 표시할 수 있다. 고객의 충성도는 고객평생가치를 극대화해준다. 예측분석은 이러한 충성도를 이끌어내는 행동에 대해서 기업들이 통찰력을 얻게 해준다.

• **고객 인게이지먼트**^{customer engagement}**를 최적화한다.** 이메일 프로모션에 누가 응답할 것인지, 구경꾼^{browser}을 구매자로 전환하기 위해 필요한 것이 무엇인지, 거래를 완료하도록 고객을 유인하는 데 필요한 할인은 어느 정도인지를 예측하는 것 등은 모두 실시간 또는 준실시간으로 고객 인게이지먼트를 증대하는 방법들이며 이러한 것을 통해서 마케팅 효과는 극대화된다.

10가지 질문	예측은 어떻게 도움이 되는가
1. 최우수고객은 누구인가?	계정별 매출을 고려하여 가장 높은 평생가치를 지닌 예상고객이나 현재고객을 예측하고 이 고객 계정을 획득하고 서비스하는 데 드는 비용도 예측한다. 이 정보를 사용하여 예상고객에게 일찍부터 시간과 돈을 투자한다.
2. 기존의 최우수고객과 유사한 신규 고객은 누구인가?	(B2C의 경우) 유사 타깃팅 또는 (B2B의 경우) 특화된 예상고객 목록 제공업체를 활용해 높은 가치를 가진 기존 고객들과 가장 유사한 예상고객이 누구인지를 예측한다.
3. 데이터에서 페르소나를 찾아내어 그것과 유사한 고객을 더 많이 획득한다	자신의 고객기반에서 브랜드, 제품, 컨텐츠, 행위 등이 가장 잘 구별되는 고객 페르소나 특성을 가진 고객 군집들을 예측한다. 그런 다음 이러한 구매자들을 더 많이 끌어들일 수 있는 창의적인 콘텐츠, 제품 및 서비스를 개발한다.
4. 어떤 마케팅 채널이 가장 수익성이 높은가?	어떤 채널이 미래의 모든 구매를 포함하여 가장 높은 평생가치를 가진 고객들을 유치하는지 예측한다. 이러한 정보를 키워드 입찰 전략 및 채널 투자에 반영한다.
5. 어떤 예상고객(비非구매자)이 구매할 가능성이 가장 높은가?	(B2C의 경우) 적절한 인센티브를 제공하기 위해 또는 (B2B의 경우) 올바른 예상 고객에게 영업사원의 시간 투자 우선순위를 정하기 위해 누가 구매할 가능성이 가장 높을지 판단한다.
6. 어떤 기존(또는 과거)고객이 구매할 가능성이 가장 높은가?	일회성 구매자가 반복 고객이 되도록 설득하려면 제품에 대한 인센티브(또는 할인)가 필요하다. 또 상향판매 가능성이 높은 후보자에게 집중할 수 있도록 계정 담당자의 시간투자에 우선순위를 설정한다.
7. 기존고객 중 구매할 가능성이 가장 낮은 것은 누구인가?	어느 고객이 이탈할 가능성이 있는지 예측하여 그가 이탈하기 전에 선제적으로 "다시 방문해 주십시오"와 같은 인센티브나 맞춤형 추천을 보내고, 고객 지원담당자가 전화를 걸도록 한다.
8. 어떤 고객이 특정한 신제품에 대해서 관심이 있을까?	어떤 고객이 재고처분 상품 또는 신상품 출시에 관심이 있는지 예측하여 이러한 기업 또는 소비자에게 영업 및 마케팅 노력을 집중하도록 한다.
9. 이 고객이 관심을 가질 만한 다른 제품이나 콘텐츠는 무엇일까?	특정 고객을 대상으로 획득 캠페인, 상향판매 캠페인, 리인게이지먼트reengagement 캠페인을 수행하기 위해 이 고객에게 어떤 제품 또는 콘텐츠를 추천할 것인지 예측한다.
10. 특정 고객에게 우리 회사의 지갑 점유율은 얼마나 되는가?	높은 잠재가치를 지닌 시장 또는 고객그룹을 예측하여 향후 고객획득 전략의 초점으로 삼는다.

도표 1. 4 예측마케팅의 10가지 예

도표 1.4는 예측분석이 마케터의 어떤 질문들에 대답할 수 있는지를 보여주는 예이다. 이러한 사례들과 함께 다른 여러가지 사례들이 책 전반에 걸쳐 자세하게 소개될 것이다. 예측분석으로 대답할 수 있는 마케팅 관련 질문은 사실 끝이 없으므로 이러한 목록이 모든 것을 포괄하는 것은 아니다.

기업은 구매 가능성, 평생가치 예측, 미래의 제품 선호에 이르는 다양한 정보를 바탕으로 개인맞춤화된 경험을 제공함으로써 자신의 예상 고객과 현재 고객에게 더 나은 서비스를 제공할 수 있다.

예측마케팅 도입이 가속화되고 있다

마케팅 분야의 임원 132명을 상대로 애질원이 최근 실시한 설문조사에 따르면, 76%의 마케터들은 2015년에 자신들의 마케팅에서 일정한 형태의 예측분석을 사용하고 있다고 응답했는데 이는 2014년의 69%보다 증가한 것이다. 이러한 가속화는 다음 세 가지 요인에 의해 촉발되었다. (1) 고객들이 예측마케팅으로 인한 편익benefits(주로 높은 고객 관련성과 시의적절한 마케팅)을 원하고 있고, (2) 예측마케팅이 엄청난 가치를 제공한다는 것을 얼리어답터들이 보여주었으며, (3) 예측마케팅을 손쉽게 수행할 수 있게 해주는 새로운 테크놀로지들이 사용가능하게 되었다.

고객은 브랜드 업체와 더 의미 깊은 관계를 요구하고 있다

소비자는 마케팅 폭격을 당하고 있으며 솔직히 이에 대해 넌덜머리가 난 상태이다. 유통업 시장조사 기관인 콘루미노Conlumino는 2014년 말 소비자 설문조사를 통해 많은 소비자들이 일정한 정도의 개인맞춤화를 기대하게 되었음을 보여주었다. 그 이유 중 하나는 기존 대형 브랜드 업체들이 이미 수년간 개인맞춤형 경험을 제공해왔기 때문이다. 이 설문조사는 3,000명 이상의 온라인 쇼핑객에게 (1) 기업들이 고객 자신들에 대해 어떤 정보를 알고 있기를 기대하는지, 그리고 (2) 고객 자신들이 좋아하는 개인맞춤형 경험은 무엇인지 물어보았다. 70% 이상의 고객이 브랜드 업체로부터 자신이 관심을 가질 만한 신제품의 알림, 리필 리마인드refill reminder, 또는 VIP 고객 인식 등을 포함하여 일정하게 개인화된 경험을 제공받기를 원한다는 사실을 발견했다. 충성고객 보상 및 개인맞춤형 할인과 같은 특정한 유형의 개인화 경험이 전반적으로 인기가 있었으며 다른 개인맞춤화 분야들에 대한 수용 수준은 연령, 지역, 성별 및 기타 여러 요소에 따라 크게 달랐다. 다음과 같은 조사결과들은 고객에 대한 깊은 이해가 매우 관건적이며 브랜드 충성도를 구축하기 위해서 초정밀 타깃팅을 하는 것이 또한 매우 중요하다는 것을 의미한다.

- 미국 소비자의 79%와 영국 소비자의 70% 이상이 브랜드 업체들에게 일정한 형태의 개인맞춤형 설정을 기대한다.
- 미국과 영국 소비자의 절반 이상은 전자상거래 사이트가 자신들의 과거 구매 내역을 기억하고 있기를 기대한다.
- 미국 쇼핑객들 중 가장 인기 있는 개인맞춤형 경험은 자신이 이전에 들여다 보았던 제품에 대한 할인(66%), 자신이 원하는 제품의 출시에 대한 알림(57%), 그리고 VIP 고객 사은 행사(51%)를 제공하는 이메일이었다.
- 미국의 소비자는 온라인 유통업체에게 개인맞춤형 경험을 기대할 가능성이 영국보다 훨씬 더 높았다. 미국인의 약 절반이 신규고객으로서 환영인사를 받기를 원한다(영국의 경우 34%).
- '밀레니엄 세대'의 일부인 18세에서 34세 사이의 쇼핑객은 거의 모든 형태

의 개인맞춤화를 좋게 평가할 가능성이 더 높았다. 밀레니엄 세대 중 52%는 브랜드 업체들이 자신의 생일을 기억하기를 기대한 반면, 65세 이상 노년층은 21%만이 그러했다.

• 이메일의 개인맞춤화가 웹페이지 디스플레이 광고의 개인맞춤화보다 훨씬 인기가 있다. 미국 소비자의 66%와 영국의 소비자의 57%가 이메일 리타깃팅을 환영하지만, 웹 기반 리타깃팅의 경우 24%(미국) 및 17%(영국)만이 이를 환영했다.

한 가지 예로, 뉴욕에 있는 한 고급 패션 브랜드업체의 고객들은 자신이 마땅히 받아야 할 개인화된 경험을 받지 못한 경우 해당 회사에 불만사항을 직접 써서 보내야 한다. 이 회사는 모든 제품 발송 후에는 꼭 구매 만족도 조사를 실시하고 있었는데, 일부 고객은 해당 브랜드 제품을 자주 구매했지만 특별한 대우를 받지 못했다고 썼다. 사실 고객이 획일적인 마케팅에 대해 이런 방식으로 불만을 표시하는 일은 드물다. 고객은 자신의 행동을 통해 그러한 불만을 표시할 가능성이 높다. 예를 들어, 고객불만 상담이 비정상적으로 많이 발생하고 있는가? 반복 구매자가 적은가? 아니면 이메일 캠페인에서 수신거부가 많이 발생하고 있는가? 이 모든 것은 고객이 자신이 주목받기를 기대했지만 그것을 얻지 못하고 있다는 신호일 수 있다.

또 다른 예로 한 작은 주방용품 회사를 들 수 있다. 수년간 이 회사의 제품은 제한된 지역에서 제한된 수량만 판매되었다. 제품의 독창성에 대한 소문이 확산되자 고객 요구를 충족시키기 위해 이제 이 제품을 코스트코Costco와 같은 대형 유통업체를 통해 제공하거나 회사 웹사이트를 통해 소비자에게 직접 제공하고 있다. 열정적인 기존고객들은 자신과 더 관련성이 높은 커뮤니케이션을 요구했다. 비록 고객들이 회사에 이러한 사실을 알리기 위해 편지를 쓰거나 전화하지는 않았지만 이로 인해서 회사가 고객들에게 보내는 이메일에 대한 수신거부 비율이 증가하기 시작했다. 분명히 고객들은 획일적인 이메일 캠페인이 자신의 필요에 부합하지 않는다고 회사에게 말하고 있었던 것이다. 오늘날 고객들은 자신과 관련성이 더 많은 이메일을 적절한 시기에 받는다. 예를 들어 지난 번에 바비큐용 펠렛pellets*을 주문한 뒤 그것이 다 떨어질 때 즈음에 맞추어서 리필할 것을 상기시켜주는 이메일과 같은 것들이다. 예측마케팅 덕분에 이 회사의 이메일을 통한 구매율은 1%에서 4%로 높아졌고 수신거부율은 단 6주 만에 전보다 40%나 줄었다.

많은 마케터들은 고객과 관련이 있는 경험을 제공한다고 스스로 생각하지만 소비자들의 인식은 종종 매우 다르다. 2013년에 애질원이 2,000명의 마케터와 소비자를 대상으로 한 설문조사 결과에 따르면, 마케터의 75%는 고객과 관련성이 있는 마케팅 캠페인을 매년 15회 정도 소비자에게 전달하고 있다고 생각한다. 그러나 소비자 중 34%는 지난 한 해 동안 자신과 관련성 있는 마케팅 캠페인을 단 한 번도 기억하지 못한다고 답했다. 분명히 마케터와 소비자 간에 괴리가 있는 것이다. 동일한 조사에 따르면 마케터의 52%는 고객들의 선호와 상관없이 모든 고객에게 똑같은 내용의 이메일을 보냈고 마케터의 65%는 모든 고객에게 똑같은 횟수의 이메일을 보냈다.

마케터들은 사고방식을 극적으로 바꿔야 한다. 오늘날 이메일 캠페인에서 클릭율이 4%가 되면 마케터는 기뻐서 환호할 것이다. 하지만 사실 이것은 고객의 96%가 그 이메일이 자신과 관련성이 없다고 판단했다는 것을 의미한다. 그것은 형편없는 결과이다. 우리는 모든 고객이 자신과 관련성이 있는 정중한 커뮤니케이션 메시지를 받을 자격이 있다고 생각한다. 이제 마케

---

* 톱밥을 뭉쳐서 손가락 크기로 만든 땔감

터들은 1%의 관련성을 가진 100개의 메시지를 보내는 것보다 100% 관련성을 가진 1개의 메시지를 보내야 한다.

예측마케팅이 엄청난 가치를 제공한다는 것을 얼리어답터들이 보여주었다

마케터들은 예측분석에 주목해야 한다. 예측분석을 적용하는 것은 20년 전 인터넷이 주류가 된 이후로 새롭게 판 자체를 바꿀 수 있는 가장 큰 기회이다. 고객의 니즈와 행위에 대한 전례없는 통찰이 가능해졌기 때문이다. 2013년 세콰이어 캐피털의 행사에서 빌 게이츠Bill Gates에게 만약 오늘 회사를 창업한다면 어떤 회사를 시작할 것인지 물어보았을 때 그는 '기계학습'이라는 두 단어로 답변했다.

켈로그 경영대학원Kellogg School of Management 교수인 마크 제프리Mark Jeffrey는 자신의 저서인 『데이터 중심 마케팅Data Driven Marketing』에서 높은 실적의 기업은 낮은 실적의 기업보다 데이터 인프라에 더 많은 돈(16% 대 10%)을 지출하고 있음을 입증했다. 높은 실적의 기업은 마케팅의 우수성을 측정한 데이터 세트에서 상위 25%에 해당하는 기업으로 정의되었는데 이들의 재무지표는 높은 실적을 거둔 기업이 실제로 더 나은 재무성과도 달성했음을 입증해주었다. 또한 높은 실적의 기업은 고객자산 관리 또는 고객 유지관리 마케팅에 더 많은 돈(14% 대 11%)을 쓰고 수요 창출에는 더 적은 돈(48% 대 58%)을 쓴다. 그는 또 이 책에서 예측분석의 얼리어답터들이 거둔 성공에 대해서 설명했다. 예를 들어 어스링크Earthlink는 예측분석을 사용하여 조만간 이탈하려는 불만족 고객을 찾아냈다. 이러한 고객들과 접촉하고 그들을 유지하기 위해 선제적인 조치를 취함으로써 어스링크는 해지율을 30% 감소시켰다. 마찬가지로, 슈퍼마켓 체인 세인즈베리 스토어즈Sainsbury Stores는 예측분석을 사용하여 자신의 고객기반을 관련성 있는 세그먼트들로 군집화했다. 그런 다음 이 세그번트들을 사용하여 매장을 리모델링했고 이러한 데이터에 근거하여 각 매장의 제품 구성을 차별화했다. 그 결과로 매출이 12% 증가했다.

회사가 고안해낼 수 있는 캠페인의 수에는 제한이 없다. 앞서 언급한 중간 규모 유통업체인 마비는 예측분석을 사용하여 60가지 이상의 개별 캠페인들을 개발함으로써 점차적으로 매출과 수익성을 높였다.

새로운 테크놀로지들이 예측마케팅을 더 손쉽게 사용하도록 해주고 있다

그렇다면 왜 아직 모든 마케터들이 예측마케팅 기법을 사용하고 있지 않을까? 얼마 전까지만 해도 대부분의 마케터들은 수백, 수천 또는 수백만 고객을 대상으로 대량의 고객 데이터를 수집, 분석 및 실행하는 데 필요한 테크놀로지를 사용할 수 없었다. 고객 데이터를 수집, 분석하고 이로부터 얻은 통찰력을 기반으로 채널 전반에 걸쳐 고객 경험을 제공하기 위해서 필요한 기술 및 인력에 투자하는 것은 너무 비싸고 시간이 많이 걸리고 번거로웠다. 그러나 최근의 예측분석은 마케터가 데이터 과학자 또는 소프트웨어 엔지니어의 도움 없이도 완제품 형태의 알고리즘 및 기술을 이용할 수 있을 정도로 성숙되었다. 우리는 15장에서 오늘날 마케터들이 사용할 수 있는, 상당히 저렴하고 신속하고 쉽게 예측마케팅을 할 수 있게 해주는 다양한 완제품 패키지 도구에 대해 자세히 논의할 것이다.

예측마케팅은 더 저렴해지고 있다

예측마케팅과 관련된 비용에는 하드웨어 및 소프트웨어 기술에 지출되는 돈과, 사람들이 데이터의 수집 및 통합, 예측분석 모델의 개발 및 배포에 들이는 시간이 포함된다. 또한 일상적인 마케팅 캠페인에서 이 모델을 사용하는 마케터나 이 모델을 지속적으로 유지 관리하는 데이터 과학자 같은 사람들의 시간도 소요된다. 최근까지도 고객 데이터를 수집하고 저장하는 데이터 웨어하우징 인프라만으로도 수십만 내지 수백만 달러의 비용이 필요했다. 마크 제프리는 데이터 중심 마케팅에 관한 그의 저서에서 10개의 매장, 100,000명의 고객, 1TB의 고객 데이터가 있는 소규모 지역 유통업체가 사내에 데이터웨어 하우징 인프라를 구축하려면 5만~25만 달러를 지출해야 한다고 설명했다. 이 숫자는 400개의 매장이 있는 중형 유통 체인의 경우 250만 달러로 증가하며, 5,000개의 매장이 있는 대형 전국 유통업체의 경우 2억 5천만 달러나 있어야 했다. 하지만 요즘에는 한 달에 겨우 수천 달러에 불과한 클라우드 기반의 예측마케팅 솔루션을 사용하면 된다.

예측마케팅의 도입이 더 쉬워지고 있다

어떠한 솔루션(완제품 패키지 또는 인-하우스 솔루션)을 사용하든 간에, 기업은 고객데이터를 수집하고 통합해서 각 고객별로 고객 프로파일을 구축해야 한다. 2014년 말 마케팅 임원 132명을 대상으로 한 설문조사에서 애질원은 68%의 마케터가 각 고객에 대한 단일 뷰single view를 갖고 있지 않다는 사실을 발견했다. 아마도 회사는 이미 고객에 대한 많은 정보를 가지고 있을 것이다. 그러나 이 데이터는 서로 다른 저장소silos에 저장되어 있을 수 있다. 대부분의 회사는 온라인, 매장, 전화를 통한 트랜잭션에 대해서 각기 별도의 데이터베이스를 보유하고 있다. 웹 상의 행위에 대해서는 이메일 행위, 소셜 행위, 서비스 센터 대화와 마찬가지로 자체적인 저장소를 가지고 있다. 얼마 전까지만 해도 모든 고객데이터를 연결하고 중복을 제거하여 단일 고객프로파일을 구축하기 위해 필요한 데이터 통합 프로젝트를 수행하는 데는 수 개월 또는 수 년이 걸리기도 했다. 최근에는 데이터 통합 및 데이터 정리를 훨씬 쉽게 만들어주는 더욱 자동화된 솔루션들이 등장했다. 대개 이러한 솔루션들은 여러 채널 전반에 걸쳐 고객 데이터를 쉽고 빠르게 표준화하는 표준 데이터 모델을 사용한다.

과거에는 단지 인-하우스 인프라만 필요한 게 아니었다. 자체 고용하든 외주용역을 주든 데이터 통합 전문가 및 데이터 과학자가 필요했다. 데이터 과학자는 고객데이터를 분석하기 위해 사용자 맞춤형 모델을 구축해야 하는데 대개는 예측분석 개발도구를 사용했다. 정확한 결과를 지속적으로 제공하려면 주기적으로 이 모델들을 조율하고 미세조정해야 한다. 데이터 과학자들의 공급이 부족하여 그 간극을 메우기 위해 미국 전역에서 50개 이상의 새로운 대학원 프로그램이 생겨났다. 다행히도 요즘에는 같은 업종의 회사들에 의해서 테스트되고 입증된 모델들을 내장한 완제품형 마케팅 솔루션들이 많이 제공된다. 이 모델들 중 일부는 자가 학습의 능력을 갖추고 있어서 데이터 과학자가 지속적으로 유지 보수하지 않아도 진화하는 고객 데이터에 대해서 시간이 지남에 따라 자동으로 조정된다.

예측마케팅은 마케터들이 더 직접 사용할 수 있게 되고 있다

고객데이터를 기업 내에서 사용가능하게 되었더라도 마케터는 그것을 직접 사용하지 못할 수 있다. 외머 아튼이 2003년 12월에 '기업 부문 베스트바이' Best Buy for Business라는 새로운 부문의 마케팅 책임자로 베스트바이에 입사했을 때 이런 일이 일어났다.

"매일 주문을 추적하고 분석하는 실시간 고객데이터 분석 시스템을 구축한 마이크로웨어하우스를 떠나서 나는 베스트바이에 입사했다. 나는 베스트바이에서 중소 기업을 대상으로 라우터, 프린터, 컴퓨터와 같은 제품을 판매하는 새 B2B 그룹에서 동일한 업무를 수행하기 위해 고용되었다. 베스트바이는 당시 많은 기업들과 마찬가지로 IT를 외부 업체로부터 아웃소싱하고 있었다. 이 업체와 고객데이터에 대해서 논의하고자 할 경우, 그냥 회의를 하는 데도 1만 달러를 지급해야 했다. 이 업체의 IT 담당자에게 가서 다른 것은 필요없고 그냥 원시 데이터 자체를 복사해서 달라고 요청했지만 아무 것도 받지 못했다. 2개월이 지난 후에도 여전히 과거 우리의 구매고객 목록을 얻을 수 없었다. 데이터는 어딘가에 존재하고 있었지만 나는 그것에 접근할 수 없었다. 나는 또다시 9개월 동안 싸웠지만 결국은 포기했다. 얼마 후 나는 마케터들이 예측 분석과 고객 데이터를 직접 사용할 수 있도록 하기 위해서 애질원이라는 회사를 설립했다."

설사 데이터에 대한 액세스 권한을 보유한다고 하더라도 고객에게 더 관련성 있는 경험을 제공하는 데 데이터가 사용될 수 없다면 그것은 수익을 창출하지 못한다. 이러한 유형의 고객 커뮤니케이션을 발송하는 고객 접촉 담당자 또는 그러한 커뮤니케이션을 촉발trigger하는 응용프로그램이 직접 고객 정보를 통합하고 공유하는 것은 어려운 일일 수 있다. 회사가 많은 고객 데이터를 보유하는 것은 드문 일이 아니다. 하지만 마케터는 복잡하고 시간 소모적이며 비용이 많이 드는 데이터 통합을 선행하지 않고서는, (예를 들어 이메일 마케팅 소프트웨어 내에서 고객을 세분화하는 것과 같은 일에) 이 정보를 사용할 수 없다. 최근 들어 드래그 앤 드롭 필터처럼 예측적 통찰력을 직접 사용할 수 있는 새로운 세대의 마케팅 소프트웨어가 출시되었다. 이 소프트웨어들은 고객을 세분화하고 타깃팅하고 개인맞춤형 컨텐츠나 추천 사항을 이메일 또는 광고에 자동으로 삽입하는 동적dynamic 컨텐츠로 포함시키는 것을 도와준다.

예측마케팅을 하기 위해서는 무엇이 필요한가?

성공적인 예측마케팅 프로그램의 기본적인 구성 요소는 다음 그림 1.5에 요약된 바와 같다.

1. 지속적으로 고객에 대해 더 많이 학습한다. 매일매일 데이터를 수집하고 프로파일을 구축하고 정보를 일원화unify하라. 이 방법에 대해서는 3장에서 자세히 설명한다.
2. 과거와 미래 모두에 걸쳐서 마이크로(개인/세그먼트) 차원 및 매크로 차원에서 고객 정보를 분석하여 고객 선호 및 수익성을 파악한다. 2장에서는 마케터가 사용할 수 있는 다양한 예측 알고리즘에 대해 간략히 설명한다.
3. 고객 정보를 지렛대로 활용하여 모든 고객 접점에서 수익성 있게 경험을 개인맞춤화하고 마케팅 및 영업에 들이는 시간과 비용의 투자 대비 수익을 최적화하라. 이 책의 2부는 전적으로 이러한 실천적인 응용에 집중되어 있다.

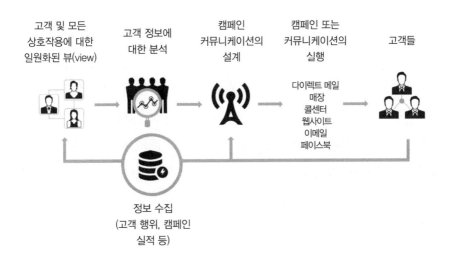

고객 및 모든 상호작용에 대한 일원화된 뷰(view) → 고객 정보에 대한 분석 → 캠페인 커뮤니케이션의 설계 → 캠페인 또는 커뮤니케이션의 실행

다이렉트 메일
매장
콜센터
웹사이트
이메일
페이스북

→ 고객들

정보 수집
(고객 행위, 캠페인
실적 등)

그림 1. 5 예측마케팅 프로세스

예측마케팅을 수행하려면 세 가지 역량, 즉 고객 데이터를 수집, 통합하고, 고객 데이터를 분석하며, 여러 채널 전반에 걸쳐 고객에게 관련성 있는 경험을 제공할 수 있는 역량을 개발해야 한다. 다음 세 가지 방법 중 하나로 이러한 역량을 획득할 수 있다. (1) 예측분석 개발 도구를 사용하여 예측 모델을 직접 구축하거나, (2) 고객데이터 분석 및 예측마케팅 캠페인을 마케팅 서비스 제공업체에게 아웃소싱주거나, (3) 예측마케팅 클라우드 또는 멀티채널 캠페인 관리 도구와 같은 예측마케팅 솔루션을 평가한 후 구매할 수 있다. 첫 번째 옵션은 수백만 달러의 비용이 소요되며 전문 인력을 고용하여 사내 팀을 만들어야 한다. 두 번째 옵션의 마케팅 서비스 제공업체들은 대개 포춘 500대 기업에 서비스를 제공하고 있는데, 고객 데이터의 통합 및 분석, 개인 맞춤형 캠페인 등 전체 서비스에 대한 연간 계약금액은 아마도 약 25만 달러에서 시작할 것이다. 이 책을 쓰고 있는 시점에서 세 번째 옵션인 예측마케팅 클라우드 솔루션은 연간 약 5만 달러에서 시작한다. 15장에서는 이러한 각 옵

선에 대한 자세한 내용과 함께 가장 적절한 경로를 결정하기 위한 몇 가지 판단기준을 제공한다.

이 책을 읽은 후에 당신이 어떤 업종에 있든지 상관없이, 어떤 식으로든 예측마케팅을 시작하기를 바란다. 예측마케팅의 얼리어답터는 충성도와 가치가 더 높은 고객을 보유하게 되어 상당한 경쟁우위를 갖게 될 것이다. 예측마케팅을 채택하지 않은 회사는 남보다 뒤처질 위험이 있다. 핵심은 작게 시작하여 점점 더 많은 노력을 들이는 것이다. 즉각적인 투자 대비 수익ROI을 얻을 수 있는 신속한 성공quick win 프로젝트를 찾아내야 한다.

2장

마케터를 위한
알기 쉬운 예측분석
입문

한자연건강식품 회사는 60년 동안 사업을 해왔다. 사업 규모는 8,000만 달러였지만 마케팅팀은 작았으며 사내 데이터과학 팀도 없었다. 고객들 중 상당수는 충성도가 높았지만 이 회사가 오랫동안 수집해온 고객들에 대한 데이터를 활용할 수 있는 시스템이 없었다. 이 회사는 지금은 클라우드 기반 예측마케팅 소프트웨어를 사용하여 고객 데이터를 조직화하고 이해하고 활용하여 상당한 성과를 내고 있다.

이 소프트웨어는 무료 회원가입 프로모션을 통하지 않고 최초 구매를 한 고객이 무료 회원가입 제안을 통해 가입한 고객보다 76.5%나 더 많은 돈을 지출한다는 것을 발견했다. 또 자동배송 주문을 한 고객은 평생 동안 3배나 더 많은 돈을 지출하리라는 것을 알게 되었다. 이에 따라 회사는 멤버십 프로그램에 관한 스마트한 캠페인을 개발했는데 고객이 가입할 때 가능한 한 자동배송 서비스를 신청하도록 권장하였다.

이 소프트웨어는 또한 회사의 고객기반을 유사한 관심사를 가진 고객 그룹들, 즉 군집으로 분류했다. 이를 통해 체중 감량 군집에 대한 서비스가 부족하다는 것을 발견하고 이들에게 개인맞춤형 커뮤니케이션을 추가로 발송함으로써 매출이 300% 증가했다. 또 고객들이 특정한 영양성분 카테고리 내에서 대부분 구매를 하며 다른 카테고리에 대해서는 거의 관심을 넓히지 않는 경향이 있다는 사실이 명백해졌다. 따라서 각 군집별로 해당 군집 내의 가장 보완적인 제품에 커뮤니케이션을 집중하는 마케팅 프로그램을 만들어야 한다는 것을 알게 되었다.

마지막으로, 이 소프트웨어는 장바구니 미결제 및 리필 프로그램과 같이 특정한 고객 행위에 따라 촉발되는 여러 가지 신속한 성공 캠페인 기능을 제공했다. 이로 인해 웹 전환율이 28% 증가하였고, 리마인드 이메일로 인한 주문율도 22% 증가했다.

이 건강식품 회사의 이야기는 현업 마케터가 데이터 과학자를 한 명도 고용하지 않고 어떻게 예측마케팅 방법을 사용할 수 있는지 보여준다. 이 회사는 고객데이터를 자체적으로 보유하고 있지만 예측 알고리즘, 고급 세분화, 생애주기 캠페인 템플릿 등의 사용은 클라우드 기반 소프트웨어에 의존한다. 설사 회사 내에 데이터 과학자를 보유하고 있지 않거나 알고리즘을 사내에서 자체적으로 개발하지 않더라도 많은 마케터들은 예측마케팅 소프트웨어의 "뚜껑 안쪽"under the hood에서 어떤 일들이 일어나는지에 대해 궁금해한다. 이 장은 그러한 마케터들을 대상으로 한 것이다.

이 장에서는 예측분석에 대한 간단한 입문서를 제공함으로써 예측마케팅 소프트웨어가 '어떻게' 작동하는지 이해하는 것을 목표로 한다. 이는 다음과 같은 생각에서 마련한 것이다. 워드프로세서를 사용하기 위해서 굳이 컴퓨터 프로그래밍을 배울 필요는 없다. 그러나 개인용 컴퓨터의 초창기에는 워드프로세서를 사용하기 전에 "만일의 경우를 대비해서" 사람들은 기초 프로그래밍 수업을 들었다. 이와 마찬가지로 이 장에서는 예측분석 알고리즘의 기초에 대해서 이해하는 것을 목표로 하고 있다. 이로 인해서 당신이 예측분석의 결과물을 사용하는 데 더 많은 자신감을 갖게 해줄 것이다. 물론 이 장을 무시하고 이 책의 제2부로 건너뛰어도 아무런 문제가 없다. 예측마케팅을 수행하는 데 예측분석에 대한 지식이 반드시 필요한 건 아니다.

예측분석이란 무엇인가?

예측 모델은 정치, 사기 탐지, 신용점수 계산시 사용되는 리스크 모델링을 포함하여 비즈니스 및 일상 생활의 여러 영역에서 사용된다. 마케팅 목적상 개별 고객행동을 예측하고 가장 실용적이고 의미있는 방식으로 고객을 그룹화하기 위해 우리는 고급 수학의 도움을 받는다. 예를 들어 예측분석을 사용하면 한 고객이 다시 구매할 것인지 여부와 그 시기를 예측할 수 있다. 또 할인받을 경우에만 구매하는 고객 즉 소위 할인중독자, 구매는 많이 하지만 얼마 후 상당수를 반품해버리는 고객 즉 반품중독자와 같은 특징적인 구매자 그룹들을 고객데이터 내에서 탐지해낼 수도 있다. 마지막으로 예측분석을 사용하면 고객이 다음에 어떤 특정한 제품을 구매할지 예측하고 선제적으로 고객에게 이러한 제품을 추천할 수 있다. 마케터가 알아야 할 예측분석에는 다음의 세 가지 유형이 있다.

1. **자율학습**(가령, 군집화 모델): 자율학습은 결과를 명시적으로 추정 또는 예측하지 않고도 데이터에서 숨겨져 있는 패턴을 찾아낸다. 큰 규모의 고객 그룹 내에서 장거리 달리기를 좋아하는 사람들, 스키 타기를 좋아하는 사람들

과 같이 취향이 유사한 고객을 찾아낸다. 설사 그러한 그룹들이 실제로 존재하는지 또는 누가 그러한 그룹들에 속하는지를 사전에 명시적으로 알고 있지 못하고 있더라도 말이다. 따라서 군집화와 같은 자율적 알고리즘은 일반적으로 데이터 속에 감춰져 있는 실제적인 세그먼트를 밝히는 데 사용된다.

2. **감독학습**(가령, 경향성 모델 또는 예측): 감독학습은 입력 샘플과 목적 변수를 학습하여 어떤 입력값이 주어졌을 때 출력값을 추정하는 데 사용된다. 예를 들어 고객평생가치, 고객이 당신의 브랜드와 함께 할^{engage} 가능성, 고객이 다음에 구매할 가능성이 있는 특정한 제품 등을 추정하는 것이다.

3. **강화학습**(추천 기능이라고 일반적으로 알려져 있음): 강화학습은 데이터에서 숨겨진 패턴과 유사성을 지렛대 삼아 사용자 또는 특정 이벤트에서 최적의 다음 단계, 결과, 제품, 콘텐츠를 정확하게 예측할 수 있게 해준다. 강화학습 알고리즘은 감독학습과는 달리 학습을 위한 입력/출력 샘플을 필요로 하지 않으며, 시행착오에 기반한 학습 논리를 통해서 학습한다.

자율학습: 군집화 모델

자율학습은 당신이 찾고 있는 것이 무엇인지 미리 알지 못하거나 명시적 변수명^{labels}를 사용하지 않고도 데이터의 패턴을 인식해내는 것이다. 이러한 접근방식 중 하나를 군집화라고 한다. 예를 들어 고객의 구매행위를 살펴보면 보통 할인을 받을 때만 구매하는 사람들의 무리^{cluster}가 있을 수 있다. 이러한 특성을 지닌 고객그룹은 사전에 특정한 패턴이나 가설, 또는 데이터에 대한 지식을 적용하지 않아도 탐지될 수 있지만 "행위가 유사한" 고객을 그룹화함으로써 이 그룹의 패턴이 어떤 것인지 드러날 수도 있다.

군집화clustering와 세분화segmentation의 차이점

세분화가 유사성을 기반으로 고객들을 여러 그룹에 각기 수동으로 배치하는 프로세스인 경우라면, 군집화는 고객을 그룹으로 묶을 수 있도록 그들 내의 유사성들을 찾아내는 자동화된, 통계적으로 엄격한 프로세스이다. 세분화의 경우 타깃으로 삼을 사람을 사전에 알고 있지만, 군집화의 경우에는 누구를 타깃으로 삼을 것인지를 발견하는 것이다. 군집화는 고객에 대해 이미 알고 있는 요소들을 사용하여 회사의 고객기반 속에 존재하는 세그먼트들을 자동으로 발견해내는 방법이다. K-means 및 Apriori 알고리즘과 같은 군집화 알고리즘은 수백 가지의 고객 속성 그리고 과거에 고객과 상호작용한 기록을 분석하여 고객 행위, 그리고 이러한 행위를 추동하는 요인에 대한 통찰력을 제공해준다. 대부분의 세분화는 나이 또는 소득과 같은 하나 또는 두 가지 요소를 활용하여 고객을 그룹화하는 비非통계적 방법이라는 점에서 군집화와 다르다. 스웨덴 통계학자 한스 로슬링Hans Rosling이 말했듯이 "문제는 무지가 아니라 선입견이다."

예를 들어 만약 내가 값비싼 칵테일 파티용 드레스를 판매한다면 이 드레스를 살 가능성이 가장 큰 사람들에게 마케팅하고 싶을 것이다. 그렇다면 나는 먼저 타깃 그룹의 범위를 '연간 소득이 10만 달러 이상인 여성'이라고 정의한다. 여성이면서 높은 소득을 가진 고객을 식별하고 그룹화하는 것은 세분화의 과정이다. 이 세그먼트에 속하지 않는 사람들은 1천 달러짜리 드레스를 원하지 않을 가능성이 매우 높다고 가정한다. 가구별 소득에 대한 정보를 가지고 있지 않을 수도 있지만 아마도 고객의 우편번호를 보면 소득을 추정할 수 있을 것이다.

군집화를 이용하면 어떤 여성들이 최신의 칵테일 파티용 드레스를 살 가능성이 가장 높은지 발견할 수 있다. 군집화 알고리즘은 우편번호만이 아니라 더 많은 차원을 검토한다. 군집화 알고리즘은 연령, 지역, 구매 시기, 유사 상품 구매 등과 같은 많은 변수를 살펴본 후 자동으로 유사한 행위별로 고객들을 분류한다. 예를 들어, 매년 1~2월에 구매를 하는 특정 연령대의 여성이 (칵테일 파티용 드레스를 포함한) 고급 드레스를 살 가능성이 가장 높으며 가계 수입은 거의 상관이 없다는 것을 알게 될 수 있다. 이처럼 자동으로 중요한 고객 속성을 발견하고 유사한 속성을 가진 고객들을 그룹으로 묶는 것을 군집화라고 부른다. 그림 2.1은 군집화의 원리를 시각적으로 보여준다.

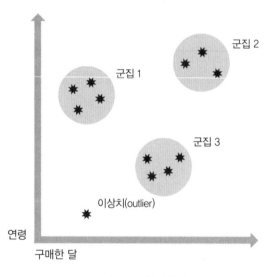

그림 2.1 군집화의 원리

이 예에서는 우리는 소득, 연령, 구매 시기라는 3가지 측면만 살펴보았다. 현실에서 알고리즘의 힘은 회사가 보유한 고객기반 내에서 서로 구별되는 그룹들을 쪼개는 데 의미있는 속성들을 찾아낼 때까지 알고리즘이 수백 가지의 고객 속성을 자동으로 분석할 수 있다는 것이다. 마케터들은 이제 브랜드 선호도, 할인 선호도, 웹사이트에 머문 시간, 웹페이지 열람browsing 행위, 통화 길이 등 수백 가지 고객특성feature을 확보하고 있다. 사람이 수백 가지 유형의 데이터를 통해 각 변수 간의 관계를 찾아내는 것은 현실적으로 불가능하다. 하지만 오늘날의 강력한 컴퓨터 및 소프트웨어 알고리즘의 경우 이는 식은 죽 먹기처럼 쉽다.

하나의 고객 군집은 일반적으로 약 8~15개의 속성을 통해서 설명된다. 이는 자동으로 발견된, 마케팅 대상으로 삼을 수 있는 페르소나로 간주할 수 있다. 당신의 제품을 구매하는 고객들 중 매년 2월이 되면 당시 세일 중인 디자이너 드레스만 인터넷을 통해서 구매하는 젊은 여성들로만 구성된, 통계적으로 유의미한 고객 그룹을 발견할 수도 있다. 또한 오직 매장에서만 당신의 제품을 구매하되 약 2개월에 한 번씩 언제나 정가 그대로 구매하며 칵테일 파티용 드레스에는 전혀 관심을 보이지 않고 오직 캐주얼 의류만을 선호하는 더 나이든 여성 그룹이 있을 수도 있다. 이제 당신은 군집분석의 큰 그림을 이해한 것이다.

전통적인 방법론은 종종 인간의 직관과 짐작에 의존한다. 반면 군집화는 '기계학습 알고리즘'이라고 불리는 것을 사용하여 고객 세그먼트들을 생성한다. 이로 인해서 컴퓨터는 방대한 양의 과거 사례를 신속하게 연구할 수 있고 이전에 수집된 데이터를 학습하여 고객 그룹들간의 차이를 구별해낼 수 있으며, 사람이 알아차리지 못했던 상관 관계를 찾아내고, 마케터가 발견하지 못했던 놀라운 결과를 이끌어낼 수 있다.

예를 들어, 당신의 회사가 패스트 패션 온라인 유통업체라고 가정해보자. 입고품inventory이 너무 빨리 변경되므로 특정한 개별 제품을 추천하기는 어렵다. 그러나 서로 구별되는 구매 페르소나들을 발견하기 위해 제품 유형별로 고객을 군집화할 수 있다. 아마도 특정한 유형의 제품들은 함께 구입되는 경우가 많다는 것, 일부 고객들은 단일한 카테고리에 속하는 제품들을 구매하는 반면 다른 일부 고객들은 여러 카테고리에 걸쳐 제품을 구매하는 경향이 있다는 것을 발견하게 될 것이다. 특히, 스포츠 의류를 구입하는 사람들은 선글라스도 구입하는 경향이 있는 반면, 또다른 고객 군집은 해변 의상과 함께 선글라스를 구입하는 경향이 있음을 알게 될 수도 있다. 지역, 성별 및 구매시기와 같은 고객 속성들을 사용하면 이러한 두 개의 군집을 구별하여 각각에 맞게 마케팅할 수 있다. 하나의 군집은 휴가를 준비하는 여성으로 구성되어 있을 수 있으며, 또다른 군집은 남성과 여성이 모두 포함된 열렬한 달리기 애호가로 구성되어 있을 수 있다. 만약 선글라스를 구매하는지 여부만 놓고 본다면 이 두 세그먼트의 미묘한 차이를 놓칠 수 있다. 이 둘에 대해서는 서로 다른 창의적 마케팅 및 콘텐츠 마케팅 전략을 사용하여야 가장 좋은 효과를 거둘 수 있다.

우리는 6장의 마케팅 캠페인에서 군집을 사용하는 방법에 대해서 배울 것이다.

감독학습: 경향성 모델

경향성 모델은 '우도*모델'이라고도 불리는데, 예측분석이라는 단어를 들었을 때 대다수 사람들이 떠올리는 것이 바로 이것이다. 수학적 용어를 사용하자면 이 모델은 신경망neural networks, 로지스틱 회귀logistic regression, 랜덤 포레스트random forest, 회귀 트리regression trees와 같은 알고리즘을 사용한다. 이러한 알

---

* 尤度. likelihood, 가능성.

고리즘들의 이름은 마케터에게는 중요하지 않다. 중요한 건 경향성 모델이 과거의 사례들을 통해 학습함으로써 고객의 미래 행위를 예측해낸다는 점이다. 예를 들어 고객이 제품을 구매할 가능성 또는 예상 고객이 웹사이트에서 뭔가 행동할 가능성을 들 수 있다.

경향성 모델은 다이렉트 메일(DM)에 매우 많이 사용되며 '반응 모델'response models이라고도 종종 불린다. 다이렉트 메일을 수신한 결과로 제품을 구매하게 될지 아닐지와 같은 고객의 반응을 예측하기 때문이다. 경향성 모델은 가이드 학습guided-learning 모델이다. 이는 데이터를 학습하는 데 시간이 걸린다는 것, 그리고 시간이 지남에 따라 모델이 더 나아진다는 것을 의미한다. 모델이 예측한 내용에 대해서 이후에 실제 결과(예들 들면 고객의 구매 여부)를 관측하게 되면 모델은 알고리즘을 조정하게 되므로 시간이 지남에 따라 더 정확해질 수 있다. 따라서 대부분의 경향성 모델은 예측을 위해 사용하기 전에 짧은 훈련training 기간과 검증testing 기간을 필요로 한다. 과거의 데이터 세트를 훈련용 데이터 세트로 사용하여 훈련 기간을 단축할 수 있다.

그림 2.2는 경향성 모델을 사용하여 예측을 시작하기 전에 어떻게 훈련 기간 및 테스트 기간 또는 과거의 데이터를 사용하는지 보여준다.

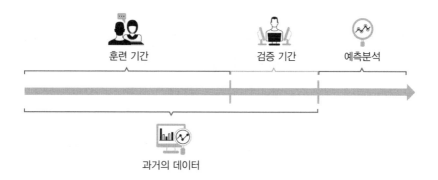

그림 2.2 경향성 모델의 훈련

경향성 십분위를 사용하는 법

경향성 모델을 언급할 때 가장 핵심적인 단어는 '십분위'^{deciles}이다. 개별 고객 점수 대신에 대부분의 실무자는 고객을 10분위로 나눈다. 즉 최상위 10%, 그 다음 상위 10% 이런 식으로 나누어 최하위 10%까지 동일한 크기의 10개 그룹으로 나눈다.

예를 들어, 고객이 평생 동안 얼마나 돈을 쓸 것인지 예측하려면 '평생가치 예측 모델'이라고 불리는 것을 사용한다. 고객의 최상위 10%는 평생가치 예측값 평균이 1,000달러인 반면 최하위 10%의 평생가치 예측값 평균은 5달러일 수 있다.

이러한 십분위 접근방식은 두 가지 측면에서 유용하다. 우선, 평생가치 또는 지출과 같이 기업이 기대하는 행위에 대한 평균값을 제공한다. 둘째, 고객들을 동일한 크기의 묶음^{bucket} 10개로 나누어 그 중에서 가장 가치가 높은 것부터 가장 낮은 것까지, 또는 구매할 가능성이 가장 높은 것부터 가장 낮은 것까지 순위를 매길 수 있도록 해준다. 값비싼 카탈로그를 누구에게 보낼지 결정할 때 또는 a/b 향상도 테스트를 설계할 때 등 여러 가지로 이러한 정보를 사용할 수 있다. 카탈로그를 상위 1~2개 십분위의 고객들에게만 제공되거나 또는 각 십분위 별로 카탈로그를 보낼 경우 향상도가 각기 얼마나 될지 테스트하여 그 유효성과 효과를 판단할 수 있다. 또는 이 모델을 사용하여 곧 개최 예정인 새로운 스니커즈 운동화 제품 라인의 패션쇼에 누구를 초대할지 결정할 수 있다. 패션 쇼를 보고서 실제로 물건을 구매할 고객을 초대하는 것이 더 유리한 것은 분명하다.

또 이탈한 웹사이트 방문자를 대상으로 한 캠페인처럼 간단한 전략도 쉽게 결정할 수 있다. 당신의 웹사이트를 방문했지만 구매자로 전환되지 않은 예상고객은 당신이 놓친 중요한 기회이기 때문에 웹을 통해 이러한 비구매자들을 추적할 수 있는 많은 리타깃팅 솔루션들을 이용할 수 있다. 만약 구매 가능성에 따라 고객에게 제공하는 혜택을 차별화할 수 있다면 어떨까? 구매 가능성이 매우 높은 사람들에게는 간단한 리마인드 메시지만으로도 지갑을 열도록 하기에 충분하겠지만, 구매 가능성이 매우 낮은 사람들에게는 할인 또는 무료 배송을 제안해야 한다.

그림 2.3은 다이렉트 메일 캠페인에 대한 고객응답 예측을 보여준다. 이 모델은 본질적으로 고객의 최상위 10% 즉 첫 번째 십분위가 다이렉트 메일에 대한 전체 응답자들 중 52%를 차지할 것으로 예측한다. 이를 근거로 카탈로그를 최상위 십분위에게만 발송하도록 결정할 수 있다. 특정한 수의 응답율 (예: 70%)을 목표로 하는 경우 최상위 2개 십분위에게 발송해야 한다. 그렇지 않고 두 번째 또는 세 번째 십분위에게 발송할 것을 고려할 수도 있는데 이는 최상위 십분위는 어찌됐든 구매할 가능성이 높지만 두 번째 또는 세 번째 십분위의 경우 구매를 자극하기 위해서는 카탈로그를 보내야만 할 수도 있기 때문이다. 또는 카탈로그가 수량 또는 예산이 제한된 경우 응답할 가능성이

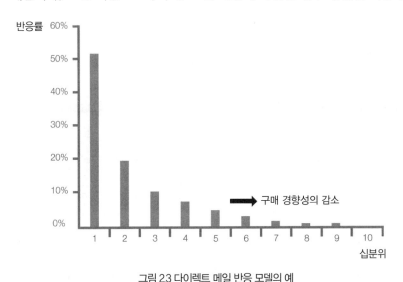

그림 2.3 다이렉트 메일 반응 모델의 예

가장 높은 고객들을 대상으로만 카탈로그를 발송할 수도 있다. 이 모델을 사용하는 다른 방법은 각 십분위별로 a/b 테스트를 통해서 향상도를 측정하여 카탈로그 발송 대상을 어느 십분위까지 늘렸을 때 수익 증가분 대비 비용 증가분이 정당화되는지 확인하는 것이다.

이 유형의 모델은 예상 고객과 기존고객의 미래 행위를 예측하는 데 사용할 수 있다. 예를 들어, 내가 처음으로 구찌Gucci 핸드백을 구입한 순간부터, 이 사치품 업체는 내가 앞으로 핸드백을 몇 개나 더 구매할지에 대해서 높은 정확도로 예측할 수 있다. 나는 구찌에서 다시 구매할 의향이 없을 수도 있지만 이 브랜드 업체는 나에 대해서 더 잘 알고 있다. 구찌의 알고리즘은 나의 구매, 웹사이트 방문, 이메일 클릭이나 나의 연령, 성별, 지역 등을 이전에 구매한 수천 명의 다른 고객의 행동 및 인구사회학적 특징과 비교한다. 아이러니하게도 구찌는 나의 미래 구매행위에 대해서 나보다 더 잘 예측할 수 있다.

경향성 모델과 RFM 모델링의 비교

예측분석이 널리 보급되기 전에는 RFM(Recency 시기, Frequency 빈도, Monetary Value 금액)이라고 불리는 모델이 구매 가능성이 높은 사람을 파악하는 업계 표준 방식이었다. 그러나, 그것은 효용이 제한적이며 현실 생활에 적용하기가 생각보다 너무 어렵다. 또한 RFM이 종종 예측 모델로 분류되더라도 그것은 단지 통계적 또는 예측적 기반이 없는 (주먹구구식으로 나름 지적인 추측을 하는) 단순한 경험적 접근방식일 뿐이다.

이 모델의 핵심 아이디어는 한 고객이 당신의 제품을 최근에 구입했거나,

자주 구입했거나, 당신의 제품에 많은 돈을 지출하였다면 그 고객은 당신의 제품을 다시 구매할 가능성이 높다는 것이다. "그 고객이 우리 제품을 마지막으로 구입한 이래로 며칠이 지났는가?"(시기), "그 고객은 우리 제품을 얼마나 자주 구매했는가?"(빈도), "그 고객은 우리에게 얼마나 많은 매출을 가져다 주었는가?"(금액)라는 질문은 그 고객이 다시 구매하기 위해 돌아올 것인지를 예측할 수 있게 해주는 훌륭한 변수인 것은 분명하다.

그러나 이 기법에는 한계가 있다. 그 중 하나는 기업이 자체 데이터를 사용하는 방식을 심각하게 제한한다는 점이다. 데이터에서 파생될 수 있는 많은 다른 변수들 중에는 추가적으로 우수한 예측 변수로 사용할 수 있는 것들이 있다. 또한 "과거의 결과가 미래의 성과를 보장하지 못한다"라는 옛 격언은 RFM 모델링에도 적용된다. RFM은 한 고객의 현재 행동을 과거 다른 사람들의 이후 행동과 비교하기보다는 오로지 해당 고객의 과거에 대해서만 되돌아본다. RFM을 사용하면 높은 가치의 고객이 실제로 구매를 하기 전에는 이들을 인지할 수 없다. 과거 높은 가치의 고객이 이미 경쟁업체로 넘어갔다는 것을 알아차리지 못할 수도 있다.

예를 들어보자. 고객들이 몇 차례 구입한 뒤 사라지는 패턴이 있을 수 있다. 이를 파악하는 유일한 방법은 고객행동을 그와 유사한 다른 고객과 비교하여 미래 행동에 대한 예측을 하는 것이다. 만약 대부분의 고객이 3번 구매한 다음 사라진다면, 이미 3번 구매한 어떤 고객이 다시 구매할 가능성은 사실 매우 낮지만 RFM 모델은 이 고객을 "구매 가능성 매우 높음"이라는 세그먼트에 배치할 것이다. 따라서 반응을 할 가능성이 높은 좋은 고객이 가치가 그다지 높지 않은 세그먼트에 포함되어 프로모션 발송대상에서 제외될 수 있고, 반대로 가치있는 세그먼트에 그다지 좋지 않은 고객이 포함될 가능성이 있다. 고객이 속한 세그먼트의 가치가 아니라 고객의 가치를 기준으로 고객의 순위를 매기는 응답 모델은 이러한 문제를 해결할 수 있다.

또 RFM 모델은 유통업과 같이 구매가 빈번한 환경에서만 향후 구매할 가능성에 대한 예측을 할 수 있다. RFM 모델은 고객평생가치, 멤버십 및 이메일 수신과 같은 서비스의 해지 가능성, 또는 웹사이트 방문자(비구매자)가 최초구매자로 전환할 가능성을 예측하는 데는 아무런 역할을 하지 않는다. 감독학습 모델은 이러한 모든 고객 행위를 예측하는 데 사용할 수 있다. 상위 50%의 고객을 선택하는 RFM 모델과 경향성 모델을 비교한 테스트들이 여러 차례 있었는데 경향성 모델은 RFM 모델보다 평균 40% 더 정확했다. 이는 대부분의 경우에 프로모션 비용이 20~25% 절감된다는 것을 의미한다.

역설적이게도 경향성 모델은 더 정확할 뿐만 아니라 현업 마케터들이 사용하기에도 훨씬 더 쉽다. 캠페인에 사용할 시기, 빈도, 금액의 수백 가지 가능한 조합 중에서 어떤 것을 선택할지 고민하는 대신 10개의 경향성 십분위 중 어느 것을 포함할지 결정하면 된다. 예측분석을 통해 마케터는 고객을 구매 가능성이 가장 높은 사람에서 가장 낮은 사람까지 자동으로 순위를 매긴 목록을 받아볼 수 있다.

우리는 7장과 8장에서 몇 가지 구체적인 감독학습 모델과 이를 어떻게 사용할 수 있는지 살펴볼 것이다.

강화학습 및 협업 필터링

강화학습reinforcement learning은 일반적으로 협업 필터링collaborative filtering 모델과 함께 사용된다. 협업 필터링 모델의 일반적인 마케팅 응용 프로그램은 '추천'이다. 기술적인 관점에서 추천 모델은 협업 필터링, 베이지안 네트워크

Bayesian networks, 빈발 항목집합frequent item sets 분야의 최신 기계학습 이론들을 활용한다. 또한 최근 행동이 이전 행동보다 예측에 대한 가중치가 더 크다는 사실을 감안하기 위해서 시간 가중치time-decay 기능이 사용된다. 마지막으로 강화학습은 고객의 선호에 조응하도록 모델을 "교육"하기 위해 적용된다. 다시 말하지만, 당신이 더 깊게 파고들고자 할 경우를 고려하여 이러한 이름들을 언급했다.

협업 필터링 모델은 제품, 컨텐츠, 또는 무엇이든 추천할 수 있다. 이 추천 모델은 아마존에 의해 "이 제품을 좋아하는 고객은 또한 XX도 좋아합니다"라는 제안으로 유명해졌다. 추천 모델은 관련있는 제품 또는 관심있는 콘텐츠를 제안함으로써 가치를 높이고 고객을 유지할 수 있는 환상적인 방법이다. 관련 제품을 제안하면 매출이 직접 발생하고 관련 콘텐츠를 제안하면 브랜드에 대한 인게이지먼트가 증가하고 간접적으로 고객을 더 행복하고 하고 충성스럽게 만든다.

고객이 처한 맥락에 맞는 추천을 하는 것이 중요하다. 잘못된 추천 또는 맥락을 벗어난 추천은 "불쾌한", "간섭하는", "부적합한" 것으로 간주된다. 또한 추천하는 시점도 적절해야 한다. 예를 들어 당신이 온라인 쇼핑에서 막 장바구니를 결제하려고 할 때 "이것을 구입한 고객은 또한 XX도 추가했습니다"라는 유형의 추천을 받는다면 그것은 이해할 수 있다. 그리고나서 이틀 후에 유용한 후속 구매를 제안하는 감사 이메일을 받는 것 역시 적절하다고 할 수 있다. 숯불구이용 그릴을 구입한 사람에게는 요리 책이나 숯 리필 제품을 추천할 수 있다. 이러한 맥락을 소비자에게도 알려주는 것이 가장 좋다. 당신이 투명할수록 더 많은 소비자가 당신의 추천을 받아들이고 그에 따라 행동하게 된다. 성공석으로 추천을 활용한 기업들은 이제 추천이 가지는 간섭적intrusive 특성을 제거하기 위해 추천 이유를 제공하기 시작했다. 당신은 아마존에서

"당신이 이 제품을 보았으므로 이런 제품들에도 관심이 있으실 것입니다" 또는 "이 제품을 구입한 사람들은 이러한 제품들도 함께 구입했습니다"와 같은 문장을 보게 될 것이다. 이들 브랜드 업체는 또한 어떤 제품이 추천되는지에 대해서 소비자에게 통제 권한을 부여하기 시작했다. 사용자 설정 메뉴로 이동하여 추천 알고리즘이 특정한 항목들을 고려대상에서 배제하도록 설정할 수 있다.

만약 당신이 이전에 추천 모델을 다루어보았다면 추천 알고리즘과 관련하여 중요한 세부 사항들이 많이 있다는 것을 알고 있을 것이다. 첫째, 고객과의 관련성을 유지하기 위해 이상적으로는 추천이 실시간으로 갱신되어야 한다. 그 근간이 되는 모델들은 각각의 고객에 대해서 그 고객의 최근 행위뿐만 아니라 그와 유사한 사람들의 행위 변화를 고려하여 매일 갱신되어야 한다.

또 추천 모델이 재고가 없는 제품, 반품 비율이 높은 제품, 사용후기가 나쁜 제품을 추천하는 것은 바람직하지 않을 것이다. 일부 유통업체는 세일 중인 품목을 추천하지 않지만 마진율이 높은 품목은 예외로 하기를 원한다. 좋은 추천 모델은 또한 알고리즘을 미세조정하는 머천다이징 규칙을 마케터가 수동으로 입력할 수 있도록 해준다.

다양한 유형의 추천 모델

추천 모델에는 3가지 좋은 활용 사례가 있다. 상향 판매^{upsell} 추천, 후속 판매$^{next sell}$ 추천, 교차 판매$^{cross-sell}$ 추천이다. 마케터의 무기고에서 이들 각각은 서로 다른 역할을 한다. 또한 "일반적으로 함께 구입하는 제품"에 대한 추천을 할 수도 있고 한 사람에게 그의 과거 행동을 기반으로 그에게만 적합한 것을 추천할 수도 있다. 일단 이 두 가지의 차이점을 설명하기로 하자.

일반적으로 함께 구입하는 제품들

전형적으로 함께 구입되는 제품들은 고객별로 특화된 것이 아니다. 우리는 종종 이를 (일반적인 업계 용어는 아니지만) '제품 대 제품' 추천이라고 부른다. 이는 제품 페이지에 표시되는 추천 유형이며 해당 제품 페이지를 방문하는 모든 사람들에게 관련 제품을 추천한다. 일반적으로 함께 구입되는 제품들을 제품 대 제품 추천이라고 한다. 이는 "이 제품을 구입한 고객은 일반적으로 어떤 다른 제품들을 구입했습니까?"라는 질문에 대한 답이다. 이 시나리오에서는 동일한 제품을 검색하는 두 사람에게 동일한 추천을 적용한다. 그림 2.4에서 첫번째 비키니 수영복 세트를 탐색하는 두 사람은 또다른 비키니, 수영복 위에 걸치는 옷, 토트 백tote bag에 대한 추천을 받게 된다. 이러한 유형의 일반적인 추천은 당신의 웹사이트를 처음 방문한 사람들처럼 당신이 특정한 고객에 대해 별로 알지 못하고 있는 경우에 특히 적합하다.

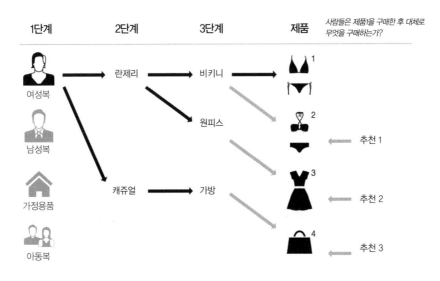

그림 2.4 일반적으로 함께 구입하는 제품들

사용자에 특화된 추천

특정한 사용자에 대한 추가 정보가 있으면 일반적인 추천보다 더 나은 추천을 할 수 있다. 만약 어떤 비키니 세트를 보는 사람이 남성이며 수영복을 처음 들여다본 것임을 알고 있다고 가정해보자. 일반적으로 그는 웹사이트에서 전자제품을 탐색하고 구매했다. 그가 (아마도 선물 등을 하기 위해서) 비키니 세트를 탐색하는 동안 그에게 다른 비키니 탑^{bikini tops}을 추천하는 것은 적절할 수 있다. 그러나 이 고객이 물건을 구입한 뒤 2일 후에 그에게 감사 이메일을 보내면서 다음 구매 항목에 대한 추천을 이메일로 보내는 경우라면 이 고객이 가장 최근에 검색한 내용들뿐만 아니라 그와 과거 기록 전체를 고려하여 이 사용자만을 위해 특화된 추천을 하는 것이 좋다.

이는 특정한 고객에 대한 제품 추천이다. 우리는 이러한 유형의 추천을 '제품 대 사용자' 유형 추천이라고 부른다. 물론 "제품"이라는 말을 "컨텐츠", "이벤트" 또는 무엇이든 당신이 추천하려고 하는 것으로 대체할 수 있다. 이 경우 당신의 사이트에서 동일한 제품을 보고 있는 두 명의 사용자라도 서로 완전히 다른 추천을 받게 된다.

사용자에 특화된 추천은 물리적 상품에만 국한되지 않는다. "제품"이라는 단어를 "컨텐츠"나 "이벤트"로 바꿀 수 있다. 예를 들어, 샤잠^{Shazam}*은 사용자가 자신이 좋아하는 (샤잠의) 음악을 태그하면 그의 음악적 취향을 기록한다. 사용자의 취향에 근거해서 샤잠은 그가 관심 있어 할 만한 콘서트들을 추천하는데 그 콘서트가 실제로 당신이 살고 있는 지역 근방에서 열리는 경우에만 추천한다. 이러한 추천이 성공하려면 샤잠이 고객의 취향뿐만 아니라 고객의 지리적 위치를 알아야 한다.

---

* 전 세계적인 음원 검색 사이트

예측분석 프로세스

데이터 과학자 또는 데이터 분석 소프트웨어가 정확한 예측이나 추천을 제시하기 위해서 거치는 단계들을 우리도 따라가보자. 여기서 설명한 대부분의 사항은 소프트웨어 안쪽에서 발생하기에 마케터가 이 문제에 대해 걱정할 필요는 없다. 그림 2.5는 완제품형 예측분석 소프트웨어의 안쪽에서 어떤 일이 벌어지는지에 대한 개요이자 회사가 자체 예측분석 모델을 구축하고자 할 경우에 회사 내부 데이터 과학자가 밟아가는 단계들에 대한 개요이다. 우리는 이 장에서 이러한 단계들에 대해 너무 구체적으로 설명하여 당신을 겁먹게 할 의도는 없다. 그러나 예측마케팅에 대한 DIY 방식을 택하고자 한다면 숙련된 데이터 과학자가 필요하다는 사실을 깨닫기를 바란다. 마케팅을 위한 예측 알고리즘을 개발하고 도입하기 위해서는 필요한 것들이 많이 있다. 만약 당신이 예측마케팅을 새로 시작하려고 우리의 조언을 구한다면, 이 장에서 설명하는 단계들을 자동적으로 처리해주는, 당신이 속한 업종에 적합한 상용 소프트웨어 패키지를 사용할 것을 권한다. 만약 당신이 패키지 모델의 기능들만으로는 부족하다고 느끼고 있고 데이터 과학자에 대한 필요성과 예

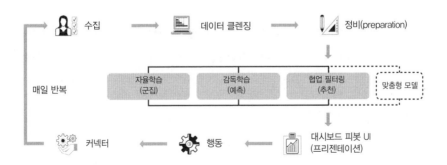

그림 2.5 예측분석 프로세스 개요

산이 있다면 당신의 경험을 활용하여 손쉽게 비용 대비 편익을 평가할 수 있다(그리고 CFO에게 점진적 투자를 하도록 설득하는 것이 더 쉽다는 것을 알게 될 것이다).

데이터의 수집, 클렌징, 정비preparation

데이터의 클렌징과 정비는 예측분석에서 가장 중요한 단계이지만 동시에 가장 무시되는 단계이기도 하다. 때로는 수집된 데이터가 여기저기 누락되었거나 부정확한 경우들이 있다. 데이터 클렌징은 고객이 CA로 표기한 것을 그가 캘리포니아에 거주하는 것으로 컴퓨터가 알 수 있도록 이름 및 주소와 같은 사항을 수정하는 것이다. 3장에서는 고객 데이터들을 수집하고 서로 연결하여 개별 고객 프로파일을 작성하는 프로세스에 대해 설명할 것이다. 그러나 전방위적인 고객 프로파일을 작성한 후에도 데이터 분석을 준비하기 위해서는 해야 할 일들이 많다. 수집된 모든 데이터를 즉시 사용할 수 있는 것은 아니며 누락된 데이터 또는 지나치게 높거나 낮은 데이터 측정치인 이상치outliers로 인해서 결과가 왜곡될 수 있고, 보유한 데이터 생성 시스템과 맞지 않는 데이터 유형이 있을 수도 있다.

만약 회사 자체적으로 예측분석 역량을 구축하려는 경우 데이터의 수집, 통합, 클렌징, 정비를 누가 수행할지에 관한 문제를 명확히 언급해야 한다. 일반적인 데이터 과학자는 이러한 작업을 수행하기 싫어하며 이 작업을 수행하기 위해 별도의 소프트웨어를 사용하거나 또는 데이터 통합 엔지니어를 고용해야 할 가능성이 높다.

이상치 검출

이상치 검출은 종종 예측 모델의 정확성에 큰 영향을 마친다. 예를 들어 전자제품 유통업체의 평균적인 고객이 500달러를 지출한다고 했을 때 한 고객이 와서 50,000달러를 주고 50대의 TV를 구입한 경우 이러한 고액 소비자는 평균 주문 금액이라는 지표를 왜곡시킨다. 대량 구매를 하는 사용자가 거의 없는 전자제품 유통업에서 이러한 이상치 유형은 실제로 상당히 일반적이다. 그러한 대량 구매를 하는 사람들은 TV와 같은 물건을 구입하여 외국에 재판매하는 중개업자일 수 있다. 이들은 일반 소비자 고객이 아니라 비공식 유통채널gray market의 재판매업자resellers이다. 이 상황을 제대로 인지하여 교정하지 않으면 유통업체는 이들을 VIP 고객이라고 생각할 것이다. 이러한 사실을 인지하지 못하면 두 가지 문제가 발생한다. 첫째는 VIP 고객에 대한 정의가 왜곡되어 진정한 VIP 고객을 놓치게 되고, 둘째는 재판매업자들을 대상으로 보다 수익성 높은 방식으로 마케팅할 기회를 잃게 된다.

이상치를 교정하려면 데이터 분석가 또는 예측마케팅 소프트웨어로 하여금 이상치를 찾아서 제거하거나 그 이상치를 정규분포의 상단에 위치한 숫자 중 하나로 대체하도록 해야 한다(예: 최상위 10% 고객 중 가장 낮은 지출이 2,400달러인 경우 이상치인 50,000달러 지출을 2,400달러 지출로 대체한다). 물론 이러한 대체는 모델링 목적으로만 수행되고 원 데이터를 수정해서는 안 된다. 또는 이러한 고객들을 별도의 그룹으로 취급하고 이 세그먼트만을 대상으로 하는 특별 프로그램을 만들 수 있다.

또 다른 예로, 한 유통업체는 각 매장의 유동인구량을 측정하고 있었는데 청소원이 측정 장비의 전원을 꺼트릴 때마다 며칠 동안 데이터를 놓치는 일이 발생하곤 했다. 누락된 데이터를 수정하기 위해 이 유통업체는 데이터가 누락된 날과 동일한 요일의 3주 평균에 근거하여 값을 대체imputation했다. 결측값 대체는 잘못되었거나 누락된 정보를 대체하는 예술 겸 과학이다. 구체적인 데이터 요소에 따라 다양한 대체 기법이 있다.

- 고정적 또는 임시적 평균값으로 대체한다.
- 사용가능한 다른 변수를 기반으로 데이터를 모델링한다. 예를 들어 해당 고객이 50세 이상 여성을 대상으로 하는 비타민을 구입하는지 여부에 따라 비타민 매장의 고객 나이를 모델링할 수 있다.
- 데이터가 가지고 있는 분포 유형에서 무작위로 숫자를 선택한다. 예를 들어 인구유동량 데이터가 누락되었는데 이 데이터가 일반적으로 정규 분포곡선bell curve을 따른다면 그러한 분포로부터 무작위로 숫자를 하나 생성한다.

결측값 대체는 데이터 소스 차원에서 문제가 해결되기 전까지는 누락된 데이터를 보완하는 좋은 방법이다.

또 다른 예는 고객에게 생일을 물어보는 경우이다. 이것은 모델링 및 행동이라는 목적을 위한 훌륭한 정보이지만 모든 고객이 이 정보를 제공하지는 않는다. 그럴 경우 예측 모델은 입력 변수 목록에서 생일 항목을 삭제하거나 고객 목록에서 생일 내용이 없는 고객들을 삭제한다.

특징feature의 생성 및 추출

일단 데이터 과학자 또는 예측마케팅 소프트웨어가 누락 정보 및 이상치에 대한 데이터를 클렌징하고 나면 고려해야 할 두 가지 다른 요소가 있다. (1) 데이터가 그대로 사용하기에 너무 큰 경우 또는 (2) 현재 방식으로 표현된 데이터가 모델에 적합하지 않은 경우이다. 특징의 생성 및 추출이란 데이터를 모델이 사용할 수 있는 형태로 변환하고, 불필요하거나 중복된 정보를 제거하는 것이다. 특징의 생성 및 추출을 데이터에서 잡음과 신호를 분리하는 것이라고 생각하라. 특징 추출은 불필요한 정보를 삭제하거나 노이즈 제거를 위해 변환한다. 이를 위해 사용가능한 수학적 방법론들이 많이 있지만, 간단히 말하자면 무슨 목적으로 사용할 예정이든 간에 알고리즘을 이용하여 데이터에서 최대한의 정보를 추출할 수 있도록 하는 것이다. 이러한 최적의 추출은 데이터에 포함된 잡음을 감소시킴으로써 예측분석의 정확성을 높인다.

데이터를 더 편하게 사용할 수 있게 해주는 요령들이 있다. 예를 들어 한 고객의 주문 수를 분석하려고 할 때 절대값을 그대로 사용할 수도 있지만, 숫자의 로그를 취하여 새로운 변수를 만들어 1개 주문 대 10개 주문의 차이와 10개 주문 대 100개 주문의 차이를 같게 만들 수 있다. 이는 단순한 변환으로 강력한 영향을 미칠 수 있는 방법이다.

다른 예는 절대값을 사용하는 대신에 특정한 변수들의 비율을 취할 수 있다. 예를 들어, 고객 1인당 반품 금액return revenue 및 출하 매출액shipped revenue 대신에 반품을 정산한 이후의 매출 비율 또는 퍼센트를 계산할 수 있다.

분류 변수classifier 및 시스템 설계

데이터 과학자 또는 예측마케팅 소프트웨어가 사용하는 프로세스의 다음 단계는 올바른 알고리즘을 선택하고, 설계하고, 미세조정하는 것이다. 기계학습에서 이해해야 할 두 가지 중요한 개념이 있다. 하나는 '공짜는 없다'는 법칙인데, 다른 알고리즘들보다 모든 문제에 대해 항상 우수한 알고리즘은 없다는 것을 말한다. 데이터 과학자가 모든 문제에 대해 동일한 알고리즘을 사용하지 않고 올바른 문제에 올바른 알고리즘을 선택하기 위해서는 이 문제를 잘 이해하는 것이 중요한다. 다른 개념은 '편향-분산bias-variance 딜레마'라고 불리는데, 특정한 문제를 해결하기 위한 접근방식 및 알고리즘을 개발하는 데 너무 깊이 천착할수록 이러한 특정한 문제에 편향된biased 시스템은 "다른" 문제들을 해결하기 위한 성능이 점점 더 떨어지게 된다는 것이다. 여기서 배워야 할 교훈은 다른 알고리즘보다 본질적으로 우수한 단 하나의 알고리즘은 없다는 것을 이해하는 것이다. 만약 당신이 자체적으로 알고리즘을 개발한다면 여러 상황에 대해 여러가지 알고리즘을 개발해야 한다는 것을 의미한다. 패키지 예측마케팅 소프트웨어를 구입하는 경우 특정한 업종 및 비즈니스 문제에 중점을 둔 공급업체를 선택하거나, 당신의 구체적인 상황에 맞게 스스로 조정되는 자체 학습 알고리즘이 있는 공급업체를 선택해야 한다. 올바르게 설계된 소프트웨어 솔루션은 일반적으로 서로 경쟁하는 여러 모델들을 내장하고 있으며 다른 "도전자" 모델들보다 고객의 데이터 영역에 적합한 "우승자" 모델이 선택된다. 이를 통해 성능은 극대화되면서도 직접 코딩해야 하는 맞춤형 모델을 사용할 필요가 없어진다.

예측분석의 경우 알고리즘을 작성하는 것만으로는 충분하지 않다. 알고리즘을 사용하기 전에 알고리즘이 실제로 제대로 작동하는지 백−테스트^{back−test}를 해야 한다. 예측마케팅 소프트웨어 패키지를 사용하는 경우 공급업체가 이미 이를 수행했을 것이다. 그러나 당신 회사의 예측분석 모델을 자체 개발하는 경우 모델을 사용하기 전에 모델을 훈련시키고 테스트하고 검증해야 할 필요가 있다. 예측 알고리즘을 개발하는 데 필요한 시간은 80%의 훈련, 10%의 테스트 및 10%의 유효성 검사로 나눌 수 있다. 이는 즉 알고리즘을 작성한 후 데이터 과학자는 상당한 시간을 들여서 알고리즘을 훈련시키고 테스트하여 정확하게 작동하는지 확인해야 한다는 것을 의미한다.

예를 들어 구매 가능성 모델을 개발한다고 가정해보자. 만약 1천만 명의 고객 중 1%가 향후 30일 이내에 구매할 것으로 예상한다면, 우리는 구매 가능성 모델을 훈련시키기 위하여 지난 달에 구입한 고객 100,000명의 데이터를 사용하고 또한 지난 달에 아무 것도 구매하지 않은 100,000명의 고객을 무작위로 선택한다. 따라서 데이터 세트 전체에는 200,000명의 고객이 포함되는데 그중 50%는 구매한 고객이고 나머지 50%는 구매하지 않은 고객이다. 이러한 오버 샘플링은 모델이 잠재 구매자와 비 구매자의 차이를 감지하는 데 집중하도록 해주기 때문에 더 나은 결과를 산출한다.

예측분석의 최종 구간 문제

대부분의 데이터 과학자들은 자신들의 예측을 마케터들이 어떻게 사용할지에 대해서 관심이 없다. 대부분의 데이터 과학자들은 솔직히 마케터의 일상 업무에 예측분석을 포함시키기에는 마케팅 및 마케팅 시스템에 대해 충분히 알지 못한다. 전국에 체인을 가진 한 대형 백화점의 이메일 마케터는 다음과 같이 말했다. "결혼하는 신부들은 우리 웹사이트에서 사용자 등록을 하면서 많은 개인정보를 남긴다. 이 정보들은 고객 데이터 웨어하우스의 어딘가에 저장되어 있으며 분석의 대상이 될 수도 있다. 그러나 이메일 마케팅 관리자인 나는 신부들이 우리에게 제공한 개인적 선호의 내용이나 결혼 날짜 등 정보의 일부라도 고려한 간단한 마케팅 캠페인조차 실행할 수 없다." 우리는 이를 예측분석의 최종 구간 문제라고 말한다.

특히 사내에 데이터 과학자가 있는 기업에서는 예측 모델의 결과를 마케터가 이해하거나 사용하기 어려운 경우가 많다. 마케터에게 있어서 예측분석을 행동으로 옮기는 것, 즉 데이터 분석으로부터 얻은 내용을 이메일, 웹, 소셜, 모바일, DM, 매장 마케팅, 콜센터의 고객 대화 등 일상적 캠페인 관리로 연결하는 것은 종종 매우 어려운 일이다.

고객 예측이 수익을 발생시키기 위해서는 예측 결과를 기업내 모든 고객 접촉 담당자의 손에 쥐어주어야 한다. 만약 당신이 콜센터의 직원에게 고객을 위한 추천 사항을 즉시 보여주지 못한다면 상향 판매는 이루어지지 않을 것이다. 미결제 장바구니 소유자에게 할인이나 알림을 보낼지 여부를 결정하는 데 구입 가능성에 근거한 세그먼트들을 활용할 수 없다면 당신은 수익을 눈앞에 두고도 그냥 지나치게 된다. 14장에서는 이러한 최종 구간 문제를 넘어설 수 있는 테크놀로지들에 대해서 살펴볼 것이다.

　이제 예측 모델에 대해서, 그리고 그것이 어떻게 마케팅에 사용될 수 있는지에 대해서 기초적인 이해를 하게 되었으니 실제로 작업에 착수해보자. 이 책의 나머지 부분에서는 이 장에서 설명하는 세 가지 유형의 기계학습 모델 각각에 대해 더 많은 예제를 제공할 것이다. 우리는 이 모델들 각각을 마케팅에 사용하는 방법을 자세히 설명하고자 한다. 우리는 또한 각 모델의 결과를 기업의 즉각적인 매출이나 이익을 창출하는 특정한 마케팅 캠페인에 연결시킴으로써 현업에 적용하는 방법을 제시할 것이다. 결국 마케팅 활동이 없으면 분석은 마비 상태에 빠지게 되며 고객의 기쁨이나 기업의 이익은 향상될 수 없다.

3장

먼저 고객을 파악하라: 완전한 고객 프로파일의 구축

고객 데이터를 활용하여 새로운 성장 기회를 찾거나 고객을 초정밀 타깃팅하기 전에 먼저 고객 데이터 자체를 통합하고 클렌징하고 분석해야 한다. 이것은 결코 쉬운 일이 아니다. 당신의 데이터가 대부분의 회사들과 비슷하다면 아마 고객 데이터는 모든 곳에서 오류나 중복으로 가득 차 있고 현업 마케터는 접근할 수 없을 것이다. 다행히도 예측 기술은 이러한 데이터 상의 혼란을 정리해줄 수 있다. 정보기술(IT) 부서, 그리고 외부 공급업체도 도움이 될 수 있다.

보쉬Bosch사는 자신의 고객들이 더 이상 홈디포Home Depot 및 로우스Lowe's와 같은 주택 개조home improvement 용품 유통업체에 국한되지 않는다는 사실을 알게 되었다. 대신, 온라인 쇼핑의 등장으로 최종 소비자는 대형 유통점을 방문하지 않고도 곧바로 해당 업체의 웹사이트에 가서 브랜드에 인게이지먼트할 수 있게 되었다. 과거에는 제품 구매자의 최종 사용자 데이터에 대한 인사이트insight가 제한되어 있던 보쉬에게 이러한 변화는 새로운 도전이었다.

보쉬는 최종 소비자에게 직접 더 나은 마케팅을 해야 한다는 것을 깨달았지만 그렇게 하기 위해서는 고객 데이터를 보다 잘 관리해야 했다. 많은 회사들과 마찬가지로 보쉬는 사내 데이터 팀이 없었으며 외부 서비스 제공업체에 의존하고 있었다. 이는 고객에 관련된 모든 질문에 대해서 외부 제공업체에 새로운 보고서를 작성하도록 요청해야 한다는 것을 의미했다. 따라서 보쉬는 외부 컨설팅 회사에 의존하기보다는 최신 클라우드 기반 소프트웨어를 사용하여 사내에 자체 데이터를 보유하기로 결정했다. 현재 이 회사는 다양한 데이터 소스들로부터 고객 정보를 모아서 고객별 프로파일로 통합할 수 있다. 보쉬는 구매뿐만 아니라 뉴스레터 가입 및 제품 사용자 등록을 추적한다. 보쉬는 설사 고객데이터를 일대일 개인화를 위해 사용하지 않는다고 하더라도, 고객들에게 어떻게 마케팅할 것인지에 대해서 의사결정할 때 고객들을 전방위적으로 고찰함으로써 많은 이점을 얻는다. 보쉬의 다음 단계는 홈디포 및 로우스와 같은 파트너 업체의 마케팅 활동을 지원하기 위해서 어떻게 이 데이터를 활용할 수 있는지를 이해하는 것이다.

뉴욕의 한 부티크 패션 브랜드 업체도 이와 동일한 경험을 했다. 일단 모든 고객데이터를 수집하여 단일한 프로파일로 만들어서 고객 서비스 담당자가 이러한 기록 데이터에 액세스할 수 있게 했다. 이제 고객이 불만을 제기하거나 전화를 걸면 이 고객이 높은 가치의 고객인지 아닌지를 파악할 수 있게 되었으며, 이 고객과 더 나은 대화를 이어갈 수 있는 전반적인 맥락을 더 많이 이해하고 그가 가진 불만 사항에 적절히 대응할 수 있게 되었다.

보쉬 및 패션 브랜드 업체의 사례는 설사 고차원적인 세그먼트화 또는 데이터 분석이 없더라도 웹, 거래, 모바일, 이메일, 매장, 콜센터 등 각 고객 접점에서 얻은 고객 정보를 가지고 각 고객을 위한 전방위적 프로파일을 구성하는 것만으로도 커다란 이점을 얻을 수 있다는 것을 명확하게 보여준다. 보쉬의 사례는 또 고객데이터가 반드시 개인 소비자를 직접 대상으로 하는 마케터들만을 위한 것은 아님을 보여준다. 물론 도매 유통업체의 경우 소비자 데이터를 얻는 것이 어려울 수 있다. 소매 파트너들이 도매업체에게 고객 데이터를 넘겨주지 않는 것이 업계 관행이다. 그러나 브랜드 업체는 소비자가 온라인으로 사용자 등록을 할 수 있도록 패키지 안에 등록 또는 보증 프로그램을 위한 카드를 넣어 활용할 수 있다. 제품 구매 이후 문제 발생시 고객지원을 받기 위해 소비자가 등록을 하도록 자사의 특정 URL을 방문하게 하거나 이메일 주소를 등록하여 자사로부터 직접 최신 제품정보 및 관리지침을 얻도록 한다. 놀랍게도 많은 소비자가 흔쾌히 이런 일을 하며 비록 판매업체가 구매자와 관련된 모든 거래 정보를 얻을 수는 없지만 최소한 그들의 이메일 주소 또는 우편 주소를 얻을 수 있다. 서비스 기록도 이와 동일한 목적을 수행할 수 있다. 유럽의 한 유명 백색가전 유통업체는 개인화된 마케팅 캠페인의 트리거^{trigger*}로 수리 기록을 사용하고 있다. 그리고 도매상을 통해 판매하는 브랜드 업체들은 제품에 대한 사용자의 관심을 회사 웹사이트 방문으로 이어지도록 하는 것을 고려할 수 있다. 웹 페이지에 대한 열람만으로도 고객을 군집들로 구성할 수 있다.

이 장에서는 만약 당신이 고객 데이터를 핵심 경쟁력으로 삼기 위해서 사내에 구축하고 싶은 경우 먼저 어떤 데이터를 수집해야 하는지, 그리고 분석을 위해서 데이터를 어떻게 준비해야 하는지 이해하는 데 도움을 줄 것이다. 또한 고객 데이터 프로젝트를 성공적으로 완수하기 위해서 IT 담당자와 어떻게 성공적으로 협력할 것인지에 대해서도 몇 마디 조언을 제공하고자 한다.

---

* 촉발 이벤트.

얼마나 많은 데이터를 수집할 것인가

이 책에서는 타사에서 구입한 데이터 또는 그로부터 파생된 데이터가 아니라 자사의 고객들이 직접 제공한 고객데이터에 중점을 둔다. 마케터들은 과거 어느 때보다 고객에 대해서 과거 데이터 및 실시간 데이터를 더 많이 보유하게 되었다. 이러한 유형의 데이터는 자체[first-party] 데이터라고도 하는데, 소비자와 브랜드의 직접적인 상호작용을 반영하며 외부[third-party] 데이터 소스와 비교하여 가장 풍부한 정보를 지닌, 마케터가 직접 소유한 데이터이다. 외부 데이터 소스는 익명화해야 하며 때로는 프라이버시 침해의 경계선에 가까워지기도 한다. 이 부분에 대해서는 나중에 별도의 장에서 자세히 설명할 것이다. 각 개인 고객은 매일 수백 개의 데이터 포인트를 생성하며, 여기에 수천 또는 수백만 명의 고객을 곱하면 진정한 고객 "빅" 데이터를 얻을 수 있다. 데이터의 양, 다양성, 속도가 큰 경우 "빅" 데이터라고 한다. 고객데이터의 경우 이에 부합한다. 실제로 대부분의 회사는 고객으로부터 수집한 데이터가 너무 커져서 컴퓨터와 소프트웨어의 도움 없이는 더 이상 분석할 수 없게 되었다.

이 모든 고객데이터의 힘을 활용할 수 있는 방법을 아는 마케터는 상당한 경쟁우위를 갖게 될 것이다. 도표 3.1은 어떤 데이터를 수집할지 결정할 때 유용한 몇 가지 설계 원칙을 설명한 것이다. 가장 중요한 설계 원칙은 목표를 염두에 두고 시작하는 것이다. 종종 마케터들은 무엇을 위해 데이터를 사용하는지 그리고 우수한 상태를 보장하기 위해서 어떻게 유지 관리할 것인지에 대한 명확한 이해 없이 데이터의 수집 및 통합 자체만을 위한 프로젝트를 수행한다.

얼마나 많은 고객 데이터를 수집할지에 대해서 고려할 때 데이터가 얼마나 가치 있는지와 얼마나 얻기 쉬운지를 함께 고려해야 한다. 이것은 회사마다 다를 수 있지만 과욕을 부려서는 안 된다.

데이터 수집을 위한 설계 원칙	예
빈도	얼마나 자주, 어떤 촉발이벤트에 의해 데이터를 수집할 것인가?
파생 데이터	파생 데이터는 원 데이터에서 의미를 추출하여 만든 데이터 요소이다. 웹사이트를 방문하고 제품을 5회 탐색한 후 7일 이내에 상점에서 구입하는 고객은 온라인으로 정보를 수집하지만 오프라인에서 구매하는 고객이라고 분류할 수 있다.
세분 가능성granularity	웹 데이터는 클릭 하나하나 각기 수집될 수도 있고 웹 세션에 대한 요약만으로 충분한 경우들도 있다.
유추하고자 하는 인사이트	고객의 구매력 상승 여력을 예측하는 것이 목표인 경우 고객이 구매하는 제품의 유형과 고객이 거주하는 지역의 우편번호가 중요하다. 유추하고자 하는 인사이트가 데이터 수집 대상을 결정한다.
실행 가능성	수집된 데이터는 직접 또는 간접적으로 실행으로 이어질 수 있어야 한다. 스포츠에 대한 고객의 관심 여부를 모았을 때 그러한 정보는 스포츠 용품 판매업자에게는 실행으로 이어질 수 있지만 세무 컨설팅을 하는 회사의 경우는 그렇지 않다.
정확성	연령을 물어 보면 일부 고객들은 아무렇게나 답변을 입력한다. 특히 마케터가 이를 컨텐츠 열람을 위한 사전 조건 또는 가입을 위해 사용하는 경우 더욱 그런 경우가 많다. 마케터는 대체값 삽입을 통해 이러한 부정확성에 대처해야 한다. 결측값 대체는 누락된 값을 대체값으로 대신하는 프로세스이다.
신상정보 충실도	마케터는 고객의 신상정보 충실도를 높이기 위해 누적progressive 프로파일링을 사용하여 고객 데이터를 수집하고자 하는 경우가 많다.
저장	데이터를 얼마나 많이 또는 얼마나 오래 보관할지는 데이터의 "시의성"에 따라 다르다. 웹 브라우징 데이터는 몇 주가 지나면 관련성이 없어지지만 구매 데이터는 수년간 관련성이 유지된다.
접근성	수집된 데이터는 분석 및 실행을 위해 마케터가 액세스할 수 있어야 한다. 고객 데이터가 사일로 안에 갇혀서 현업 마케터가 액세스할 수 없는 경우가 너무 자주 발생한다.

도표 3.1 데이터 수집을 위한 설계 원리

많은 마케터들이 한번에 모든 고객데이터를 수집하려고 집착하는데 그것은 큰 실수를 범하는 것이다. 결과를 얻지도 못한 채 오랜 기간 느리게 진행되는 데이터 통합 프로젝트에 갇히게 되는 경우가 많다. 당신의 목표는 새로운 성장 기회를 찾고 성과를 내는 마케팅 프로그램을 시작하기에 족한 데이터를 수집하는 것이다. 시작하는 데 필요한 정보가 얼마나 적은지 알게 되면 놀랄 것이다. 일단 최초의 데이터 기반 캠페인이 성과를 내게 되면 더 많은 고객 데이터를 수집하기 위해서 내부 IT팀과 같은 타 부서로부터 협력을 얻는 것이 더 쉬워질 것이다.

빅데이터에는 태생적으로 많은 잡음이 섞여 있다. 따라서 데이터 수집은 잡음 속에서 신호를 가려내는 기법들을 함께 사용해야 한다. 여기에서 중요한 점은 어떻게 이 대규모 데이터 세트에서 정보를 추출하여 이를 다루기 쉽고 통찰력 있고 실행 가능하게 만드는지를 아는 것이다. 도표 3.1은 수집, 통합, 분석해야 할 데이터에 대해 마케터가 테크놀로지 팀과 공동으로 대답해야하는 몇 가지 질문에 대한 개요를 제공한다.

어떤 유형의 데이터를 수집할 것인가

전통적으로 마케터들은 주로 구매 데이터와 고객의 인구사회학적 데이터를 사용해왔다. 요즘에는 마케터들이 일시적 정보를 제공해주는 행위 데이터 포인트에도 더 많이 액세스할 수 있게 되었다. 이 일시적 정보는 맥락을 추출하고 마케팅을 적시에 고객과 더욱 관련성 있게 만드는 데 사용될 수 있다. 사용자가 한 회사나 브랜드와 상호작용할 때 그의 모든 행위는 디지털 흔적을 남기며 데이터베이스에 기록된다. 예를 들어 한 사람이 온라인에서 물건을 구매하는 경우 실제로 구매를 완료할 때까지 약 50개의 데이터 요소를 남기게 된다. 여기에는 고객이 이메일에서 클릭한 것, 구글 애드워즈Google AdWords 광고 클릭 여부, 남긴 리뷰, 소셜 네트워크 상의 활동, 불만 사항, 고객 지원 센터와의 통화가 포함된다. 이용가능한 행위 데이터의 양은 최근 몇 년 동안 폭발적으로 증가했다. 쉽게 이에 압도당할 수 있지만 걱정하지 않아도 된다. 어디에서 시작해야 하는지 우리가 알려줄 것이다.

비록 세상에 서로 똑같은 비즈니스는 없지만, 도표 3.2는 단계적 데이터 통합 전략이 어떤 것인지에 대한 사례를 보여준다. 이 예에서 최종 목표는 고객 인게이지먼트engagement를 유도하고 고객평생가치를 높이는 것이라고 가정했다.

1단계	2단계	3단계
행위	**행위**	**행위**
구매	콜센터 대화	소셜 상호작용
웹 행위	반품 및 불만	리뷰 및 설문조사
이메일 행위	고객 상담 노트	고객 충성도 향상 프로그램 참여
인구통계	**인구통계**	**인구통계**
가구내 지위	성별	추가적인 외부 데이터
계정 그룹화	전국 인구조사 데이터	
거주 지역	업종 및 규모	

도표 3.2 고객데이터 수집의 3단계

소비자 대상 및 기업 대상 마케터 모두에게 우선순위가 높은 행위 데이터로는 구매, 웹 방문, 이메일 클릭 등이 있다. 소비자 대상 마케터에게 우선순위가 높은 인구 통계 데이터는 고객의 성별, 연령, 거주 지역 등이며, 기업 대상 마케터의 경우, 업종, 기업 규모, 구매자 직위, 구매업체의 본사 위치 등이 포함될 수 있다. 사실 구매 데이터 하나만으로도 이미 풍부한 정보를 얻을 수 있다. 실제로 구매 행위 하나하나는 모두 구매의 시간과 위치, 구매한 제품,

거래에 관련된 영업사원과 같은 많은 흥미로운 메타데이터 포인트를 생성한다. 도표 3.3은 이러한 점들을 요약한 것이다. 우리는 다양한 데이터 유형 및 그것들의 수집 방법에 대해서 부록에서 각기 자세하게 설명할 것이다.

판매 시점에서 수집할 수 있는 데이터

판매 시간
판매 날짜
출하 날짜
대금 청구 주소
배송지 주소
구매자 이름
구매자의 성별(이름으로 유추)
배송 매출
구매후 경과 기간
판매 채널 (예: 온라인 또는 오프라인)
판매 제품
판매 제품의 카테고리
판매 브랜드
판매와 관련된 영업사원 (B2B 및 B2C)
판매 가격
판매 적용 할인
판매 발생 매출
판매 제품의 원가
판매 마진
판매시 납부 세금
판매와 연관된 배송 매출
최초 구매 / 반복 주문 여부
주문에 포함된 제품의 수
주문에 포함된 제품들의 유형
고객이 구매할 때 사용한 기기 유형

도표 3.3 구매의 해부학

데이터 수집은 매장 내 구매 또는 다른 직접 구매의 경우 특별히 어렵다.

매장 내 구매는 대개 익명으로 처리된다. 매장 내에서 뉴스레터에 가입하는 고객에게 전자 영수증이나 인센티브를 제공함으로써 매장에서 이메일 주소를 수집할 수 있다. 또 고객들의 이메일 주소를 열심히 수집하도록 매장 판매 직원에게 할인 또는 기타 보상을 제공할 수도 있다.

잘 운영되는 프로그램의 경우 매장에서 기대할 수 있는 고객 데이터 확보율은 60% 이상이고 심지어 95%로 높은 경우도 있다. 데이터 확보율을 개선하면 매장 내 고객의 단골 고객화를 획기적으로 높일 수 있다. 단골 고객화는 판매 담당 직원이 고객의 선호, 행동, 구매에 대한 데이터를 기반으로 주요 고객과 장기적인 관계를 수립하기 위해 사용하는 기법이다. 단골 고객화는 판매 담당 직원으로 하여금 더욱 개인적이고 내실있는 고객 서비스를 제공하도록 만들어 고객의 쇼핑 빈도, 평균 거래금액 향상, 기타 소매 관련 핵심 성과지표와 관련된 고객 행위에 영향을 줄 수 있다. 고객의 관점에서 보자면, 단골 고객화는 고객 경험에 "개인맞춤형 접촉이라는 차원을 추가할 수 있다." 빅데이터를 이용한 단골 고객화는 소비자의 충성도 확보에 큰 관심이 있는 판매직원과 고객과의 관계를 발전시키기 때문에 상향 판매 및 소비자 만족도를 획기적으로 높여준다. 전방위적인 고객 프로파일을 판매 직원들이 사용할 수 있도록 하는 동시에 고객 거래를 개별 판매직원과 연결시킨 브랜드 업체들의 고객 유지율은 극적으로 향상되었다.

2장에서 언급한 국제적인 청바지 및 의류 회사인 마비는 POS 거래 데이터와 고객을 연결하여 고객을 개별적으로 이해하고자 했다. 마비는 이를 달성하기 위해 멤버십 적립 카드 제도를 도입했다. 이 제도를 처음 시작했을 때 첫해에는 전체 거래의 20%에 대해서만 각 고객을 확인할 수 있었다. 4년차에 이르자 거의 90%의 거래에서 각 고객을 확인할 수 있게 되었다. 마비는 이 제도를 도입할 때 몇 가지 올바른 전략을 채택했다. 첫째, 목표와 측정을 제대로 설정했고 항상적으로 개선에 집중했다. 둘째, 수집한 데이터를 이용하여 고객을 즐겁게 했다. 예를 들어 고객들이 매장을 재방문하도록 매우 개인 맞춤화된 쿠폰을 보냈고 재구매할 경우 추가 포인트를 쌓을 수 있게 하는 등의 조치를 취했다. 이렇게 고객들은 혜택을 직접 체험했기 때문에 회사가 자신을 식별하기를 원하게 되었다. 셋째, 매장 직원은 그로 인한 이점을 목격했고 왜 자신들이 그러한 일을 하는지에 대해 항상 교육을 받았다. 그것은 기업 문화의 변화에 초점을 둔 것이다.

멤버십 적립 프로그램 활동 자체는 또다른 중요한 데이터 포인트이다. 즉 충성도에 대한 보상의 적용은 고객마다 매우 다를 수 있다. 실제로 고객의 행위를 기준으로 고객을 그룹화할 때 종종 충성도 포인트를 차별적으로 적용하는데 우리는 일부 고객 그룹(예를 들면 남성)은 다른 그룹들보다 보상 제공에 더 많은 영향을 받는 경향이 있음을 발견했다.

또 다른 예로 월마트^{Walmart}는 '세이빙 캐처'^{Savings Catcher}라는 모바일 앱을 만들었다. 이 앱을 다운로드한 고객은 월마트에서 구매한 가격과 경쟁업체들에서 제공하는 가격을 비교하여 만약 다른 가게에서 더 저렴한 가격을 발견하면 그 차액을 고객에게 환불해줄 것이라고 약속했다. 월마트는 고객에게 이러한 인센티브를 제공함으로써 수백만 개의 이메일 주소를 수집할 수 있었고 고객이 어떤 제품을 구입했는지, 그들이 보통 언제 쇼핑을 하는지 등과 같은 정보를 분석할 수 있게 되었다.

기업간 구매는 전사적 자원 관리^{ERP} 시스템 또는 고객 관계 관리^{CRM} 시스템을 통해서 추적될 가능성이 크다. 이러한 시스템들은 또한 고객의 지리적 위치, 그리고 접촉 대상과 계정 간의 관계뿐만 아니라 영업 사원과 계정 간의 관계 등과 같은 풍부한 인구통계 정보의 원천이다.

분석을 위한 데이터 정비

고객 데이터베이스에서 "쓰레기를 넣으면, 쓰레기가 나온다"라는 속담은 진실이다. 불량한 또는 불완전한 고객 데이터 프로파일을 바탕으로 고객 세분화나 예측 모델을 구축하면 고객에게 잘못된 추천을 하게 된다. 따라서 데이터와의 씨름은 업무에서 거대한 부분을 차지한다. 데이터 과학자들은 분석이전의 데이터 정비가 모든 작업의 95%를 차지할 것이라고 당신에게 알려줄 것이다.

한 고객에 대한 싱글 뷰single view가 없이는 개별 고객에 대한 진정한 이해나 고객 트렌드에 대한 결론을 이끌어내는 것이 불가능하다. 예를 들어 당신은 한 고객이 매장에서 구매하는 것만을 눈으로 볼 수 있지만 그 구매자가 자신의 구매 중 90%를 온라인으로 하는 경우 실제로는 VIP 중 한 사람인 이 사람을 수익성 낮은 고객이라고 생각할 수 있다. 마찬가지로 어떤 사람이 자주 웹사이트를 탐색하지만 최종적으로는 항상 매장에서 구매한다면 웹사이트에서는 이 사람을 "낮은 가치"의 고객으로 인식하는 실수를 범하게 된다. 또다른 시나리오를 가정해보자. 한 고객이 많은 돈을 지출하고 자주 구매하지만 물건들을 자주 반품해버리거나 또는 회사의 콜센터로 뻔질나게 전화를 건다. 이 고객은 '높은 가치'의 고객처럼 보이지만 사실은 수익성이 낮은 고객이다.

이는 수집한 모든 정보를 통합하고, 연결하고, 중복을 제거할 수 있어야 한

| 원시 데이터 | 클리닝 및 검증 | 정제된 데이터 | 중복 제거 엔진 | 연락처 및 가구의 마스터 목록 |

그림 3.4 데이터 정비 프로세스

다는 것을 의미한다. 이것은 결코 쉬운 일이 아니다. 그림 3.4는 높은 수준의 데이터 준비 프로세스에 대한 개요를 제공한다. 데이터 준비 프로세스의 각 단계를 간략하게 살펴보자.

이름의 클렌징 및 검증

원시 데이터를 받은 후에는 먼저 받은 고객 파일에 포함된 이름, 우편주소, 이메일 주소, 전화번호를 검증해야 한다. 그러지 않으면 소프트웨어 알고리즘이 데이터 레코드와 활동을 올바르게 연결할 수 없다. 실제의 사람들과 레코드를 매칭하기 전에 바로잡아야 하는 일반적인 오류의 예는 다음과 같은 것들이다.

- 중간 이름이나 이니셜을 포함하거나 제외할 수 있다. William L과 William Louis는 모두 같은 사람인 William Morrison의 변형일 수 있다.
- 두 사람이 함께 기록된 연락처는 수정한 후에 매칭해야 한다. "William & Cathy Morrison"은 William Morrison의 고객 레코드와 매칭해야 한다.
- 약식 이름 바꾸기: Wm, Bill, William은 모두 같은 사람일 수 있다.
- 직함 제거: Bill Morrison 목사와 Bill 박사는 William Morrison의 레코드에 모두 매칭해야 한다.
- 성과 이름 자리 바꾸기: Bill Morrison과 Morrison Bill은, 특히 같은 주소지에 거주하는 경우, 동일한 사람일 가능성이 높다.
- Katie와 Cathy처럼 이름 철자의 사소한 변형.

흔한 오류들 중 상당수는 소프트웨어로 쉽게 수정할 수 있다. 소프트웨어는 Bill을 William으로 바꾸거나 그 반대로 바꾸는 등 이름을 자동으로 정상화하고 남자인지 여자인지를 인식하고 식별 태그를 붙일 수 있다.

음성학 알고리즘은 또한 Katherine, Cathy와 같이 비슷한 발음을 갖는 단어들을 수정한다. 소프트웨어는 자동으로 이름을 표준화하여 동일한 고객의 여러 레코드를 하나로 일치하게 만들고 단일 고객 ID에 링크되도록 한다. 예를 들어 Michael은 Mike와 동일하고 James는 Jim과 동일하다. 이러한 소프트웨어는 이름에 대한 표준화 및 검증의 일부로 이름의 대소 문자를 변경할 수도 있다. 그래서 이름이 모두 대문자(WILLIAM) 또는 소문자(william)로 되어 있다면 그 이름이 첫 글자는 대문자, 나머지는 소문자(William)로 이루어지게 만든다. 이것은 사소한 것처럼 보일 수 있지만 소프트웨어 알고리즘은 사람이 아니며 문자 그대로 받아들이는 경향이 있다. 수정 및 정상화가 없다면 이 레코드들은 동일한 사람으로 매칭되지 않을 것이다.

주소의 클렌징 및 검증

비싼 우편물이 제대로 배달될지 확인하기 위해 우편주소의 검증이 중요하다. 주소 확인을 통해 우편물 비용을 최대 80%까지 줄일 수 있다. 다음은 우편주소를 검증하는 몇 가지 방법이다.

- USPS(미국 우편 서비스) 표준에 따른 캐나다 및 미국 주소 작성 규칙. 정확한 주소가 가능하도록 추가 우편번호 4자리 숫자를 포함하여 주소가 완전하고 올바르게 작성되었는지 확인해야 한다.
- NCOA(National Change of Address: 전국 주소 변경) 데이터베이스. 당신 회사의 데이터베이스에 기록된 각 주소를 NCOA 데이터베이스와 대조하여 당신이 수신자의 주소 정보를 획득한 시점 이후로 그가 이사했는지 여

부를 확인할 수 있다.

- CASS(Coding Accuracy Support System: 주소 정확도 지원 시스템) 인증. CASS 인증은 USPS로부터 주소의 완성도 품질에 따른 우편요금제를 부여받기 위해 모든 우편물 대량 발송업체들이 필수적으로 해야 하는 사항이다.

- DPV(Delivery Point Validation: 배송지점 검증). 이것은 최고 수준의 주소 정확성 검사이다. 각 주소는 그것이 USPS의 배송지점으로 실제 존재하는지 확인하기 위해 데이터 파일과 대조하여 확인된다.

- 주소 유형 꼬리표^{flag}. 필요할 경우 주소 분석^{address parsing}으로 해당 주소가 거주용인지 또는 상업용인지와 같은 주소 유형 꼬리표를 추가할 수도 있다.

- MSA(Metropolitan Statistical Area: 대도시 통계 지역)/지역 첨부. 각 주소를 기반으로 소프트웨어는 해당 위치의 위도와 경도를 첨부할 수 있으며 이를 또한 행정구역과도 매칭할 수 있다.

이메일 주소의 검증 역시 마찬가지로 중요하다. 이메일 확인 서비스는 고객 도달 범위를 향상시키고 발신자의 평판에 피해를 줄 수 있는 위험을 줄여준다. 자동으로 수행할 수 있는 검사에는 다음과 같은 것들이 포함된다.

- 구문 교정. 이름 및 주소의 구문 교정은 자동으로 잘못된 문자를 제거하고 호스트 서버 이름을 고친다. 예를 들어 소프트웨어 알고리즘은 도메인 서버의 이름에 흔히 있는 맞춤법 오류를 자동으로 교정할 수 있다 (예: gmail.com = gmail.com). 소프트웨어는 또한 틀린 문자를 확인하고 교정할 수 있다. 예를 들어 gmail.com 대신 gmail,com이리고 입력된 경우 쉼표는 자동으로 마침표로 대체될 것이다.

- 메일 테스트. 이메일 주소에 대한 검증의 일환으로 소프트웨어는 이메일

주소에 포함된 도메인을 메일 교환에 사용할 수 있는지 확인하기 위해서
이 도메인에 자동으로 "핑^{ping}" 신호를 보낼 수 있다. 소프트웨어는 또한 유
효하지 않은 이메일 목록을 자동으로 보관할 수 있다.

- 잘못된 이메일에 대한 필터링. noemail@email.com과 같은 자주 쓰이는
  일정한 기본값을 자동으로 감지하여 필터링할 수 있다.
- 대소문자 표준화. 이름과 마찬가지로 이메일 확인시 소프트웨어는 모든 주
  소가 소문자로만 표기되도록 자동으로 표준화할 수 있다.

링크와 중복 제거

반복되는 데이터에 대해서 중복된 사본을 제거하려면 '중복 제거'라는 기술
을 사용할 수 있다. 이는 (고객평생가치 같은) 핵심성과 지표들, 그리고 기타
지표들의 정확성을 향상시킬 수 있기 때문에 매우 중요하다. 또 동일한 사람
을 두 번 타깃팅하는 것은 전문성이 떨어지는 것처럼 느끼게 한다. 다이렉트
메일(DM)과 같은 캠페인의 경우 많은 비용을 낭비하게 하므로 중복 제거는
이를 피해가는 데도 도움이 된다. 우선순위 규칙에 따라 각 연락처의 속성을
병합하여 연락처 마스터 목록을 생성한다. 이때 또한 개인 이름의 연락처를
소속 가구 또는 회사와 올바르게 결부시켜야 한다.

중복된 데이터를 정확하게 제거하기 위해 소프트웨어 알고리즘을 사용하여
'퍼지 매칭'^{fuzzy matching}이라고 불리는 작업을 수행할 수 있다. 퍼지 알고리즘
은 이름 또는 주소와 같은 속성들 사이의 유사성 점수를 계산한다. 만약 정의
된 임계치보다 유사성이 높으면 해당 대상들은 중복으로 간주된다. 따라서 퍼
지 논리는 유사하지만 동일하지는 않은 두 고객 이름이 실제로 동일한 사람일

지 여부를 "추정"한다. 고객의 집 주소와 같은 일부 고객 속성은 이 추정에서 다른 속성들보다 더 높은 가중치를 가진다. William Morrison과 Bill Morrison 이 동일한 주소에 거주하는 경우 실제로는 동일한 사람일 가능성이 높지만 다른 주에 거주하는 경우 동일한 사람이 아니다.

고객 데이터를 수집하고 정제하는 모든 노력이 완료된 이후 고객 1명의 프로파일에 포함된 정보의 예를 제시한 것이 도표 3.5이다. 이 프로파일만으로도 많은 가치가 있다. 영업팀, 고객기업 지원팀, 콜센터 팀 또는 매장 직원에게 이러한 프로파일에 액세스 권한을 주면 그들은 손쉽게 접할 수 있는 이러한 정보를 활용하여 고객들에게 더 나은 서비스를 제공하게 될 것이 분명하다. 다음 장에서 우리는 한 단계 더 나아가 실제로 고객 데이터 분석을 위해 이 정보를 사용하고 모든 고객에게 독특하고 의미있는 경험을 제공하는 것에 대해서 이야기할 것이다.

고객 데이터를 모두 통합한 뒤 고객에 대해 중요한 발견을 하게 되는 경우가 드물지 않다. 한 보석 회사의 경우, 제품 라인의 70%가 여성 보석 제품이었지만 구매자의 50%는 보석을 선물로 구매하는 남성이었음을 발견했다. 인구통계학적 변수가 추가되어 이 타깃을 밝혀내기 전까지 이 집단은 사실상 인지되지 못했었다. 보석을 구매하는 여성들조차도 선물하기 위해 보석을 쇼핑하는 경우가 많았는데, 예를 들면 고등학교 및 대학의 졸업식과 같은 특별한 경우에 딸과 아들에게 주기 위한 기념용 보석heirlooms같은 것들이다. 마지막으로, 모든 고객 데이터를 수집하고 나서 이 회사는 고객이 선호하는 귀금속 유형 간에 거의 겹치는 부분이 없음을 발견했다. 금 구매자는 계속해서 금을 구매하고 은 구매자는 계속해서 은을 구매했다. 물론 이러한 모든 인사이트는 이 회사의 마케팅 전략을 완전히 바꿔놓았다.

일반 인구통계

- 이름
- 이메일
- 성별
- 링크드인^{LinkedIn} 검색
- 주소
- 위치 (위도 및 경도)
- 주소의 Google 지도 보기

예측 분석

- 구매 가능성 ("높음")
- 행위 기반 군집 ("할인 중독자")
- 제품 기반 군집 ("노트북 컴퓨터 구매자")
- 브랜드 기반 군집 ("Dell")
- 생애주기 군집 ("신규고객")
- 제품 추천

접촉 전략

- 선호 채널
- 선호 매장
- 가장 가까운 매장
- 선호 브랜드
- 전화로 판매 가능한가? (Y/N)
- 우편으로 판매 가능한가? (Y/N)
- 이메일로 판매 가능한가? (Y/N)

생애주기 군집 값

- 예상 고객
- 신규고객
- 반복 고객
- 기간 경과된 일회성 고객
- 기간 경과된 반복 고객
- 비활성화된 일회성 고객
- 비활성화된 반복 고객

구매 데이터 분석

- 평생 매출 (예: 2,007 달러)
- 평생 마진 (예: $ 576)
- 평생 주문 수
- 최근 12 개월 매출
- 최근 12 개월 마진
- 최근 12 개월 주문 수
- 평균 주문 금액
- 최근 12 개월 매출 세그먼트 (예: "상위 X% 고객")
- 12 개월 이전 매출 세그먼트
- 매출 추세 (증가, 유지, 감소)

행위

- 마지막 주문 날짜
- 마지막 주문 채널
- 마지막 주문 매출
- 웹사이트 마지막 방문 날짜
- 웹사이트 방문 횟수
- 마지막 이메일 발송 날짜
- 마지막 이메일 열람 날짜
- 마지막 이메일 링크 클릭 날짜
- 지난 달 이메일 열람 횟수
- 이전 2개월 이메일 열람 횟수
- 지난 달 이메일 링크 클릭 수
- 이전 2개월 이메일 링크 클릭 횟수
- 최초 주문 날짜
- 최초 주문 채널
- 최초 주문 매출
- 선호distinct 채널
- 선호 제품
- 선호 카테고리
- 최근 5개 주문 (채널/날짜/제품/브랜드)
- 최근 5회 웹사이트 검색(검색어, 날짜)

도표 3.5 고객 프로파일의 예

데이터 통합시 IT부서와의 협력

데이터를 수집하여 고객에 대한 실시간 싱글 뷰로 통합할 때 정보기술(IT) 부서와 협력할 것을 적극 권장한다. 따라서 IT팀과 성공적으로 파트너십을 맺기 위한 몇 가지 조언으로 이 장을 마무리하고자 한다.

혼자 하지 말라. CMO 클럽의 조사에 따르면 IT팀의 통제 밖에서 수행되는 프로젝트는 "때때로"(53%) 또는 "자주"(35%) 문제가 생긴다고 마케팅 임원의 88%가 인정했다. 2014년 액센추어Accenture 보고서에 따르면 10명의 마케팅 및 IT 임원들 중 단 1명만이 두 부서 간의 협업이 적절한 수준으로 이뤄지고 있다고 말했다. CIO는 무엇보다 안정성, 데이터 프라이버시, 보안, 회사 내 기술 보유역량과의 호환성 등을 보장하고 회사 전체의 테크놀로지 프로그램를 이끌 수 있는 핵심 위치에 있는 사람이다. 마케터로서 당신은 "최고 고객 경험 담당 임원"chief experience officer 역할을 할 수 있지만 그렇게 하기 위해서는 IT 부서를 단순히 플랫폼 제공자로서가 아니라 마케팅의 전략적 파트너로 받아들여야 한다.

어떤 데이터가 필요할지 분명히 하라. IT 팀에게 당신이 무엇을 사용하고자 하며 그것이 어떤 효과를 낼지 알려주어야 한다. 이를 제대로 하면 당신이 원하는 정확한 데이터를 얻을 수 있다. 그러지 않으면 당신이 필요로 하는 것을 얻기 위해 데이터 더미를 파헤칠 준비를 해야 한다. IT쪽 사람들이 일단 핵심에 대해서 "숙지하게 되면" 얼마나 많은 것들을 이룰 수 있는지 당신은 놀라게 될 것이며, 그들이 기여하는 바가 얼마나 값진 것인지에 대해서 감사해 할 것이다.

데이터에 대한 셀프서비스 액세스를 요청하라. IT부서는 SQL 쿼리를 통해서만 액세스할 수 있는 고객 데이터 웨어하우스를 구축하는 경우가 너무 많다.

이것이 IT부서에도 좋지 않은 이유는 다른 부서에서 고객에 관한 질문이 있거나 특정한 세그먼트가 필요할 때마다 IT부서가 직접 일을 해야 하기 때문이다. 이것은 마케팅 부서에도 좋지 않다. 왜냐하면 각 요청을 제출할 때마다 다른 부서의 프로젝트들 뒤에서 "줄을 서서" 기다려야 하기 때문이다.

IT부서가 당신의 현재 기술 역량을 파악하고 있는지 확인하라. IT부서에 데이터 통합에 대한 도움을 요청하는 경우 당신이 궁극적으로 그 데이터를 가지고 수행하고자 하는 작업이 어떤 것인지 설명하라. 단순히 데이터 통합만 요청할 경우 당신이 액세스하기 어려운 고객 데이터 웨어하우스를 얻게 될 것이며, 또 기존의 캠페인 실행도구들과 연결할 수도 없을 것이다.

진행에 따른 요구사항에 대해 지속적으로 논의하라. IT부서가 초기 개발 및 설치에 집중해야 할 뿐만 아니라 지속적인 업데이트에 대한 필요성도 이해해야 한다. 고객 데이터가 너무 빨리 변경되므로 최소한 매일 고객 프로파일 및 세그먼트를 갱신해야 한다. 데이터의 통합 및 클렌징은 끊임없이 진행되는 프로세스이며 IT자원 투입을 일회성으로 예약하는 것으로는 충분치 않다. IT부서는 대체로 수작업 단계들이 많이 포함된 솔루션을 제공한다. 따라서 분기별로 한 번 이상 프로파일 및 세그먼트를 업데이트하는 것은 비용이 많이 들어 실행불가능하다. 하지만 마케팅은 거의 실시간 업데이트를 요구하기에 자동화가 필요하다.

작게 시작하고 빠르게 반복하라. IT부서와 함께 현실적인 로드맵을 만들 수 있다. 아마도 모든 데이터를 한꺼번에 통합해달라고 요청하지 않는 것이 좋을 것이다. 예를 들어 이메일과 웹사이트의 디지털 데이터를 캡처하고 이러한 데이터 소스만 사용하는 마케팅 캠페인으로 시작하라. 성공이 입증된 후에는 매장 거래 시스템 등 다른 데이터 소스를 점차 추가하는 것에 투자를 늘리는 것을 정당화하기가 쉬워질 것이다.

IT팀과 감정을 교류하라. IT팀이 직면한 어려움을 함께 인식해야 한다. IT 팀이 데이터를 정리하는 데 어려움을 겪고 있다면 질문을 좀더 간단하게 만드는 것이 좋다. 당신의 진정한 마감 기한이 언제까지인지 생각해보라. 함께 술을 마시는 것을 두려워하지 말라. 그들에게 다가가서 그들이 생각하기에 당신이 간과한 것이 무엇인지 물어보고, 어떻게 하면 당신이 마케팅 보고서 또는 데이터를 단순화할 수 있는지 그들에게 물어보라. 서로에 대한 신뢰는 일에 도움이 된다.

외부의 도움을 청하라. 당신의 마케팅 솔루션 제공업체들을 IT부서에게 소개하라. 이 업체들은 데이터의 지속적인 통합, 클렌징, 분석에 대한 전문 지식을 보유하고 있을 것이다. 데이터 통합은 특화된 기술이며 사내 IT부서의 일상 업무가 아닐 수도 있다. 또한 IT부서가 이러한 벤더들에 익숙하지 않아서 당신이 특정한 솔루션을 선택할 수도 있다.

IT부서를 일찍부터 참여시켜라. 프로젝트의 초기 단계에서 데이터를 통합하기 위해서 활용 목적이나 비즈니스 요구 사항을 IT조직과 함께 정의하는 데이터 디스커버리 회의 일정을 잡아라.

전담 자원을 할당하라. 데이터 통합을 자체 프로젝트 관리자가 있는 별도의 프로젝트로 간주하라. 프로젝트 관리자는 IT 또는 마케팅 부서에서 맡을 수 있다. 어느 경우든지 프로젝트 범위 설정, 공급업체 선택, 프로젝트 완성에 이르기까지 협력할 수 있는 IT부서의 구체적인 담당자가 지정되어야만 한다.

데이터에 대해 물어보아야 할 100가지 질문

일단 모든 데이터를 한 곳에 모으게 되면 이 데이터를 사용하여 비즈니스와 고객을 더 잘 이해할 수 있다. 아래의 질문 목록은 당신이 예측마케팅을 시작하는 데 도움을 줄 것이다. 물어봐야 할 질문은 끝이 없지만 여기서는 중앙집중화된 고객 데이터로부터 어떤 것들을 얻을 수 있는지에 대한 아이디어를 갖게 되는 것이 의미가 있다.

판매

1. 매달 얼마나 많은 신규고객을 획득하고 있는가?
2. 신규고객을 획득하는 데 드는 비용은 얼마인가?
3. 고객당 매출액은 얼마인가? 추세는 어떠한가?
4. 나의 매출과 마진은 계절에 따라 어떻게 변하는가?
5. 매출의 대부분이 신규 구매자로부터 발생하는가, 아니면 반복 구매자로부터 발생하는가?
6. 마진의 대부분이 신규 구매자로부터 발생하는가, 아니면 반복 구매자로부터 발생하는가?
7. 출하한 제품의 연간 총 주문 수은 얼마나 되는가?
8. 월별 주문 금액은 얼마인가? 어떤 달들은 거래가 더 많이 발생하는가?
9. 연간 평균 주문 금액은 얼마이며 시간경과에 따른 추세는 어떠한가?
10. 매출은 액세스 기기(모바일, 태블릿, 기타)별로 어떻게 나뉘는가?
11. 매출은 지역별로 어떻게 나뉘는가?
12. 매출은 매장별로 또는 영업 담당자별로 어떻게 나뉘는가?
13. 매출액 중 마케팅 불가능한 고객으로부터 발생하는 매출은 얼마인가?

고객

제품 기반 군집

14. 각 제품 기반 군집에는 몇 명의 고객이 있는가?

15. 제품 기반 군집의 각 구성원은 어느 정도의 가치가 있는가?

16. 가장 많은 매출을 올리는 제품 기반 군집은 어느 것인가?

17. 가장 큰 마진을 낳는 제품 기반 군집은 어느 것인가?

18. 각 제품 기반 군집별로 선호하는 채널은 어떤 것인가?

브랜드 기반 군집

19. 각 브랜드 기반 군집에는 몇 명의 고객이 있는가?

20. 각 브랜드 기반 군집의 각 구성원은 어느 정도의 가치가 있는가?

21. 가장 많은 매출을 올리는 브랜드 기반 군집은 어느 것인가?

22. 가장 큰 마진을 낳는 브랜드 기반 군집은 어느 것인가?

23. 각 브랜드 기반 군집별로 선호하는 채널은 어떤 것인가?

행위 기반 군집

24. 각 행위 기반 군집에는 몇 명의 고객이 있는가?

25. 행위 기반 군집의 각 구성원은 어느 정도의 가치가 있는가?

26. 가장 많은 매출을 올리는 행위 기반 군집은 무엇인가?

27. 가장 큰 마진을 낳는 행위 기반 군집은 어느 것인가?

28. 각 행위 기반 군집별로 선호하는 채널은 어떤 것인가?

29. 고객 중 몇%가 할인 구매자인가?

30. 고객 중 몇%가 빈번한 구매자인가?

31. 고객 중 몇%가 (마진이 높은) 정가 구매자인가?

32. 고객 중 몇%가 일회성 구매자인가?

33. 반품이 많은 불평 고객은 누구인가?

34. 계절성 고객은 누구인가?

35. 단일 채널 고객은 누구인가?

평생 가치

36. 가장 높은 가치의 고객은 누구인가?

37. 최상위 10% 고객의 (예상) 평생가치는 얼마인가?

38. 매출 중 최상위 10% (또는 최하위 10%) 고객으로부터 발생하는 매출이 전체 매출에서 차지하는 비율은 몇%인가?

39. 최상위 10% (또는 최하위 10%) 고객의 주문 빈도는 얼마나 되는가?

40. 최고액 소비자들은 어떤 브랜드를 선호하는가?

41. 최고액 소비자들은 어떤 제품 카테고리를 선호하는가?

42. 최고액 소비자들은 어떤 채널을 선호하는가?

43. VIP를 어떻게 정의하는가?

44. 높은 가치의 고객들 중 이탈할 위험이 있는 고객들은 얼마나 되는가?

45. 고객별 (고객 세그먼트 별) 지갑 점유율은 얼마나 되는가?

46. 개별 고객의 매출액 상승 여력은 얼마인가?

47. 잠재적 평생가치는 높지만 자사의 점유율이 낮은 계정들은 어떤 것들인가?

48. 성별에 따른 예상 평생가치는 무엇인가?

49. 할인 사냥꾼들bargain hunters의 예상 평생가치는 더 낮은가?

50. 모바일 쇼핑객의 평생가치는 더 낮은가?

51. 가장 높은 가치의 고객들은 어떤 브랜드들을 선호하는가?

52. 멤버십 적립 프로그램 가입자의 평생가치는 평균보다 높은가?

구매 가능성

53. 무료 배송 서비스의 제공은 매출(및 마진)에 어떤 영향을 미치는가?

54. 할인이 판매 증가를 촉진했는가?

55. 프로모션 비용을 고려할 때 할인이 마진 증가를 촉진했는가?

56. 각 고객에 대한 최고의 인센티브는 무엇인가?

57. 방문하는 사람들 중에 구매 가능성이 높은 잠재 고객들이 있는가?

58. 회원가입비를 받을 것인가?

59. 기존고객들 중 재구매할 가능성이 가장 높은 것은 누구인가?

생애주기 단계

60. 활성 고객(지난 12개월 동안 구매한 적이 있는 고객)은 몇 명인가?

61. 기간이 경과한 고객은 몇 명인가?

62. 매출 및 마진의 대부분을 신규고객이 차지하는가 아니면 반복 고객이 차지하는가?

63. 구매자는 일반적으로 얼마나 빨리 재구매를 할 것인가?

64. 리필 캠페인을 통해서 몇 명의 고객을 다시 불러들일 수 있는가?

65. 신규고객 환영 캠페인을 통해서 몇 명의 고객을 다시 불러들일 수 있는가?

66. 회사가 이메일 주소를 갖고 있는 구매자들 중 최근에 회사 웹사이트를 방문했으나 구매하지 않은 사람은 몇 명인가?

67. 오랫동안 구매하지 않다가 최근에 이메일을 열어 본 고객은 몇 명인가?

68. 고객 유지에 초점을 맞추어야 하는가?

69. 신규고객들이 다시 돌아오고 있는가(그리고 이것이 더 나아지고 있는 가 아니면 더 나빠지고 있는가)?

70. 여러 번 구매한 사람들은 몇 명이며, 그들이 마지막으로 구매한 것은 언제인가?

71. 이탈할 위험이 있는 고객들은 누구인가?

인구사회학적 특징

72. 우리로부터 구매한 가구수는 얼마나 되는가?

73. 성별에 따른 평균 주문 금액은 얼마인가?

74. 고객별(세그먼트별)로 가장 가까운 매장까지의 거리는 얼마인가?

제품 추천

75. 고객별로 다음에는 어떤 제품을 추천해야 하는가?

76. 각 고객별로 핵심적인 채널은 어느 것인가?

마케팅 / 채널

77. 매월 몇 개의 장바구니가 매출로 이어지지 않고 중도에서 포기되고 있 는가?

78. 매월 몇 개의 웹 검색이 매출로 이어지지 않고 중도에서 포기되고 있는 가?

79. 이메일 1개당 매출은 얼마이며 시간 경과에 따라 어떻게 변화하는가?

80. 가입자 중 우리가 보낸 이메일을 실제로 읽은 사람들은 몇 명인가?

81. 가입자 수가 늘어나고 있는가 아니면 줄어들고 있는가?

82. 다이렉트 마케팅 캠페인의 성과는 무엇인가?

83. 어떤 마케팅 프로그램이 최고의 수익을 내고 있는가?

84. 어떤 프로모션 행사가 가장 많은 판매액을 올리는가?

85. 우리 회사의 카탈로그 발송이 이익 증가로 이어지는가?

86. 지난 1년 동안 우리 이메일을 한 통도 받지 못한 고객은 누구인가?

87. 전체 매출에서 각 채널이 차지하는 퍼센트는 얼마인가?

88. 전체 마진에서 각 채널이 차지하는 퍼센트는 얼마인가?

89. 채널별 연간 매출 추세는 어떠한가?

90. 채널별 월간 매출 추세는 어떠한가?

91. 채널별 마진 추세는 어떠한가?

92. 어떤 채널에서 가장 수익성 높은 고객을 얻는가?

93. 어떤 채널에서 가장 충성도 높은 고객을 얻는가?

제품

94. 제품 카테고리별 매출 및 마진은 어떠한가?

95. 제품 소개 캠페인으로 타깃팅할 수 있는 사람들은 얼마나 되는가?

96. 가장 실적이 좋은 제품 카테고리는 무엇인가?

97. 특정한 제품 카테고리의 구매 빈도는 얼마인가?

98. 특정한 우편번호 지역의 사람들이 특정한 제품을 구매하고 있는가?

99. 새로운 제품/콘텐츠/행사 등에 어떤 고객이 관심을 가질 것인가?

100. 각 고객은 얼마나 많은 유형의 제품들을 우리에게서 구매하는가?

4장

기업 가치를 높이기 위해 고객을 투자 포트폴리오처럼 관리하라

어떤 기업이든 기업 가치 또는 주주 가치를 극대화하는 가장 좋은 방법은 '모든 개별' 고객별로 고객평생가치 또는 수익성을 극대화하는 것이다. 고객은 회사에서 가장 중요한 자산이므로 고객평생가치는 마케팅에서 가장 중요한 지표이다. 만약 모든 고객의 평생가치 또는 수익성을 극대화한다면 기업 전체의 수익성과 가치평가를 극대화할 수 있다.

'모든' 고객의 평생가치를 최적화하는 가장 좋은 방법은 생애주기 전반에 걸쳐, 즉 브랜드를 처음 접하고, 돈을 쓰는 고객이 되고, 다시 돌아와 구매하게 되고, 궁극적으로는 충성스러운 브랜드 옹호자가 되기까지, 지속적으로 고객에게 최상의 경험을 제공하는 것이다. 예측마케팅은 '어떻게' 모든 예상 고객과 고객의 평생가치를 최적화할 수 있는지를 설명한다. 이제 마케터들은 고객의 과거, 현재, 미래의 요구사항에 대해 더 자세한 정보를 손쉽게 얻을 수 있으므로 한명 한명의 고객을 각기 즐겁게 할 수 있게 되었다.

'모든' 고객의 평생가치를 최적화하는 가장 좋은 방법은 포트폴리오식 접근

방법을 채택하는 것이다. 마케터는 각각의 고객 그룹이 서로 다른 가치와 행위를 가지고 있다는 것을 인식하고 이러한 개별 고객 세그먼트를 기반으로 각기 다른 행동을 취해야 한다. 우리는 다른 장에서 군집화 유형들에 대해서 다루지만, 단일한 가치에 초점을 맞추는 것으로부터 여러 가치들의 포트폴리오를 관리하는 것으로 태도를 바꾸는 것이 중요하다. 떠나갈 위험이 있는 고객들에 대해서는 높은 구매 가능성이 있는 사람들을 위한 것과는 다른 전략이 필요하다. 많은 수익을 가져다주는 고객에 비해 수익이 적은 고객에 대해서는 당신의 태도와 예산을 조정해야 한다.

가끔 마케터들은 수익성이 낮은 고객을 "포기"하라거나 높은 가치의 고객에만 집중하라는 조언을 듣는 경우가 있지만, 이는 오류다. 모든 고객은 수익에 기여한다. 당신이 고객을 획득하고 포트폴리오를 관리할 때 이 두 가지 고객들은 항상 혼합되어 있다. 중요한 초점은 이 둘의 혼합 비율이며 그것이 어떤 추세를 보이는가이다.

고객평생가치란 무엇인가?

일반적으로 고객평생가치란 고객과 비즈니스를 하면서 그에게서 평생 동안 기대할 수 있는 수익을 설명하는 용어이다. 당면한 마케팅 문제에 따라 평생가치를 계산하고 사용하는 몇 가지 방법이 있다.

과거 평생가치

과거 평생가치는 한 고객으로부터 평생에 걸쳐서 현재까지 발생한 '실제' 수익 즉 총 마진에서 직접 비용을 뺀 값에서 다시 고객 획득 비용을 뺀 금액이라고 정의된다. 과거 평생가치는 과거의 구매만 고려할 뿐 미래의 구매는 고려하지 않는다. 예상 고객가치가 아니라 과거 평생가치를 사용하는 유일한 경우는 특정한 고객 또는 세그먼트의 고객가치가 상승추세인지 또는 하락추세인지를 알아내려고 할 때이다. 한 고객이 2년 전에는 500달러를 지출했지만 작년에는 200달러만 지출하였다고 하자. 그 기저에 깔린 추세, 리스크, 기회를 알려주는 것은 평생가치의 변화다. 고객의 과거 평생가치가 추세적으로 하락하는 경우 이를 '가치 감소'라고 한다. 이는 고객이 당신의 서비스를 해지하거나 당신의 웹사이트에서 더 이상 구매를 하지 않으려는 것에 대한 조기 경보가 될 수 있다.

가치 감소를 감지하게 되면 고객이 문을 나가버리기 직전에 파악할 수는 있지만 이미 고객을 다시 되돌리기에는 너무 늦은 것이다. 과거 평생가치의 변화를 조기에 식별할 수 있다면 재활성화 캠페인 또는 선제적 이탈방지 캠페인을 실시하여 그 흐름을 바꿀 수 있다.

가치 감소 이외에도 고객은 다른 중요한 방법으로 자신들의 지출 습관을 바꿀 수 있다. 특정한 고객이 작년에 큰 금액 구매를 단 한 번 했을 수도 있지만 올해는 작은 금액의 구매를 자주하게 되는 경우가 있다. 이 사람의 고객평생가치는 변하지 않았지만 그 사람에 대한 마케팅 접근방식과 목표는 변경되어야 한다.

과거 평생가치를 정확하게 계산하려면 동일한 사람이 약간 다른 이메일, 이름, 주소를 사용했더라도 그 사람이 한 모든 구매를 연결시킬 수 있어야 한다. 평균적인 미국인은 3개의 이메일 주소를 가지고 있다. 대부분의 회사들은 상이한 채널별로 각기 별도의 주문 데이터베이스를 가지고 있을 것이다. 웹에서의 주문은 종종 오프라인 매장에서의 구매와 별도로 기록되며 콜센터를 통한 판매 역시 별도로 기록된다. 이렇게 상이한 채널별 구매 항목을 동일한 실제 인물과 연결지을 수 없다면 평생가치에 대한 정확한 그림을 얻지 못할 것이다. 일부 제품들의 경우 가구별 또는 계정별 합계 금액을 이해하는 것이 중요할 수도 있다. 어쩌면 나는 개인적으로는 특정 브랜드에 대해서 거의 돈을 쓰지 않지만, 나를 고객으로 획득한다면 내 배우자와 자녀로부터 수익을 획득하게 되는 것이다. 나를 고객으로 획득하는 데 드는 비용과 우리 가구 전체에서 얻는 매출을 비교할 때, 나는 매우 수익성 있는 투자 대상이 될 수 있다. 이렇게 할 수 있는 유일한 방법은 가족 구성원을 확실하게 서로 연결시킬 수 있도록 하는 것이다. 마찬가지로 기업 대상 마케팅에서는 동일한 회사의 여러 구매 담당자를 마스터 계정에 연결시켜야 고객의 진정한 가치를 이해할 수 있다.

과거 평생가치를 계산하기 위해서는 고객에게 서비스를 제공하는 데 드는 비용을 감안해야 한다. 여기에는 반품, 할인, 그리고 제품 원가가 포함된다. 평균적으로 미국 소매 판매의 9%가 소비자에 의해 반품되므로 반품을 무시하면 결과가 왜곡된다. 일부 전문가는 고객획득 비용에 대한 고려없이 고객 평생가치(LTV)를 계산한다. 만약 고객획득에 대한 의사결정을 내리기 위해 LTV를 활용할 경우 고객획득 비용이 고려되어야 한다. 하지만 기존고객의 경우 획득 비용은 매몰 비용이므로 반영하지 않아야 한다.

예상 고객가치

예상 고객가치는 화폐의 시간 가치에 따라 조정된, 앞으로 몇 년 동안 예상되는 고객의 가치, 매출, 비용이다. 고객 평균 유지율은 평균적으로 한 명의 고객을 향후 몇 년 동안 유지할 수 있으며 향후 몇 년 동안의 매출을 계산에 넣을 수 있는지 알려준다. 예상 고객가치를 계산할 때는 일반적으로 향후 1~3년 동안을 대상으로 한다.

예상 고객가치는 특히 특정한 고객의 획득 또는 유지에 투자할 금액을 결정할 때 매우 유용하다. 과거 평생가치만 살펴볼 경우 고객의 잠재력을 과소평가할 수 있고 이에 따라 특정한 고객의 획득 또는 유지에 대해 지나치게 적은 투자만 하게 될 수 있다. 또한 예상 고객가치는 생애주기의 초기에 높은 가치의 고객을 식별하는 데 사용될 수도 있다. 높은 가치의 고객이 최초로 구매한 이후에도 그의 겉모습은 남들과 전혀 다르지 않다. 생애주기 초반에 잠재력이 높은 고객을 인식할 수 있다면 바로 그곳 그 시점에서부터 차별화된 대우를 시작함으로써 높은 가치의 고객이 당신과 오래도록 함께 할 확률을 높일 수 있다.

어떤 한 사람이 최근에 아주 비싼 재킷을 한 벌 구입했는데 그는 고작 2개월 전에 고객이 되었다. 반면에 또다른 한 고객은 5년 동안 고객이었고 역시 최근에 동일한 재킷을 한 벌 구입했다. 과거 평생가치를 살펴보면 한 고객이 다른 고객보다 더 가치있다고 결론을 내릴 수 있다. 그러나 이 둘은 동등한 가치의 고객일 가능성이 매우 높으며 아마도 같은 방식으로 대우해야 할 것이다. 과거 평생가치만을 살펴본다면 오래된 고객에 너무 치우치게 되며 더 최근의, 잠재력이 높은 고객을 획득하거나 유지할 기회를 놓치게 될 것이다.

예측분석을 사용하면 어떤 한 고객을 그 이전의 수천 또는 수백만 명의 다른 고객들과 비교하여 그 고객의 미래 가치를 예측할 수 있다. 당신은 그와 비슷해 보이는 고객들을 찾아내서 그의 미래의 평생가치를 예측할 수 있다. 위에서 언급한 예에서 특정한 유형의 재킷을 구입하는 것이 높은 가치의 고객들에 대해서 잘 알려진 행위 패턴의 초기 지표일 수 있다. 예측된 고객가치 금액의 절대값은 정확하지 않을 수 있지만 그것이 제공하는 순위는 마케터로 하여금 올바른 세그먼트와 추세에 초점을 맞출 수 있도록 해준다.

미래의 평생가치를 알려주는 요소에 대해서 몇 가지 예를 들어보자. 예측마케팅 소프트웨어는 일반적으로 이와 같은 요소를 수백 가지 이상 들여다보지만 특정한 회사 또는 특정한 상황에서 미래의 평생가치와 실제로 상관관계가 있는 다음과 같은 요소들만 사용한다.

- 인게이지먼트의 최근성$^{recency\ of\ engagement}$: 얼마나 최근에 구매, 웹사이트 방문, 제품 리뷰, 이메일 클릭을 했는지는 모두 향후 구매 및 향후 고객가치에 대한 중요한 예측변수^{predictors}가 될 수 있다.
- 최초 주문의 규모: 큰 금액의 최초 주문을 하는 고객은 나중에 가치있는 쇼핑객이 될 가능성이 더 높다.
- 최초 주문의 할인 여부: 정가로 구매하는 고객은 평생 동안 가치있는 고객이 될 가능성이 더 높다.
- 여러 유형의 제품들을 함께 구매하는 최초 주문: 최초 주문시 신발 및 전자제품과 같은 상이한 범주의 제품들을 함께 구매하는 것은 높은 미래 고객가치의 신호이다.
- 주문 간격: 가장 가치있는 구매자는 구매를 자주 하므로 빠른 시간 내에 두 번째 주문을 하는 구매자는 높은 가치의 고객이 될 가능성이 더 크다.
- 웹사이트 상에서 체류한 시간: 고객 또는 예상 고객이 당신의 웹사이트 상에서 머문 시간이 길수록 구매 가능성이 더 높으며 예상 고객가치가 더 높다.
- 소셜 및 이메일 인게이지먼트: 이메일 열람 및 링크 클릭 또는 SNS 참여를 포함하여 모든 종류의 고객 인게이지먼트는 구매 가능성 및 예상 고객가치에 대한 좋은 예측변수이다. 중요한 것은 인게이지먼트의 양이 아니라 인게이지먼트의 일관성 또는 빈도인 경우가 많다. 매일 조금씩 당신의 웹사이트에서 시간을 보내는 것은 어쩌다 몇 시간을 당신의 웹사이트에서 보내

는 것보다 더 신뢰할 수 있는 지표이다.

- 고객획득 소스: 특정한 채널이 다른 채널보다 더 높은 가치의 고객을 유도한다. 패션 블로그에서 유입된 고객은 배너 광고를 통해 획득한 고객보다 예상 가치가 더 높을 수 있다.
- 지역: 특정한 우편번호 지역의 고객은 다른 지역의 고객보다 예상 고객가치가 더 크다. 농촌 인구는 더 안정적이고 자주 이사하지 않으므로 충성도가 더 높은 구매 행위를 하는 경향이 있다. 때로는 우편번호를 통해서 사람들이 구매하는 제품들의 종류를 예측할 수도 있다. 예를 들어 아파트가 많이 있는 지역의 우편번호는 잔디 깎는 기계와 같은 특정한 제품에 대한 예상 고객가치가 낮다.
- 계절성: 연휴 기간에 획득된 소비자 고객은 다른 시기에 획득된 소비자 고객보다 가치가 약 14% 정도 낮은 경향이 있다.
- 지인 추천: 지인 추천을 통해 당신의 브랜드를 찾게 된 사람들은 광고로 인해서 구매한 사람들보다 충성도가 높은 경향이 있다.

평생가치에 대한 예측은 정해진 운명과 같은 것이 아니다. 마케터는 역사의 흐름을 바꿀 수 있다. 예를 들어 휴가 기간에 구매한 고객은 그 해의 다른 기간에 구매한 고객보다 덜 가치 있고 충성도가 떨어지는 경향이 있다. 한 스킨케어 회사는 특별히 이 휴가 구매자 집단에 대한 유지 노력에 집중하기로 결정했다. 이 회사는 새로운 사이버 월요일* 고객들에게 브랜드 충성도를 높이고, 리필의 필요성을 정기적으로 알리고 관심있는 다른 제품을 추천하기 위한 이메일 마케팅 캠페인을 시작했다. 그들은 추세를 되돌릴 수 있었고,

---

* 미국에서 추수감사절 다음주 월요일에 온라인 쇼핑몰들이 실시하는 대규모 연례할인 행사.

이들 휴가철 신규고객의 평생가치는 이제 이 회사의 평균 고객평생가치보다 5% 더 높아졌다. 소홀히 했던 고객 세그먼트를 대상으로 한 특별한 활동에 집중함으로써 이 회사는 궁극적으로 브랜드 충성도를 높여주는 개인맞춤형 프로모션을 제공할 수 있었다. 여기서 중요한 교훈은 일단 고객을 획득한 이후의 가장 좋은 전략은 획득 비용을 무시하고 고객을 성장시키고 유지해야 한다는 점이다.

평생가치의 상승 여력

'지갑의 크기'라고도 불리는 평생가치의 상승 여력은 고객이 당신에게 얼마나 더 많은 돈을 지출할 수 있는지를 계산한다. 이것은 고객이 당신의 경쟁업체가 제공하는 제품을 구매하기 위해 이미 지출한 돈이다. 알고리즘들은 한 고객을 비슷한 생각을 가진 다른 고객들과 비교하여 그의 지갑 크기를 파악한다. 새로운 고객을 획득하는 것보다는 기존고객과의 관계를 발전시키는 것이 항상 쉽기 때문에 마케터가 지갑의 크기에 초점을 맞추는 것이 중요하다. 불행히도 대부분의 마케터들은 기존고객을 끌어들이고 유지하는 것보다 신규고객을 획득하는 데 더 중점을 둬야 한다고 배워왔다. 하지만 고객이 높은 상승 여력을 지닌다면 마케터는 새로운 제품을 소개하거나 차별화된 방식으로 서비스하는 등 이러한 고객과의 관계를 어떻게 심화시킬지에 중점을 두어야 한다. 아직은 아주 소수의 회사만이 고객의 지갑 점유율 또는 상승 여력을 계산하고 활용하고 있지만 이러한 방법은 초점을 맞춰야 할 고객이 누구인지 식별하는 매우 강력한 방법이 될 수 있다.

미래 평생가치와 지갑 점유율 간의 중요한 차이는 종종 분석에 포함되는 제품 유형에 있다. 미래 평생가치의 경우, 고객이 이미 구매하고 있는 제품만 보게 된다. 예를 들어, 내가 하키 선수이고 매 2개월마다 특정 아울렛에서 하키 스틱용 테이프를 구입한다고 하자. 이를 기반으로 회사는 나를 계속 고객으로 유지할 경우 앞으로 더 많은 하키 스틱용 테이프를 살 것이며 예상 평생가치가 300달러라고 예상할 수 있다. 그러나, 내가 하키 스틱용 테이프를 구입하고 있기 때문에, 나는 스케이트 날 갈기, 하키 스틱, 그리고 간헐적인 장비 업그레이드 등의 시장에도 고객으로 존재하고 있을 것이다. 사실 나는 지금도 분명히 다른 곳에서 그런 것들을 구입하고 있다. 하키 스틱용 테이프를 구입한 동일한 장소에서 내가 필요한 장비들을 모두 구입할 경우 나의 미래 평생가치는 아마도 1,000달러를 훨씬 넘을 것이다.

이번에는 또다른 예를 기업 대상 마케팅에서 살펴보겠다. 한 전자제품 회사에는 프린터용 잉크젯 카트리지만을 구매하는 고객 기업들이 꽤 있다. 그들은 이 카트리지를 정기적으로 구입하는 데 평균적으로 연간 2만 달러를 지출하기에 훌륭한 고객으로 간주된다. 그런데 이 고객기업들이 고품질 카트리지를 구입한다는 사실은 아마도 그들이 서버, 노트북 컴퓨터 및 기타 제품이 있는 대형 사무실을 보유하고 있다는 것, 따라서 당신이 아직 그들에게 판매하지 않은 서비스 및 관련 제품이 많다는 것을 의미한다. 당신이 이 고객기업들에게 이런 다른 제품들을 판매하지 않고 있다는 사실은 당신이 그러한 기회를 놓치고 있다는 것을 말한다.

한 비즈니스 소프트웨어 회사가 했던 것처럼 당신도 지갑 점유율 분석을 이용하여 상향 판매를 위한 타깃을 찾아낼 수 있다. 이 회사는 모든 기업 고객을 규모와 업종이 유사한 기업들끼리 묶었다. 이 회사가 보유한 100,000개의 고객 기업들 중 보험업계에서 100~150명의 직원을 고용하고 있는 고객기업은 20,000개였다. 그들은 이 고객들을 가치 세그먼트에 따라 나누었다. 이들 소규모 보험 회사들 중 최상위 25%는 연간 3만 달러를 이 회사 제품에 지출했으며, 그 아래 25%는 연간 1만 달러를 지출했으며, 3번째 25%

는 연간 5,000달러를 지출했으며, 최하위 25%는 연간 1,000달러를 지출했다. 이 기업들은 모두 크기가 비슷하며 유사한 지출 잠재력을 가지고 있다. 비록 그들 모두가 1년에 3만 달러를 소비하는 대형 고객이 될 수는 없을지 모르지만, 적어도 1년에 1만 달러를 소비하는 두 번째 그룹과 비슷한 금액을 지출할 수는 있을 것이다. 이는 1,000달러 짜리 그룹에 속한 모든 고객에게는 9,000달러의 제품 및 서비스를 더 판매할 수 있는 잠재력이 있으며, 5,000달러 그룹에 속한 고객에게는 5,000달러의 상승 잠재력이 있음을 의미한다.

한 고객에 대한 고객평생가치의 증대

고객 생애주기는 제품 또는 서비스를 고려하고, 구매하고, 사용하고, 충성도를 유지하는 과정에서 고객이 밟아나가는 단계를 설명하는 데 사용되는 용어이다. 고객 생애주기라는 개념은 각 고객의 개별 과정을 강조하고 마케터가 각각의 고객에게 있어서 무엇이 올바른 접근 방식인지를 생각하도록 도와준다. 생애주기 모델은 브랜드에 대한 고객의 반복 인게이지먼트가 갖는 중요성을 강조한다. 마케터의 임무는 고객에게 생애주기 또는 당신의 브랜드와 함께하는 여정을 통해 최상의 경험을 제공하고 고객의 충성도와 가치를 높이려는 것이다.

도표 4.1은 마케팅 담당자가 고객의 생애주기에서 획득, 성장, 유지 단계별로 사용할 수 있는 몇 가지 전략에 대한 개요를 제공한다. 이러한 프로그램들 중 일부는 기존의 대량발송 마케팅 기법보다 투자 대비 수익이 현저히 높다. 대량발송 이메일의 평균 개봉율은 약 14%이고 이메일당 평균 매출은 0.05달러이

다. 반면 고객의 생애주기 단계별로 촉발되는 다양한 캠페인은 2~3배 높은 개봉률과 최고 6달러의 이메일당 매출을 올릴 수 있는데, 이러한 매출액은 대량 발송 이메일의 평균치보다 130배나 높은 엄청난 것이다.

획득	성장	유지
유사고객 타깃팅	**반복 구매 프로그램**	**사은 행사**
리마케팅	군집 기반 타깃팅	고객 재활성화

도표 4.1 생애주기별 마케팅 전략의 예

획득

신규고객을 획득하기 위해서는 종종 많은 상호작용이 필요하다. 일단 이 고객을 획득했다면 당신은 그 고객과의 거래에 관여한engaged 것이 되지만 아직 고객 관계라고 대해서 말할 수 있는 것은 없다. 유통업과 같은 일부 업종에서 고객의 70%는 재구매하려고 돌아오지 않는다. 신규고객을 획득하는 데서 가장 중요한 목표는 올바른 고객을 획득하는 것이다. 사람들 중에는 대량으로 구매하는 충실한 고객이 될 확률이 높은 사람들이 있다. 고객 획득을 할때 유사고객 타깃팅을 사용하여 충성도가 높은 고객을 획득하는 데 집중할수 있다. 또한 리마케팅 기법을 사용하여 예상 고객을 구매자로 전환시킬 수도 있다. 두 가지 모두 11장에서 자세히 다룰 예정이다.

성장

새로 획득한 고객에 대한 가장 주요한 목표는 일회성 구매자를 반복고객으로 만드는 것이다. 고객이 돌아와서 두 번째 구매를 하면 이제 관계를 맺기 시작한 것이다. 이때부터는 완전히 다른 상황이 시작된다. 유통업에서 일회성 구매자의 고객 유지율은 약 30%이고, 2회 구매자의 고객 유지율은 70%로 증가한다. 반복 구매를 위한 프로그램 및 군집 기반 타깃팅은 고객가치를 높이기 위해 사용할 수 있는 전략의 두 가지 예일 뿐이다. 12장에서는 전적으로 이 고객성장 전략만을 다룰 것이다.

유지

고객 지갑 점유율을 극대화했더라도 임무는 아직 끝난 것이 아니다. 충성도 높은 고객을 위한 가장 중요한 전략은 그들을 알아보고 감사를 표하는 것이다. 소셜 미디어와 인터넷으로 인해서 입소문의 힘이 과거 어느 때보다도 강력해졌다. 충성도가 높은 브랜드 옹호 고객들은 자신의 친구나 가족에게 당신의 브랜드를 추천하거나 공개적으로 열광하고 당신의 브랜드를 모르는 사람들에게 영향을 미쳐 그들도 당신에게서 구매하도록 함으로써 더 많은 고객 매출을 가져다준다. 고객 이탈이라고 해서 모두 동등한 게 아니다. 높은 가치의 고객을 유지하는 것이야말로 특히 중요하다. 충성고객 사은행사와 기간경과된 고객의 재활성화는 선제적으로 고객을 유지하는 데 사용할 수 있는 많은 전략 중 두 가지이다. 13장에서는 다양한 고객유지 관련 지표 및 방법론을 소개한다.

프랑스의 통신회사인 '오렌지'^{Orange*}는 새로운 경쟁자가 기존보다 50% 저렴한 요금제를 도입하면서 시장을 뒤흔들어놓자 자신의 고객기반을 보호하기 위해서 포괄적인 전략을 개발했다. 그들의 마케팅 전략은 고객 생애주기의 각 단계별로 취해야 할 행동들을 포함했다.

이 통신사업자는 고객획득의 관점에서 새로운 경쟁자에 대응할 수 있는 더

---

* 프랑스어 발음은 '오항줴'.

욱 매력적인 새로운 요금제를 만들었다. 이 회사는 (새로운 경쟁업체의 구체적 타깃 대상인) 디지털을 선호하고 가격에 민감한 세그먼트를 타깃으로 설정하고 새로운 저가형 브랜드를 내세웠다. 이와 동시에 다른 기존 사업자들의 치열한 경쟁으로 인해서 이 회사는 어쩔 수 없이 표준 요금제를 20% 인하할 수밖에 없었다. 기존고객들이 더 싼 요금제로 대규모로 갈아탈 계기가 생겼기 때문에 매출, 마진, 사용자당 평균매출(ARPU)이 모두 위험해졌다.

가치 하락을 막기 위해 이 회사는 매 6개월마다 고객에게 선제적으로 접촉하여 음성, 텍스트, 데이터의 실제 소비량에 따라 그에 맞는 요금제로 바꿀 수 있도록 약속을 하는 대규모 "개인맞춤형 고객 프로그램"을 개발했다. 고객별 접촉 방식은 고객의 평생가치에 맞게 조정되었다. 즉 VIP 고객은 콜센터에서 연락을 취했고 중간 가치의 고객에게는 이메일을 보냈으며, 낮은 가치의 고객에게는 문자 메시지를 보냈다. 고객 소비, ARPU 및 기타 요소들에 따라 개인화된 추천을 개발하도록 알고리즘들이 사용되었다. 예를 들어, 고객이 국제통화로 인해 자신이 가입한 요금제의 실제 가격보다 더 많은 비용을 지불하고 있는 경우, 회사는 국제통화를 포함하는 더욱 포괄적인 (그리고 더 비싼) 요금제를 추천했다. 또한 매력적인 "4종 통합"* 번들 요금제를 통해 모바일 고객에게 인터넷 회선 가입을 제안하는 교차판매 캠페인이 시작되었다. 이 프로그램으로 인해서 ARPU의 감소는 1년 동안 10% 선에서 그치게 되었다.

이 회사는 대규모 고객기반을 보유하고 있기에 작은 변화 흐름에도 매출이 악화될 위험성이 높았다. 따라서 이 회사에게 선제적인 고객유지는 최우선적인 프로그램이었다. 첫 번째 단계는 고객 세그먼트별로 고객 이탈의 근

---

* 모바일, 유선전화, 인터넷 회선, TV 회선 등 4가지 서비스를 합쳐서 할인해주는 패키지.

본원인들을 범주화하고 각각에 대해서 고객유지를 위한 행동을 전개하는 것이었다. 세그먼트별로 이탈 가능성을 추정하기 위한 모델들이 개발되었다. 이 회사는 고객을 재활성화하는 데 최적의 시기가 언제인지를 분석했다. 고객은 약정 기간 종료 3개월 전부터 종료 3개월 후 사이에 이탈할 위험성이 높은 것으로 판단되었다. 가격에 민감한 고객의 경우, 이탈의 가장 중요한 근본 원인은 요금제의 가격과 관련이 있었기에 그들에게는 저가 요금제로 갈아탈 것을 제안했다. 디지털을 선호하는 높은 가치의 고객들 경우 최신 스마트폰을 상당히 저렴한 가격으로 구매하기 위해 경쟁업체로 떠나가고 있었다(일반적으로 통신사업자들은 고객기반을 확대하기 위해 신규고객에게 휴대전화를 큰 폭으로 할인해준다). 이 회사는 프리미엄 고객을 위해 스마트폰의 가격을 조정하고 낮은 가치의 고객을 위한 보조금 지급 비율을 줄임으로써 이 문제를 해결했다. 게다가 프리미엄 가입자에 대해서는 매년 무료로 새로운 스마트폰 1대를 제공한다는 새로운 서비스를 추가하였다. 비록 그 해 첫 2/4분기에 70만 명 이상의 고객을 잃었지만, 이 통신사업자는 고객 기반을 유지했고 그 다음 두 분기 동안 80만 명 이상의 (신규고객 획득에서 기존고객 이탈을 뺀) 고객 순증가를 이룰 수 있었다(출처: www.orange.com/en/content/download/10703/237238/version/5/file/FY+2012+EN+VDEF.pdf; http://satisfait.orange.fr/maitrise_budget_bilan_conseil_personnalise.php.).

모든 고객의 고객평생가치 증대

이제 우리가 고객평생가치에 대해 배운 모든 것을 하나의 프레임워크에 정리해보자. 회사는 단지 한 명의 고객만 갖고 있는 것이 아니다. 기업가치를 최적화하려면 전체 고객자산customer equity 또는 모든 고객들의 평생가치 합계를 최적화해야 한다. 고객자산의 최적화에 관해 생각해볼 수 있는 쉬운 방법은 고객 풀pool을 물이 가득한 실제 수영장pool으로 생각하는 것이다. 고객 포트폴리오 전반에 걸쳐서 고객평생가치를 높이는 것을 수영장의 수위를 높이는 것이라고 생각해보라. 수영장은 고객이 당신의 브랜드에 소비한 돈으로 가득 차 있다. 활동적 고객은 지난 12개월 사이에 당신에게 돈을 지출한 고객이다. 높은 가치의 고객은 더 많은 돈을 지출하고 낮은 가치의 고객보다 더 빨리 수영장을 채울 수 있다. 고객이 당신으로부터 떠나고 더 이상 돈을 쓰지 않으면 수영장에서 물이 빠져나갈 것이다. 일부 고객은 일정한 휴지기를 거친 이후 다시 돌아올 것이다. 고객 풀에서 수위를 어떻게 올릴 것인가? (가치가 있는) 고객을 더 많이 추가해야 하고 이탈을 (그리고 가치 감소를) 방지하거나 비활성화된 고객을 다시 활성화해야 한다. 그림 4.2는 수영장 수위 관리

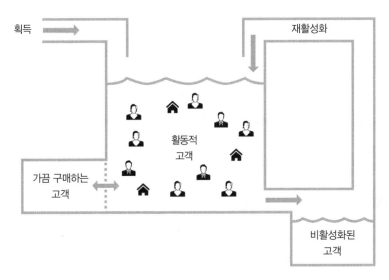

그림 4.2 수영장 수위 관리 프레임워크

라는 비유를 사용하여 포트폴리오 전반에 걸쳐 고객자산을 최적화하는 방법론을 요약한 것이다.

더 많은 (가치가 있는) 고객의 추가

적어도 지난 1년 동안 줄어든 고객만큼은 고객을 늘려야 하며 그보다 더 많이 늘릴수록 좋다. 따라서 최소한 안정성을 유지하기 위해서 얼마나 많은 고객을 획득해야 하는지는 고객이탈 비율 및 가치감소 비율에 달려 있다. 고객을 더 많이 잃을수록, 또는 가치 있는 고객을 더 많이 잃을수록, 이를 보상하기 위해 더 많은 매출을 올려야 한다. 그 반대도 마찬가지이다. 더 가치있는 고객을 획득할 수 있는 방법을 찾아냈다면 굳이 많은 고객을 획득할 필요가 없다. 5장에서는 마케팅 지출의 최적화에 대해 이야기할 것이고, 11장에서는 더 가치있는 고객을 유치하기 위한 마케팅 전략의 구체적인 예들을 소개할 것이다.

고객 이탈의 방지

일단 고객이 당신을 떠나면 다시 되돌아오게 하기에는 이미 너무 늦은 것이다. 고객이 떠난 다음에야 그들을 되돌아오게 하려고 시도하기보다는 고객에게 선제적으로 접근하여야 고객을 평생 동안 고객으로 유지할 수 있는 가능성이 훨씬 높아진다. 우리는 12장에서 고객가치를 끌어올리기 위한 전략을 상세히 설명할 것이다.

비활성화된 고객의 참여engage 유도

고객이 떠났다고 해서 모든 것을 잃는 것은 아니다. 기간 경과된 고객을 다시 활성화하는 것은 신규고객을 획득하는 것보다 비용이 평균적으로 10배 나적게 든다. 따라서 기간 경과된 고객을 위한 재활성화 프로그램은 새로운 수익원을 모색하려는 마케터가 손쉽게 따먹을 수 있는 과일과 같다. 애당초 고객이 침묵하지 않도록 고객의 참여를 유도하는 것이 더 좋다. 우리는 13장에서 고객을 유지하고 재활성화하는 프로그램에 초점을 맞추었다.

2부

예측마케팅을
시작하기 위한
9가지 손쉬운 전략

5장

실행전략 1
고객 데이터를 이용하여
마케팅 지출을 최적화하라

마케팅 지출 최적화는 그 자체만으로도 다루기에 매우 큰 주제이다. 그러나 현재 대부분의 접근 방식은 고객의 행동과 예측에 초점을 두지 않으며, 진정한 마케팅 최적화가 아닌 미디어 대응 최적화로 귀결된다.

마케팅 예산을 배분하라는 요청을 받으면 대부분의 마케터는 가장 중요한 수익원, 실적이 가장 좋은 채널, 가장 반응 실적이 좋은 검색 키워드 광고에 예산을 배분하는 방법을 즉시 떠올리는 반면, 마케팅에 반응하는 고객들은 무시하는 경향이 있다. 그러나 우리는 마케팅 지출에 대해 생각할 수 있는 다른 프레임워크를 소개하고자 한다. 지출예산을 배분하는 예측마케팅적 방법은 올바른 제품이나 채널보다는 올바른 사람들에게 예산을 배분하는 것에 기반한다.

4장에서 말했듯이, 마케터로서 가장 중요한 일은 모든 고객들의 평생가치와 전체 고객기반의 고객자산을 최적화하는 것이다. 따라서 고객을 염두에 두고 예산을 배분해야 한다. 이 장에서는 마케팅 예산 배분과 관련하여 다음과 같은 프레임워크들을 살펴본다.

• 고객의 획득, 유지, 재활성화에 대해서 각각 별도의 투자 계획을 수립하라.
• 높은/중간/낮은 가치의 고객별로 지출을 차등화하라.
• 평생가치가 가장 높은 고객을 유치하는 제품을 찾아라.
• 평생가치가 가장 높은 고객을 유치하는 채널을 찾아라.

고객의 획득, 유지, 재활성화에 대한 투자

　신규고객을 획득하는 것보다 기간 경과된 고객을 재활성화하는 것이 대체로 비용이 적게 든다. 또 고객을 재활성화하는 것보다 고객을 유지하는 것이 비용이 적게 든다. 애질원의 데이터에 따르면 평균적으로 기존 고객은 신규고객보다 83%나 더 많이 지출하고 60%나 더 자주 방문한다. 따라서 일회성 구매자를 되도록 빨리 반복 구매자로 전환시키는 것처럼 고객유지와 관련하여 깊이 생각하는 것이 중요하다.

　마케팅 지출의 배분에 대해 생각할 때 고객의 획득, 유지, 재활성화 프로그램에 어떻게 별도로 예산을 배분할지 생각하라. 가능하다면 각 프로그램마다 서로 다른 마케팅 인력을 배분할 수도 있다. 일부 회사들은 신규고객의 획득, 기존 고객의 참여 유도engaging, 유효기간 경과된 고객의 재활성화와 같은 고객 그룹 및 각 그룹별 목표에 따라서 조직을 재구성하기 시작했다.

　우리의 경험에 따르면 고객의 유지 및 재활성화에 더 집중함으로써 비용 대비 효과적으로 성장할 수 있음에도 불구하고 대부분의 회사들은 신규고객의 획득에 너무 집중하고 있다. 기존 고객을 유지하려면 더 많은 일들을 해야 하지만 궁극적으로는 비용 측면에서 더 효율적이다. 우리가 이 책에서 제시한 바와 같이 예측마케팅은 기존고객의 참여를 유도하는 핵심 원동력이다.

한 가상의 회사를 상정하고 이 회사의 성장 관련 수치를 살펴보자(그림 5.1 참조). 이 회사는 신규고객의 획득에서 일관성을 유지하고 있는데, 매년 약 17만5천 명의 신규고객을 유치한다. 그러나 매년 기존고객 또는 과거고객을 다시 되돌아오도록 하는 것에도 진전이 있었다. 2014년에 26만6천 명의 기존고객이 이 회사 제품을 구매하였는데 이는 2011년에 주문한 기존고객 18만5천 명에서 44% 증가한 것이다. 이 회사의 성장 중 거의 대부분이 기존고객에 의해서 이루어진 것이다. 이는 아주 좋은 현상이라고 할 수 있다. 우리 경험에 따르면 기존고객을 재활성화하는 것이 신규고객을 확보하는 것보다 약 10배 더 적게 비용이 들기 때문이다. 따라서 이 회사는 매출을 최고로 끌어올리고 있을 뿐만 아니라 수익성도 함께 높아지고 있다.

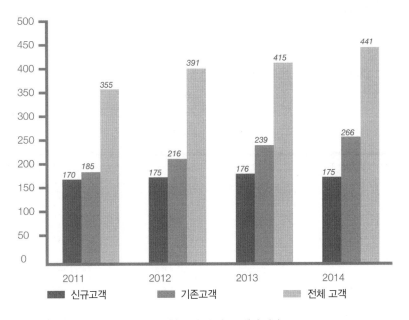

그림 5.1 신규고객 및 기존고객의 성장

이제 이 회사는 내년도에 기존고객이 얼마나 성장할지 예측할 수 있다(그림 5.2 참조). 기존고객의 성장이 계속되면 2015년에는 30만5천 명의 고객이 이 회사의 제품을 구매할 것이다. 즉, 내년에도 동일한 매출을 올리려면 13만 6천 명의 신규고객만 획득하면 한다. 이 가상의 예에서 사용된 숫자는 유통업계에서 전형적인 규모이며, 만약 당신이 유통업 분야에 종사하고 있는 경우 그대로 사용하여 자체적인 계획을 세울 수도 있다.

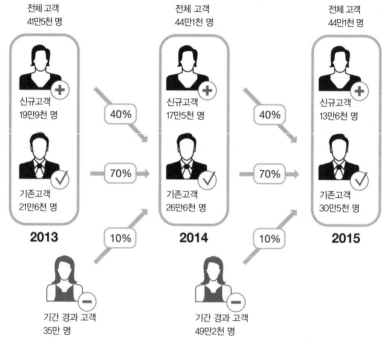

그림 5.2 얼마나 많은 신규고객이 필요한가?

- 신규고객 중 약 40%가 내년에도 반복구매 고객으로 돌아올 것이다.
- 반복구매 고객 중 약 70%가 내년에도 반복구매 고객으로 돌아올 것이다.
- 유효기간 경과된 과거 고객 중 10%는 재활성화되어 내년에 고객으로 복귀할 것이다.

대부분 기업의 경우 신규고객의 획득을 위해서는 7~10회의 마케팅 접촉이 필요하며 (이들의 응답률이 더 낮기 때문에) 각 접촉은 기존고객보다 3~5배 더 많은 비용이 든다. 기존고객은 3~5회의 접촉이 필요할 뿐이다. 이를 계산해 보면 결과적으로 고객 획득을 위한 비용이 고객 유지보다 10~20배 더 높다는 것을 알 수 있다.

아마도 여기에서 가장 중요한 점은, 고객 유지는 1% 개선될 때마다 성장에 대해서 긍정적인 복리계산 효과가 있는 반면, 고객 획득은 매년 제로베이스에서 다시 시작해야 하기 때문에 비용이 많이 든다는 사실일 것이다. 지속적으로 고객 유지에 대해서 측정하고 경쟁자들과 비교하여 유지율을 향상시키는 데 집중해야 한다. 고객 유지를 구성요소별로 나누고 각 요소들을 개선하고 벤치마킹함으로써 유지율을 높일 수 있다. 예를 들어 지역 또는 제품 카테고리에 따른 고객 유지는 매우 다를 수 있으며, 고객 유지를 향상시킬 수 있는 기회가 있다.

위의 예에 나오는 가상의 회사로 다시 돌아가서 경쟁자들과 벤치마크를 해보면 이 회사의 기존고객 성장률이 경쟁업체들에 비해서 뛰어나다는 것은 의문의 여지가 없다(그림 5.3 참조). 그러나 신규고객의 성장에서는 조금 뒤처져 있다. 경쟁업체들에 대한 벤치마킹은 회사의 새로운 성장 기회가 어디에 있는지 파악할 수 있는 훌륭한 방법이다.

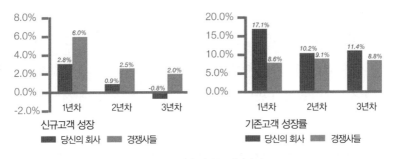

그림 5.3 고객 성장률 벤치마킹

벤치마킹을 수행할 때 고객생애주기의 각 단계를 개별적으로 비교하라. 기업 대상 마케팅의 경우 이는 고객 유입 퍼널customer funnel*의 각 단계에서 전환율을 측정하는 것일 수 있다. 어쩌면 당신은 예상고객과 잠재고객을 영업 대상lead으로 전환하는 데서 평균보다 나은 성과를 거두고 있지만, 영업 대상을 시험 구매자 또는 최초 구매자로 전환하는 경우에는 남들보다 뒤처져 있을 수 있다(그림 5.4 참조).

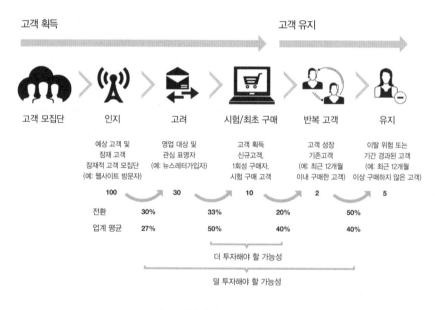

그림 5.4 마케팅 퍼넬의 엔지니어링

각 생애주기 세그먼트마다 얼마만큼의 투자를 할 것인지 결정할 때 각 그룹마다 구매 전환율이 매우 다르다는 것을 고려하라. 기존고객에 대한 광고의 구매 전환율이 60%인 반면 신규고객에 대한 광고의 구매 전환율은 겨우

---

*깔대기: 마케팅에서 소비자가 제품을 인지하기 시작하면서부터 결국 구매고객이 되기까지의 여러 단계를 깔때기에 비유.

6%라는 것을 알 수 있다. 이는 신규고객이 클릭하도록 하는 것보다 기존고객이 클릭하도록 하는 것에 기꺼이 더 많은 비용을 지출해야 한다는 것을 의미한다.

우리는 그림 5.5와 5.6에서 상세한 예를 제시하였다. 이 예에서는 당신의 웹사이트 방문자가 100명이며 클릭당 지불 방식의 광고를 사용한다고 가정한다. 그리고 100명당 20명이 신규 주문을 한다. 그러나 이 20개의 주문 중 15개는 캠페인으로 재활성화된 기존고객이 주문한 것이며 5개만 신규고객이 주문한 것이다. 이 시나리오는 우리가 기업들 전반에 걸쳐서 접하는 현실과 궤를 같이 한다. 유입량의 대부분은 신규고객으로부터 발생하는 경향이 있지만, 대부분의 주문은 반복구매 고객으로부터 발생한다. 겉보기에는 캠페인에서 20%의 전환율을 얻는 것으로 보일 수 있지만 실제로는 경제성이 매우 다른 신규고객과 기존고객의 전환율이 혼합된 것을 보고 있는 것이다.

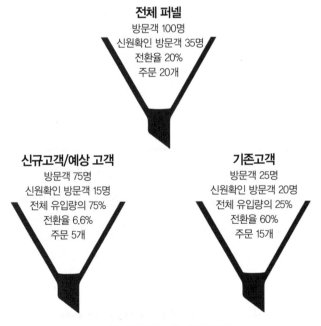

전체 퍼널
방문객 100명
신원확인 방문객 35명
전환율 20%
주문 20개

신규고객/예상 고객
방문객 75명
신원확인 방문객 15명
전체 유입량의 75%
전환율 6.6%
주문 5개

기존고객
방문객 25명
신원확인 방문객 20명
전체 유입량의 25%
전환율 60%
주문 15개

그림 5.5 생애주기별 마케팅 퍼널

클릭당 0.20달러를 광고업체에 지불해야 한다면 웹사이트 방문자 100명당 20달러, 또는 제품 주문당 1달러를 지불해야 한다. 표면적으로 이 캠페인은 제품 주문당 2달러의 마진을 얻기 때문에 각 주문에 대해 1달러의 이익을 얻게 된다. 그러나 신규고객과 반복 고객의 차이로 인해 진실은 이와 많이 다르다.

	클릭	클릭당 비용	마케팅 지출	주문	주문당 비용	주문당 평균 마진	VC 마진
전체 고객	100	$0.20	$20.00	20	$1.00	$2.00	$1.00
신규/예상 고객	75	$0.20	$15.00	5	$3.00	$2.00	$1.00←획득 비용
기존고객	25	$0.20	$5.00	15	$0.33	$2.00	$1.67←순이익

도표 5.6 마케팅 지출 최적화의 예

실제로는 20개의 주문 중 15개는 마케팅 캠페인으로 재활성화된 기존고객의 것이고 5개만 신규고객으로부터 받은 것이다. 이런 식으로 바라보면 신규고객 획득 캠페인이 실제로는 단기적으로 손해를 보고 있는 것으로 나타난다. 신규고객 1명을 획득하는 데 3달러의 비용이 드는 데 반해서 제품 1개를 주문받을 때마다 2달러를 벌게 된다. 즉, 신규고객 1명마다 최초 거래에서 1달러를 손해보고 있음을 의미한다. 물론 당신이 스스로 무슨 일을 하고 있는지 잘 파악하고 있다면 신규고객을 획득하느라 손해를 보는 것이 반드시 나쁜 일인 것은 아니다.

만약 고객이 장기적으로 흑자 관계가 유지되는 평생가치를 지니고 있다면 고객을 획득하느라 손해를 봐도 좋다고 대부분의 마케터가 생각한다. 우리는 그 다음을 보아야 한다. 기존고객은 재활성화하는 데 0.33달러를 지출하면 되고 그로 인한 순이익은 1.67달러이다. 이는 꽤 좋아 보인다. 그러나 어쩌면 당신은 별도의 재활성화 비용을 전혀 들이지 않더라도 적절한 타이밍의 이메일 캠페인만으로도 이 고객을 재활성화했을 수도 있다.

해결책은 고객의 획득 및 유지를 위한 예산을 별도로 최적화하는 것이다. 손익분기점에 도달하기까지 걸리는 시간을 기준으로, 또는 처음 90일간 달성된 고객가치를 기준으로 고객 획득을 위한 예산을 최적화할 수 있다. 손익상 적자를 내는 활동들을 줄이는 등 제품 주문당 순이익을 기준으로 고객 유지를 위한 예산을 최적화할 수 있다. 이들 각각의 경우에서 과거의 실제값이든 아니면 손익분기 기간에 대한 예측값이든 모두 사용 가능하다.

고객 획득을 위한 예산의 최적화

우리는 투자회수 기간이나 (예상 또는 실제) 고객가치를 기준으로 고객 획득을 위한 예산을 최적화하는 것이 좋다고 권장한다. 그림 5.7은 투자회수 기간과 고객가치의 개념을 도식화한 것이다. 투자회수 기간은 당신이 고객 획득을 위해 지출한 비용을 회수하는 데 걸리는 기간이다. 예를 들어 고객을 확보하는 데 5달러가 들며, 그 고객으로부터 투자를 회수하기에 충분한 이익 즉 고객가치를 얻는 데 한 달이 걸린다고 하자. 그렇다면 이 특정한 활동을 통해 획득한 고객의 투자회수 기간은 1개월이다. 고객 획득을 위한 모든 활동들에 대해서 각기 투자회수 기간을 기준으로 순위를 매기고 그 중에서 가장 투자회수 기간이 짧은 활동을 선택할 수 있다. 고객 획득 활동을 최적화하는 또다른 방법은 일정한 기간(예를 들면 90일)을 선택하여 해당 평가기간이 끝나는 시점에서 어떤 활동이 가장 많은 고객가치를 창출하였는지 보는 것이다. 고객 획득 환경은 매우 역동적이어서 우리는 90일이라는 비교적 짧은 기간을 선택했다. 일주일 동안 효과가 있는 검색 키워드가 그 다음 주에는 효과적이지 않을 수 있다. 따라서 너무 멀리 내다볼 경우 정확한 결과가 나오지 않을 수도 있다. 즉, 올해 큰 성과를 가져온 고객 획득 활동이라도 1년 후에는 더 이상 의미가 없을 수 있다.

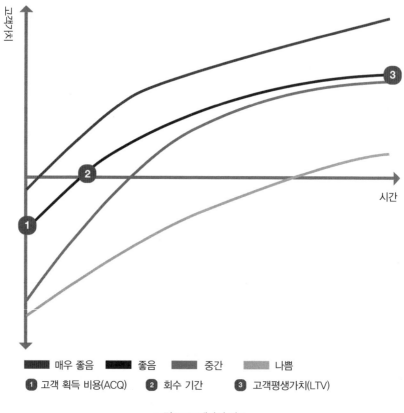

그림 5.7 고객가치 경로

우리는 고객 획득을 위한 프로그램들 각각에 대해서 평가기간이 끝날 때 고객가치를 통해서 얻게 되는 투자 대비 수익(ROI)을 기록하도록 권장한다. 이를 위해 도표 5.8의 템플릿을 사용할 수 있다. 그런 다음 가장 성과가 좋은 활동을 선택하여 내년에 적용하라. 물론 여기에는 확보된 고객의 양, 시간 경과에 따른 변동성, 더 많은 투자 능력과 같은 특정한 사항들이 고려되어야 한다.

고급 패션 블로그에 게시된 배너 광고와 같은 일부 고객 획득 소스는 투자 회수 기간이 매우 짧을 수 있으며, 최초 주문에서 수익을 낼 수도 있지만 이로 인해서 얻어지는 신규고객은 매우 적다. 마케터의 목표는 이익의 측면에서 최적화할 뿐만 아니라 수량에서도 최적화를 하는 것이다. 매우 효율적인 고객 획득 소스라도 소수의 고객밖에 얻을 수 없다면 별로 영향력이 없게 된다. 한 예로 어떤 블로거는 매우 가치있는 고객을 특정 브랜드로 유치하였지만 매우 소수의 고객들만을 유치할 수 있을 뿐 더 큰 투자로 고객 규모를 확대할 수 있는 능력은 없었다.

둘째, 일부 소스는 지속적으로 일관된 성과를 제공하지만 또다른 소스들은 더 큰 변동성을 가지고 있다. 일관성 있는 소스는 항상 매우 가변적인 소스보다 선호된다. 마지막으로, 더 많은 투자를 할 수 있는 여지가 있는지를 살펴보아야 한다. 검색엔진 마케팅(SEM: Search Engine Marketing)과 같은 특정한 마케팅 투자는 성과가 좋으면 더 많이 투자할 수 있지만 다른 수단들의 경우에는 투자 확대에 제약이 있을 수 있다. 따라서 고객 획득 소스가 성과를 내고 있다고 하더라도 이러한 소스에 더 많이 투자할 여지가 없을 수 있다.

고객 유지를 위한 예산의 최적화

우리는 공헌이익contribution margin 및 고객가치를 기준으로 고객 유지 예산을 최적화할 것을 권장한다. 고객 획득 최적화를 마친 후 마케터는 지속적으로 고객과 수익성 있는 관계를 구축해야 한다. 고객이 최초 주문을 한 후에는 고객 획득 비용은 이미 "매몰 비용"이다. 따라서 이러한 접근방식은 기존고객에 대해서는 더 이상 고객 획득 비용을 고려하지 않아야 한다. 왜냐하면 이들에

고객획득 소스	고객획득 비용(ACQ) ($)	회수기간 (일)	90일 ROI = (LTV−ACQ)/ACQ
야후 검색엔진마케팅	12	43	15%
페이스북 배너광고	19	123	−20%
리타깃팅_SH	25	80	2%

도표 5.8 고객획득 소스 워크시트

게는 이미 해당 비용을 지불했고 그에 따라 최적화했기 때문이다. 이를 위해서는 가변 공헌이익에 대한 신중한 이해가 필요하다. 가변 공헌이익은 매출총이익gross margin에서 해당 주문을 발생시킨 마케팅 비용을 뺀 값으로 정의된다. 고객이 두 번째 또는 후속 주문을 하게 만든 마케팅의 소스들에 대해서 각기 이러한 계산을 해야 한다. 공헌이익은 낮은 가치, 중간 가치, 높은 가치의 고객에 따라 다를 것이다. 다음으로 각 고객 그룹별로 예산을 배분하는 것을 살펴보자.

고객가치에 따라 차등화된 지출

높은 가치의 고객을 잃는 것은 낮은 가치의 고객을 잃는 것보다 훨씬 더 큰 손해이다. 따라서 고객 유지 예산을 배분할 때는 서로 다른 가치에 따른 세그먼트들에 대해서 생각하고 거기에 속한 고객들이 다시 구매할 가능성이 각기 얼마나 되는지 생각해보아야 한다. 이를 위해서는 각 세그먼트의 구매 가능성을 계산할 수 있어야 한다. 구매 가능성이 더 낮은 고객은 당신으로부터 떠나가서 다시는 구매하지 않을 리스크가 더 크다.

고객가치와 리스크를 기반으로 예산을 배분해야 한다. 그림 5.9의 예를 살펴보자. 연평균 가치가 100달러인 신규고객이 6만 명 있다고 가정해보자. 한편 기존고객의 구성은 연간 평균 400달러를 소비하는 높은 가치의 고객 9만명, 연간 평균 110달러를 지출하는 중간 가치의 고객 54만 명, 그리고 고작 연간 20달러를 소비하는 낮은 가치의 고객 27만 명으로 이루어져 있다. 400달러짜리 고객 한 명을 잃는 것은 20달러짜리 고객 한 명을 잃는 것보다 훨씬 더 큰 손해이다.

	고객 수	2014년 가치	유지율	상실 리스크 총액	리스크
신규고객	60만 명	100달러	25%	1,500만 달러	17%
높은 가치의 고객	9만 명	400달러	90%	3,200만 달러	37%
중간 가치의 고객	54만 명	110달러	60%	3,800만 달러	44%
낮은 가치의 고객	27만 명	20달러	20%	100만 달러	2%
				8,700만 달러	100%

상실 리스크 총액에 따라서 예산 배정

그림 5.9 가치와 리스크에 기반한 지출

과거에 각 그룹의 유지율은 서로 다를 수 있다. 가치가 높은 충성고객의 경우 90%의 유지율을 보인 반면 가치가 낮은 할인 쇼핑객의 경우 20%의 유지율을 보였을 수 있다. 유지율이 떨어진다는 것은 높은 가치의 고객의 경우 3,200만 달러, 중간 가치의 고객의 경우 3,800만 달러, 낮은 가치의 고객의 경우 100만 달러가 점차 감소할 위험에 처하게 된다는 것이다. 이를 이해하는 또 하나의 방법은 각 그룹의 유지율을 더 높일 경우 높은 가치의 고객의 경우 최대 360만 달러*, 중간 가치 고객의 경우 최대 2,400만 달러**, 낮은 가치의 고객의 경우 최대 430만 달러***의 가치를 추가할 수 있다는 점을 인식하는 것이다. 따라서 높은 가치의 고객의 유지율은 90%로 매우 높지만 이탈로 인한 리스크에 처한 모든 금액 중 37%가 이 그룹에서 발생한다. 반면 가장 낮은 가치의 고객의 유지율은 20%에 불과하며 리스크에 처한 금액의 2%만이 이 그룹에서 발생한다. 이 경우 중간 및 높은 가치의 고객의 잠재적 감소를 방지하기 위해 더 많은 돈을 지출하는 것이 합리적이다. 우리는 12장과 13

---

* 9만명×400달러×10%

** 27만명×20달러×80%

*** 54만명×110달러×40%

장에서 고객을 성장시키고 유지하기 위한 캠페인을 위한 구체적인 요령과 예에 대해서 이야기할 것이다.

높은 가치의 고객을 유치하는 제품을 찾아라

이제 고객의 평생가치라는 렌즈를 통해 제품 포트폴리오를 들여다보자. 제품들이 가져다주는 매출에 따라 제품의 순위를 매기면 중요한 인사이트를 놓칠 수 있다. 그림 5.10과 같이 1번에서 5번까지 다섯 가지 카테고리의 제품을 판매한다고 가정해보자. 1번 카테고리는 신규고객 매출의 25%를, 반면에 5번 유형의 제품은 6%를 차지한다. 그러나 2년 후의 미래만 보더라도 2번 카테고리는 실제로는 전혀 다른 제품 카테고리로서, 고객의 평생가치에서 다른 모든 제품 유형을 능가하는 것이 분명해진다. 일부 제품 카테고리는 첫 해

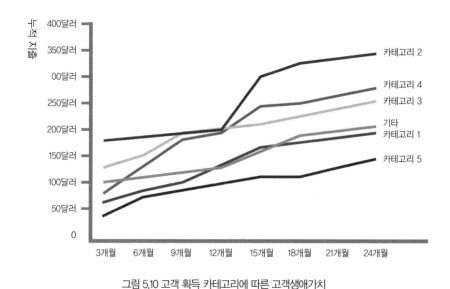

그림 5.10 고객 획득 카테고리에 따른 고객생애가치

에는 고객 매출이 낮지만 시간이 지남에 따라 반복 구매가 발생하고 고객 평생매출이 높아진다. 각 제품 카테고리별로 얼마나 투자할 것인지를 결정할 때에는 미래의 매출을 고려해야 한다. 또한 2번 카테고리의 고객은 지속적으로 더 높은 평생가치를 갖고 있기 때문에 이들을 확보하기 위해서 더 많은 돈을 지출해도 된다.

높은 가치의 고객을 유치하는 채널을 찾아라

고객 획득 채널 역시 그것이 제공하는 고객의 유형 및 가치에 따라 순위를 매길 수 있다. 모든 채널이 동등한 가치의 고객을 제공하는 것은 아니다. 한 가지 사례를 보자. 한 회사가 다양한 소매점들을 통해서 신규 가입자를 획득하였다. 60일 후에 스파Spa 채널*을 통해 획득한 고객과 데일리캔디DailyCandy** 또는 애드퓨전AdFusion을 통해 획득한 고객은 유에스 위클리US Weekly***를 통해 획득한 고객보다 평균적으로 약 8배나 더 많은 가치를 보유하고 있다.

마찬가지로 견과류와 말린 과일을 판매하는 온라인 유통업체인 넛츠닷컴 Nuts.com의 수석 마케터 앤 스위프트Anne Swift는 특정한 검색광고 키워드에 지출할 금액을 결정해야 했다. 그녀는 특정한 키워드에 대해 많은 돈을 걸고 입찰하는 것을 다소 꺼렸다. 그러나 캠페인의 수익성을 결정하기 위해 그녀가 최초 주문 대신에 예상 평생가치를 살펴보니, 그동안 그녀가 취한 입찰 전략들 중 상당수가 너무 보수적이었다는 것을 알 수 있었다.

---

*미국의 위성라디오 방송인 Sirius Satellite Radio의 한 채널. 주로 부드러운 뉴에이지 음악 중심.
**2000~2014에 주로 이메일 뉴스레터로 패션 상품을 판매한 온라인 매체.
***미국의 연예계 주간지 잡지.

아담 섀퍼Adam Shaffer는 수십억 달러 매출 규모의 전자제품 유통업체인 PCM에서 근무할 때 어떤 고객 획득 소스에 비용을 지출할지 결정해야 했다. 처음에 그는 검색광고 캠페인에 집중했다. 그러나 그는 이러한 캠페인들 중 일부는 동일한 고객을 반복해서 획득한다는 것을 발견했다. 한 고객을 획득하기 위해 한 번만 광고 지출을 해야 함에도 불구하고, 고객들은 반복 구매를 위해 웹사이트를 다시 찾을 때마다 키워드를 검색한 후 제시되는 유료 링크를 클릭했다. 이 고객들은 아담이 처음에 생각한 것만큼 수익성이 좋지 않았다. 반면, 아담은 다이렉트 메일 캠페인의 결과에 대해서 놀라면서 만족했다. 특정한 고객 세그먼트들의 경우 이러한 캠페인들은 비용이 많이 들기는 하지만, 다이렉트 메일은 평생가치가 높은 고객들에게 도달할 수 있는 매우 수익성 높은 수단이었다.

또 다른 예로 우리는 한 온라인 골프용품 판매점과 협력하여 구글의 상품목록 제시 광고(PLA: Product Listing Ads)의 성과를 검토했다. 표면적으로 테일러메이드Taylor Made와 아담스Adams*의 PLA는 동일한 수의 구매자를 유치하였으며 아담스 PLA로부터 얻은 고객이 매출액과 마진이 약간 더 높은 고객인 것으로 나타났다. 테일러메이드와 아담스는 각각 67명의 구매자를 유치했는데 아담스로부터 11,453.18달러의 매출액이, 테일러메이드의 구매자들로부터는 10,555.01달러의 매출액이 발생했다. 따라서 표면적으로는 아담스 광고 캠페인이 근소한 차이로 더 성공적이었다. 테일러메이드 PLA는 20명의 신규고객을 확보하고 기존고객으로부터 39건의 추가 주문을 받았다는 것을 알 수 있다. 그러나 아담스 PLA는 32명의 신규고객을 확보하였고 기존고객으로부터는 26개의 추가 주문을 이끌어냈다. 테일러메이드는 비록 신규고

---

*둘 다 모두 세계적으로 유명한 골프 용품 회사.

객의 획득 건수가 적었지만 수익성이 높은 고객을 획득했다. 테일러메이드의 신규고객당 매출액은 678.72달러에 마진은 237.44달러였던 반면, 아담스의 신규고객당 매출액은 326.48달러에 마진은 174.29달러였다. 결론적으로 테일러메이드 광고 캠페인은 어쩌면 두 배나 더 중요한 프로그램인 것이다. 기존고객은 이메일과 같은 다른 채널을 통해 타깃팅할 수 있으며, 테일러메이드 광고 캠페인은 신규고객의 획득 숫자는 더 적었지만 신규고객의 매출 및 마진은 아담스 광고 캠페인보다 월등히 뛰어났다.

마지막 접촉의 귀속에 대한 사례

성과가 좋은 채널을 선별하고자 할 때 가장 큰 문제점은 서로 다른 채널을 통해서 이루어진 여러 마케팅 활동이 모두 결과에 반영된다는 것이다. 사용 가능한 채널, 도구, 검색 키워드의 수가 기하급수적으로 증가하여 마케터는 어느 마케팅 접촉이 어떤 고객 행위에 영향을 미치는지에 대해서 혼란과 좌절을 느낀다. 예를 들어, 한 고객이 어느 날 한 배너 광고를 클릭했고 3일 후에 관련 단어를 검색한 뒤 구글 애드워즈 광고를 클릭하여 회사 웹사이트를 방문한 뒤 다시 하루 뒤에 이메일을 받아서 링크를 클릭했다고 하자. 그러한 경우, 이러한 모든 마케팅 접촉은 구매 전환에 기여하지만 모두 부분적으로만 기여한다. 매출 귀속revenue attribution이란 이러한 부분적 기여를 이해하는 것이다.

이를 위해 마케터는 특정한 활동의 매출총이익과 비용을 각각의 마케팅 활동에 귀속시켜야 한다. 접촉이 적은 경우, 그리고 마지막 접촉이 매우 효과적인 경우는 매우 쉽다. 마케터들은 키워드 광고, 리타깃팅, 기타 다양한 온라인 캠페인이 발전함에 따라 다중접촉$^{\text{multi-touch}}$ 귀속과 같은 보다 정교한 마케팅 귀속을 요구하기 시작했다. 요즘에는 주문들 중 상당수가 3가지 이상의 마케팅 이벤트로부터 영향을 받기 때문에 마케터들은 각 이벤트마다 얼마나 기여도를 인정할지 결정해야 한다.

다중접촉 귀속은 선형^{linear} 귀속, 시간가치 하락$^{\text{time-decay}}$ 귀속, 또는 시간기회$^{\text{time-window}}$ 기반 귀속과 같은 매우 복잡한 기법을 사용한다. 어떤 방식이든 올바른 해결책이 될 수 있다. 예를 들어 각 마케팅 활동이 동등한 기여도를 인정받는 선형 귀속은 광고를 클릭하는 고객에게 부분 기여도를 인정하는 좋은 방법일 수 있지만 만약 그 고객에게 이메일과 다이렉트 메일 등 아웃바운드 접촉을 보내면 보낼수록 그들은 더 많은 기여도를 인정받을 것이고, 따라서 이 접촉들을 모두 함께 사용하면 각각의 효과성에 대한 인정은 감소할 것이다.

구매 주기가 상대적으로 길고 소비자가 올바른 선택을 하기 위해 지식을 쌓아야 하고 고객으로 키워가야 하는 상품인 자동차, 가정용품, 보험 등과 같은 신중 구매$^{\text{considered purchase}}$ 품목에 대해서 다중접촉 귀속 문제가 갖는 가치는 분명하다. 짧은 판매 주기, 충동 구매의 경우 이 문제는 덜 중요하다.

많은 마케터들은 이러한 계산의 정확성에 집착한다. 적절한 접근방식은 가능한 한 간단하면서도 좋고 나쁜 마케팅 투자를 구분하기에 충분할 정도로만 정확한 귀속 방식을 찾는 것이다. 다음과 같은 테스트를 해보라. 귀속 방법을 변경할 경우 소스들 간에 '성과 순위'가 어떻게 변경되는가? 한 마케팅 소스의 성과가 저조한 경우 귀속 방식을 마지막 접촉 귀속에서 선형 귀속으로 전환할 때 갑자기 성과가 향상되는가? 소스의 순위와 상관없이 그 다음에 물어봐야 할 질문은 그 소스에 지출한 예산과 가변 공헌이익의 성과를 고려했을 때 해당 소스가 갖는 중요도이다. 비록 순서는 변경되었지만 그러한 특정 채널들이 큰 차원에 보았을 때 대상에 거의 기여하지 않는다면 굳이 시간과 돈을 투여하여 복잡한 귀속 모델링을 수행할 가치가 전혀 없을 수 있다.

우리의 경험으로는, 헤드폰이나 노트북 컴퓨터 가방을 구입하는 것과 같이 짧은 의사결정 주기의 제품 및 서비스를 마케팅하는 경우 마지막 접촉에 귀속시키는 것이 충분히 정확하다. 의사결정 주기가 짧기 때문에 소비자는 여러 번 방문할 필요가 없이 신속하게 구매 여부를 결정하는 경향이 있다. 따라서 귀속을 사용하는 마케팅의 비용 대비 편익, 그리고 정교한 귀속 시스템을 갖추고 운영하는 비용을 고려할 때 마지막 접촉 귀속 방법은 필요한 정도 이상의 정확성을 충분히 제공한다.

마지막 접촉 및 다중접촉 귀속의 차이점으로 말미암아 좋은 소스의 성과가 갑자기 안 좋아지거나 나쁜 소스의 성과가 갑자기 좋아지는 경우는 별로 없다. 오히려 성과가 보통인 소스들, 또는 성과가 거의 0인 소스들은 변동이 심할 것이다. 마지막 접촉과 다중접촉 귀속 간의 순위 차이를 테스트한 결과 근소한 차이만 있는 것으로 나타났다. 금액으로 계산된 매출에서 그 차이는 10% 미만이었으며 어떤 특정한 채널을 기준으로 할 경우에는 그 차이가 훨씬 더 적었다.

도표 5.11에서는 그러한 테스트 중 하나의 결과를 채널들의 순위라는 측면에서 볼 수 있다. 도표 5.11에서 귀속 방법론을 바꾸었을 때 성과가 비슷한 두 채널의 순서가 뒤바뀐 경우는 *표시가 있는 두 개의 사례뿐이다.

많은 경우에 마지막 접촉 귀속이 효과가 있는 한 가지 이유는 마케팅 접촉에서 고객 의사결정까지의 기간이 몇 주일에서 몇 분 또는 몇 초로 줄어들었기 때문이다. 다이렉트 메일의 경우 소비자는 일반적으로 카탈로그를 받은 후 몇 주 내에 구매로 반응한다. 카탈로그 마케터들은 이것을 '매치백'matchback

마지막 접촉 귀속	다중접촉 귀속
1. 이메일	1. 이메일
2. 야후 광고	2. 야후 광고
3. 구글 애드워즈	3. 구글 애드워즈
*4. CJ	*4. 다이렉트 메일
*5. 다이렉트 메일	*5. CJ
6. 퍼포믹스(Performics)	6. 퍼포믹스
7. 아마존	7. 아마존
*8. FCBi	*8. 스카이몰(SkyMall)
*9. 스카이몰	*9. FCBi

도표 5.11 마지막 접촉 대 다중접촉 귀속

또는 '백매치'backmatch 기간이라고 부른다. 대부분 카탈로그 캠페인의 경우 모든 반응의 55%가 4주 이내에 일어난다. 반응의 85%가 8주 이내에 일어나고 반응의 99%가 12주 이내에 일어난다. 따라서 대부분의 마케터들은 매치백 가능기간으로 4주를 설정하고 다이렉트 메일 발송후 4주 이내에 일어나는 반응만 해당 캠페인에 귀속시킨다.

현대의 마케팅 캠페인은 다이렉트 메일 캠페인보다 훨씬 짧은 매치백 가능기간을 제공한다. 디지털 마케팅의 시간 척도는 주週 단위가 아니라 일日 단위인 경우가 많다. 캠페인 이후 고객 행동이 너무 빨리 이루어지기 때문에 마지막 접촉 귀속은 디지털 캠페인에 효과적이다. 마지막 접촉 귀속을 사용하면 최우수 고객들에게 노날할 수 있는 채널을 너욱 쉽게 찾을 수 있으며 정교한 마케팅 귀속 솔루션에 투자하지 않더라도 모든 마케터들이 동일한 성과를 얻을 수 있게 해준다.

6장

실행전략 2

고객의 페르소나를 예측하고 마케팅을
다시 고객과 관련성 있게 만들어라

2장에서 보았듯이 군집분석은 기계학습을 이용한 자동화된 세분화이다. 군집분석은 고객기반 내에서 개인이나 커뮤니티를 '발견'할 수 있는 강력한 도구이다. 당신은 마케팅 활동이나 제품 전략을 최적화하고 차별화할 수 있는, 고객기반 내에 존재하는 동질적 그룹들을 파악하고자 고객을 세분화한다.

우리와 협력하고 있는 한 온라인 유통업체는 철인 3종 경기 참가자, 취미활동애호가, 자전거 애호가들을 위한 전자상거래 상점을 운영하고 있다. 이 회사의 마케팅 팀은 규모가 그리 크지 않았으나 확장가능하고 실현가능한 방식으로 개별 고객의 흥미에 봉사할 수 있기를 원했다. 이 회사는 고객기반을 구성하는 상이한 페르소나들을 살펴보기 시작하였고 전문적인 경주용 RC(원격조종) 자동차 운전자들, 아이들과 함께 조립 키트를 만드는 취미활동애호가들, 그리고 RC 비행기 매니아들과 같이 제품에 따라 구별되는 커뮤니티들을 발견했다. 이러한 정보를 이용하여 이 회사는 각기 다른 페르소나에게 각기 다른 뉴스레터를 발송하기 시작했다. 이들 그룹 각각에 대해서 의미있는 개인맞춤화된 컨텐츠를 제시한 것은 즉각적으로 성과를 내었으며 이메일 클릭율은 66% 증가했다. 이 사례는 매우 전형적인 것이며 우리가 함께 일하는 많은 회사들의 경우에도 마케팅 반응이 이와 유사하게 증가했다.

군집분석은 목적을 위한 수단이며 전략을 개발하기 위한 도구이다. 전략은 세분화를 위해 유의미한 정보를 제공하지만 세분화가 전략을 위해 유의미한 정보를 제공하는 것은 아니다. 우리가 선택한 세 가지 군집분석 대상은 제품에 따른 고객 행위, 고객의 쇼핑 행위, 다양한 브랜드에 대한 고객의 태도이다. 개발하려는 비즈니스 전략에 따라 군집분석 대상이 달라진다. 우리가 고객들을 군집분석하는 것처럼 당신도 당신의 마케팅 환경 속에 있는 키워드, 제품, 매장, 직원, 기타 모든 대상을 군집분석 할 수 있다. 예를 들어 우리 고객 중 하나인 유럽의 백색가전 및 전자제품 제조업체이자 유통업체인 아르셀릭Arcelik은 매장 실적을 개선하고 매장의 고객 프로파일을 파악하고자 했다. 마케팅 담당 임원 툴린 카라북Tulin Karabuk의 지시에 따라 CRM 프로그램 책임자 보라 세티너Bora Cetiner는 매장들을 군집분석하여 매장들이 서로 어떤 점에서 다른지 이해했다. 이를 통해 매장 레이아웃, 광고, CRM 프로그램을 변경할 수 있었다. 각 매장에 부여된 목표조차도 그들이 소속된 군집에 따라 달라졌다.

고객을 위해 군집분석을 활용할 때 분석결과물인 군집을 우리는 페르소나라고 부른다. 해당 군집에 속한 고객의 핵심적인 인물 속성을 파악하고 표현했기 때문이다. 그러나 페르소나를 어떻게 마케터가 이해할 수 있는 방법으로 표현할 것인가? 이를 위한 가장 손쉬운 방법은 우리 인간이 그런 일을 하는 방식과 동일하게 휴리스틱스heuristics*를 사용하는 것이다. 근본적으로 인

---

* 개략적 접근방식.

간은 "가장자리"를 찾아봄으로써 그림을 감지하거나 차이의 윗부분과 아랫부분을 찾아본 후 이 정보만을 유지하는 차분 기관difference engine(差分機關)이다. 예를 들어 우리가 풍경을 볼 때, 우리는 수평선, 태양 위치에 주목하지 바다의 모든 파도에 주의를 기울이지 않는다. 페르소나를 표시하기 위해 우리는 유사한 메커니즘을 사용하는데, 우리는 이를 위해 군집 "DNA"로 표현한다. 군집 DNA는 (아직) 업계 표준용어가 아니지만 우리는 마케터들에게 군집을 설명하는 데 이를 사용한다. 군집 DNA는 특정한 군집에 속한 고객이 어떤 제품 또는 행위(또는 어떤 군집분석 대상이든)를 다른 것들과 비교하여 얼마나 더 또는 덜 선호할지를 나타내준다.

군집 유형들

여기서는 예제로 사용할 세 가지 유형의 페르소나 즉 제품 기반 군집, 브랜드 기반 군집, 행동 기반 군집에 대해서 더 자세하게 살펴보자. 이것들은 우리가 빈번하게 사용하는 예이자 매우 다양한 전략을 알 수 있게 해주는 세 가지 예이다.

제품 기반 군집

제품 기반 군집분석 모델은 고객이 선호하는 제품의 유형 또는 범주, 그리고 고객이 함께 구입하는 제품 유형을 기반으로 고객을 그룹화한다. 제품 기반 군집분석 모델은 '카테고리 기반' 군집이라고도 한다. 제품 군집은 광범위할 수도 있고 매우 구체적일 수도 있다. 그림 6.1을 보면 한 고객 세그먼트에 속하는 사람들은 '오직' 스웨터만 구매하는 경향이 있는 반면, 또다른 고객 세그먼트에 속하는 사람들은 여러가지 유형의 활동복을 구매한다는 것을 알 수 있다. 이 세그먼트에 속하는 사람들은 수영복과 시계를 살 수도 있지만, 아이

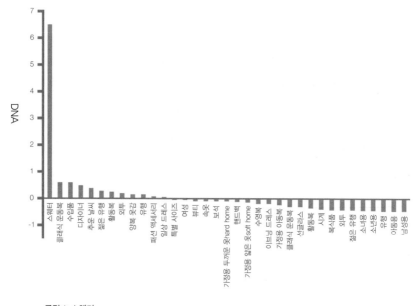

군집 1: 스웨터

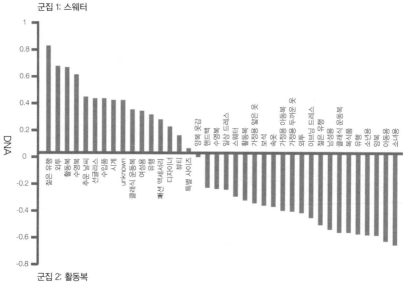

군집 2: 활동복

그림 6.1 고객 획득 카테고리에 따른 고객생애가치

들의 옷, 속옷, 또는 보석은 절대 사지 않을 것이다. 이는 이러한 유형의 고객에게 어떤 제품 할인쿠폰 또는 이메일 컨텐츠를 보낼지 결정할 때 매우 유용한 정보이다.

제품 군집을 어떻게 활용할 수 있을까? 다양한 스포츠 분야의 용품과 의류를 다양한 연령층에 판매하는 한 대형 스포츠 유통업체는 처음에는 아이들의 축구용품을 사는 여성 고객이 또한 자신을 위해서 요가용 의류도 산다고 생각했다. 이 회사는 축구용품을 구입한 여성들에게 요가 용품을 광고하는 다이렉트 메일을 보내기 시작했다. 그러나 우리가 군집분석 예측 모델을 실행한 결과, 우리는 축구 엄마들과 요가 엄마들이 전혀 겹치지 않는다는 것을 금세 발견했다. 우리는 서로 다른 범주에 속한 용품들을 구매하는 교차 구매자를 훨씬 더 높은 비율로 발견했는데, 이로 인해 이 회사는 축구 및 요가 엄마라고 생각했던 세그먼트를 대상으로 마케팅하던 것으로부터 초점을 전환하여 새로 발견된, 훨씬 더 의미있는 세그먼트인 축구 및 야구 엄마들을 대상으로 마케팅하게 되었다.

브랜드 기반 군집

브랜드 기반 군집은 사람들이 구매할 가능성이 가장 높은 브랜드를 알려준다. 이 방법은 특정한 브랜드 조합을 다른 브랜드 그룹보다 더 선호하는 고객들을 하나의 그룹으로 함께 묶어준다. 예를 들어 특정한 브랜드가 신제품을 출시할 때 어떤 고객들이 이에 대해서 관심을 가질지 여부를 파악할 수 있다. 이 모델은 기존 브랜드 군집에 대한 고객의 선호도를 비교함으로써 그 고객이 관심을 가질 수 있는 관련 브랜드들에 대한 폭넓은 인사이트를 제공할 수 있다. 그림 6.2에 제시된 모델의 결과는 타하리Tahari by ASL 브랜드의 제품을 좋아하는 고객들은 캘빈클라인Calvin Klein과 나인웨스트Nine West 브랜드의 제품도 선호하는 경향이 있지만 데시구알^{Desigual}이나 6126 브랜드의 제품에는 전혀 관심이 없음을 보여준다.

우리와 함께 일하는 많은 유통업체들은 고객의 브랜드 선호도가 제품 유형 선호도보다 더 강한 경우가 많다는 것을 발견했다. 이는 그림 6.2의 예에서 마케터가 캘빈클라인 제품을 과거에 많이 구매한 고객에게 나인웨스트 구두에 대한 판촉물을 보낸다면 많은 매출이 발생할 것임을 의미한다.

그림 6.2 브랜드 기반 군집의 예

아마도 이러한 프로모션은 활동복 군집에 속하면서 과거에 선글라스를 많이 구입한 사람들에게 시계를 홍보하는 캠페인보다 더 많은 판매 성과를 낼 것이다. 물론 이는 일반화이며 모든 규칙에는 예외가 있다는 점에 유의해야 한다. 이러한 유형의 근친성은 제품 추천보다 더 큰 규모의 패턴을 고객기반 으로부터 찾아낼 수 있는, 더 포괄적인 근친성이다.

행위 기반 군집

행위 기반 군집분석 모델은 고객들이 구매하는 과정에서 행동하는 방식에 따라 그들을 묶는다. 웹사이트를 사용하는가 아니면 상담전화를 사용하는가? 할인 중독자인가? 얼마나 자주 구매하는가? 얼마를 지출하는가? 재구매를 하기까지 얼마나 많은 시간이 소요되는가? 이 알고리즘은 고객과 접촉할 때 적합한 말투를 설정하는 데 도움이 된다. 예를 들어, 대폭할인 제품만 구매하는 고객은 재고정리 세일을 위한 훌륭한 타깃일 수 있지만 정가 그대로 지불하는 고객은 신제품 라인을 시험적으로 선보이는 프로모션을 위한 대상으로 더 적합하다.

행위 기반 군집분석을 사용하면 이전에는 몰랐던 완전히 새로운 군집을 파악해낼 수 있다. 군집분석 알고리즘은 평균 주문의 규모, 주문 간격 일수, 최초 주문 매출, 주문의 다양성, 할인 민감도, 주문 빈도, 구매한 총 품목 수, 총 주문 수, 반품 수, 최초 주문으로 구입한 제품, 주문의 계절성과 같은 수많은 변수들을 살펴본다. 알고리즘들은 동시에 수백 개의 변수를 살펴보고 어떤

장기간 동안, 높은 가치를 가진, 빈번한 구매를 하는 고객

평균 구매 금액
99달러
총매출
2,261달러
최초 구매 금액
76달러
재구매 기간
24일
총 구매 횟수
24
총 구매 상품수
57
최초 주문시 상품수
1.7
정리 세일 구매 횟수 비율
6%

높은 가치를 가진, 주문 횟수가 적은, 최초 구매시 큰 돈을 쓰는 고객

평균 구매 금액
124달러
총매출
595달러
최초 구매 금액
164달러
재구매 기간
67일
총 구매 횟수
5회
총 구매 상품수
14
최초 주문시 상품수
3.3
정리 세일 구매 횟수 비율
3%

그림 6.3 행위 기반 군집의 예

변수와 속성이 실제로 중요한지를 발견해낼 수 있다. 일반적으로 군집분석 알고리즘은 고객 데이터로부터 통계적으로 유의미한 페르소나를 6~8개 정도 찾아낸다.

각 행위 기반 군집에는 고객을 그룹화하기 위해 어떤 고객 속성이 그들을 가장 잘 차별화시켜주고 관련성이 높은지를 마케터에게 알려주는 군집 DNA가 있다. 알고리즘들은 인간이 할 수 있는 것보다 더 많은 변수를 기반으로 고객을 세분화할 수 있다. 하나의 알고리즘은 수백 개의 차원으로 시작하여 결국 20개 정도를 골라내어 특정한 행위 군집 또는 페르소나를 정의한다. 그림 6.3의 예는 군집의 DNA를 구성하는 몇 가지 요소를 보여준다.

기업 대상 마케팅의 예를 살펴보자. 당신이 소규모 주택건설업자와 도급업자에게 공구를 판매한다고 가정해보자. 행위 기반 군집들을 살펴보니 당신의 고객들 중 일부는 오직 상담전화 직원을 통해서 구매하지만 항상 그 전에 온라인 조사에 상당한 시간을 소비한 후 구매한다는 것을 발견할 수 있다. 또 정기세일 행사를 알리는 DM 엽서를 받고 1년에 딱 한 번 매장에 와서 물건을 산더미처럼 구입하는 고객들로 이루어진 다른 군집이 있을 수 있다. 또한 마찬가지로 매장에 직접 와서 구매하는 고객들로 이루어진 세 번째 군집이 있지만 이들은 기본적으로 일주일에 한 번씩 매장을 방문하며 항상 정가에 구입한다. 이 세 군집 각각에 대한 마케팅 전략은 매우 다를 수밖에 없다. 특정한 방식으로 행동하는 고객이 단 한 명뿐이라면 이는 군집이 아니며 이를 대상으로 한 전략을 세울 가치가 없다. 그러나 군집이라는 개념 자체는 동일한 방식으로 행동하는 고객들로 구성된, 통계적으로 유의미한 그룹이 존재한다는 것을 의미한다.

출장 여행자와 레저 여행자를 구별하기 위해 항공사의 행위 기반 군집은 구매 빈도, 구매 간격 일수, 구매의 계절성, 할인 민감도와 같은 요인을 고려한다. 항공사에게 이러한 군집분석은 중요한 세분화 도구이다. 가격책정과 프로모션 전략, 그리고 고객 서비스 전략은 이제 특정 노선 및 항공편에 탑승하는 고객의 유형에 따라 차별화되고 조정될 수 있다.

유통업체가 자주 접하는 행위 기반 군집으로는 정가 구매가 드문 구매자, 자주 반품하는 구매자(소위 "반품 중독자"), 평소 주문은 거의 없고 큰 할인 행사가 있을 때만 주로 사는 구매자("할인 중독자"), VIP 고객일 가능성이 큰, 구매 빈도가 높은 구매자 등과 같은 것들이 있다. 이 서로 다른 고객 그룹들은 매우 다른 프로모션에 이끌릴 것이다. 당신의 큰손 고객은 자주 이메일을 받는 것을 즐겁게 여기고 거의 언제나 구입할 것이다. 그러나 정가 구매가 드문 구매자에게 동일한 이메일과 콘텐츠를 보내면 오히려 그들을 멀어지게 하여 결국 이메일 수신 거부를 선택하게 될 것이다. 이 그룹에게는 차라리 신제품을 출시할 때만 엽서를 보내는 것이 좋다.

군집을 활용하여 고객 획득을 개선하기

군집은 기존고객에 대해서 보다 관련성이 높은 커뮤니케이션을 통해 타깃팅하는 데 유용하다. 또 군집을 사용하여 더 관련성 높은 신규고객 획득 캠페인을 만들 수 있다. 창의적인 디자인에서부터 광고를 게재하는 장소에 이르기까지 모든 것은 당신이 획득하고자 타깃으로 삼는 페르소나의 영향을 받는다. 당신의 제품들을 구매한 상이한 고객 페르소나들에 대해서 더 많이 이해할수록 그와 유사한 구매자들을 더 많이 끌어 들일 수 있는 더욱 정확한 캠페인을 설계할 수 있다.

업계 선두주자인 한 비타민 및 건강식품 브랜드 기업은 베스트셀러 제품들에 대한 통계 등의 데이터를 수집하고 분석하여 경영진이 비즈니스 전략에 대한 가설을 세우는 데 사용했다. 예를 들어, 특정한 무릎관절 보조제가 많이 팔리면, 그들은 노인 고객층의 증가로 인한 것이라고 생각했다. 그들은 이 가설을 바탕으로 마케팅 캠페인의 미술 디자인, 인쇄 우편물, 미디어 광고를 노인 고객에게 맞춰서 만들었다. 그러나 군집분석 예측 모델을 데이터에 적용하기 시작했을 때 군집분석 결과는 무릎관절 보조제의 판매량 증가가 실제로는 완전히 다른 고객들에 의한 것으로 나타났다. 그들은 보디빌더 고객들로 확인되었다.

이것이 비즈니스 의사결정에 어떤 영향을 주었는지 상상해보라! 우선 브랜드 마케팅 대행사는 낭비되었던 마케팅 자원을 절약하기 위해 노인 고객을 대상으로 한 디자인 및 미디어 광고 계획을 신속하게 변경했다. 회사는 이제 디지털 광고 대행사와 협력하여 전자상거래에서 제품 추천을 개선했고 이 청중들을 대상으로 블로그 및 소셜 채널에 이들과 관련성이 높은 라이프 스타일 컨텐츠를 개발하여 게시했다. 브랜드 매장 기획자는 무릎관절 보조제를 매장내 단백질 파우더와 함께 판매하게 되었다. PR 회사는 고도로 타깃팅된 이벤트를 계획하고 적절한 영향력 있는 인사를 행사에 초빙하였다.

군집은 소셜미디어 및 디스플레이 광고에서 유사고객 타깃팅과 결합하여 성공적으로 사용될 수 있다. 이러한 적용 사례에 대해서는 11장에서 자세히 설명할 것이다.

군집을 활용할 때 주의해야 할 것들

마케터가 세분화에 관해서 범하게 되는 가장 큰 실수는 1차원적 세분화만 사용하는 것이다. 누구든 단 하나의 세그먼트에만 속해 있는 사람은 없다. 세분화는 매우 상황의존적이다. 상황에 따라 고객은 다른 세그먼트에 속하게 된다. 예를 들어, 제품 측면에서 볼 때 존은 달리기 선수일 수 있고 매리는 수영 선수일 수 있지만 행위 측면에서 보면 존은 세일 행사를 찾아다니며 할인에 민감한 반면에 매리는 항상 최신 제품이 나오자마자 정가로 구입한다. 이제 우리는 2차원적으로 세분화해야 한다. 왜냐하면 또다른 고객 제인은 수영선수이자 할인에 민감하기 때문에 일차원적으로는 함께 묶을 수 없기 때문이다.

또 군집을 지속적으로 갱신하고 사용할 방법을 찾는 것이 중요한다. 많은 기업들이 완벽한 군집분석 알고리즘을 작성하기 위해, 그리고 가장 가치있는 또는 가장 실행가능성이 큰 군집을 선택하기 위해 철저한 분석을 수행하느라 많은 시간을 소비한다. 이런 식으로 군집을 구축하게 되면 쉽사리 10만 달러 이상의 비용이 발생하게 된다. 게다가 분석이 완료된 후 그 결과가 마케터의 손에 넘겨질 즈음에는 고객 파일에 있는 정보는 낡아빠진 과거 역사가 되어버린다. 고객 파일에 대해서 (매달 갱신하기에는 비용을 감당할 수 없으므로) 분기별로 다시 점수를 매기는 것은 비용이 많이 들고 그 결과 역시 최적화된 수준에 못미치게 된다. 요즘에는 최신 소프트웨어가 군집을 매일 갱신하여 언제라도 사용할 수 있도록 해준다.

군집의 활용 사례

고품질 비타민 및 영양보충제를 생산하고 유통하는 한 세계적인 업체는 최고 가치의 고품질 영양 보조식품 및 건강 제품을 제공하여 고객의 웰빙을 향상시키코자 노력한다. 이 업체의 유럽 사업부는 1,000개 이상의 매장을 가지고 있는데 온라인 및 오프라인 매장 거래에 대해 심도 깊게 이해하고자 했다. 특히 이 업체는 고객이 어떤 제품을 구매하는지, 얼마나 자주 구매하는지, 할인이 구매 동기에 어떤 영향을 미치는지에 대해서 파악하기를 원했다. 그들은 구매자의 어떤 행위들이 비즈니스에 큰 영향을 주는지에 집중했고 그에 따라 이메일 캠페인들을 적절하게 조정했다. 이 회사는 자기 고객기반 중 20%만을 차지하는 가장 가치있는 구매자가 회사 이익의 80% 이상을 기여한다는 것을 알게 되었다. 또한 식품 제품이 고객의 구매 빈도를 높이고 높은 가치의 쇼핑객을 끌어들이고 있음을 알게 되었다. 이러한 인사이트를 이해하기 전에는 특정한 식품 라인들은 수익성이 없는 것으로 간주되었다. 이제이 회사는 고객의 구매 빈도를 높이고 높은 가치의 고객을 유치하기 위해 이러한 제품을 계속해서 생산하고 있다. 회사는 또한 대부분 고객의 구매 빈도가 매우 낮다는 것을 알게 되었다. 하지만 충성도가 높은 고객은 더 자주 구매하고 다른 고객들보다 한번 구매할 때 약 30% 더 지출했다. 또 매장 잡지를 구매하는 고객은 잡지를 사지 않은 고객보다 50% 더 많이 소비했다.

이러한 인사이트를 얻은 이 회사는 머천다이징 계획 및 마케팅 계획을 조정했다. 전체 매출이 1.5% 늘어났고 특정한 신제품 출시 매출은 4% 늘어났다. 또한 고객 수, 평균 주문 금액, 평균 트랜젝션 금액, 장바구니당 유닛 수의 증가를 기록할 수 있게 되었다.

가장 혁신적이고 영향력 있는 군집분석 사용은 언제나 목적을 염두에 두고 시작하는 것이다. 해결하려는 문제 또는 개발하려는 전략을 정의하고 이해하고 나서 작업을 위한 페르소나들을 분리해낼 수 있는 가장 적합한 군집분석 대상을 찾아야 한다.

7장

실행전략 3
생애주기 마케팅을 위해
고객 여정을 예측하라

4장에서 우리는 각 고객의 평생가치를 최적화해야 한다고 언급했다. 이 장에서는 고객의 생애주기에 대해서 자세히 살펴보고 고객의 획득에서 성장을 거쳐 유지에 이르기까지 고객 생애주기의 모든 단계를 전략에 포함시키는 방법을 알아본다. 먼저 간단하게 고객 생애주기 또는 고객 여정 customer journey을 살펴보고 생애주기 단계를 기반으로 고객을 세분화하면서 고객 성장에 대한 인사이트와 기회를 얻을 수 있는 방법을 살펴보라. 우리는 또 생애주기 마케팅 전략에 대한 개요를 제공할 것이다.

고객가치 여정

고객의 평생가치를 최적화하는 기본 원칙은 생애주기의 모든 단계에서 동일하며 다음과 같은 세 가지 단어로 요약할 수 있다. '얻기 위해 주어라'. 고객이 당신과 관계를 맺고 있는 경우 당신으로부터 구매할 확률이 훨씬 높다. 이러한 관계를 발전시키는 가장 좋은 방법은 가치있는 경험을 제공하는 것이다. 그래서 고객(평생)가치를 '얻으려면' 고객가치를 '주어야' 한다.

그림 7.1은 고객가치 여정의 기본 개념을 보여준다. 당신과의 관계에서 가치를 얻지 못하면 고객은 떠나간다. 가치의 정의는 회사마다 매우 다르며, 기업 대상 마케팅과 같은 금전적 가치에서부터 훌륭한 진공청소기를 사용할 때와 같은 효용 가치, 디자이너 드레스를 입을 때 느낄 수 있는 자존감에 이르기까지 다양하다. 당신이 가치를 어떻게 정의하든 간에 고객이 그것을 느끼

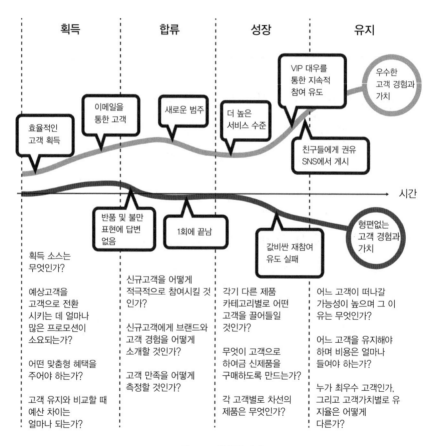

그림 7.1 고객가치 여정

지 못하면 그는 다른 곳으로 눈을 돌릴 것이다.

고객과 관계를 맺는 데에는 세 가지 기본적인 사항이 고려된다. 첫째, 회사가 해당 고객과 관계를 맺는 것이 타당한가? 이 질문에 답하기 위해서는 거래의 규모와 유형, 향후 매출 흐름, 교차 판매, 상향 판매 기회, 고객 획득 비용에 대해서 생각해보아야 한다. 핵심적으로, 이 고객은 회사에 충분한 경제적 가치를 지속적으로 제공할 것인가? 둘째, 고객은 당신과 관계를 맺는 것이 타당하다고 여길 것인가? 여기에는 감정적인 애착, 의사결정에 따른 리스크, 후속 제품, 필요한 서비스, 해당 제품에 대한 관여도^{involvement} 등이 포함된다. 핵심적으로, 우리 회사는 고객이 원하는 것을 제공하는가? 셋째, 고객과의 관계를 발전시키기 위해서는 생애주기 마케팅이 제대로 작동할 수 있는 비즈니스 조건이 필요하다. 당신의 회사는 세밀한 수준의 고객 경험을 설계할 수 있어야 하고 고객 행위를 이해하고 예측하기 위한 데이터를 가지고 있어야 한다.

특정한 제품을 판매하는 회사가 다른 회사들보다 고객과의 관계를 발전시키는 것이 더 쉬울 수 있다. 예를 들어, 땀냄새 제거제 브랜드 업체가 고객과의 생애주기 관계를 맺는 것은 정말로 어려운 일이다. 일반적으로 땀냄새 제거제는 소비자가 뭔가를 얻기 위해서 자신의 정보를 제공할 만큼 관여도가 깊거나 리스크가 큰 제품이 아니기 때문이다. 반면에 카메라 브랜드 업체 또는 유통업체의 경우 고객과의 관계를 구축하는 것이 훨씬 더 쉽다. 카메라 구매자는 카메라를 구입하면서 브랜드에 관여하기 시작한 뒤 추가적인 액세서리, 교육용 동영상, 워크샵, 수리 등 이유로 브랜드에 계속 관여한다. 이 경우에는 잠재적으로 서로에게 이익이 되며 비즈니스 조건이 충분히 성숙되었기 때문에 회사와 소비자 모두에게 있어서 서로 관계를 맺는 것이 타당하다.

모든 규칙에는 예외가 있다. 예를 들어, 시크릿^{Secret}은 프록터앤갬블^{Procter}

& Gamble(P&G)에서 1956년에 출시한 여성용 땀 억제제/땀냄새 제거제이다. 2010년 P&G는 시크릿 브랜드에 대해 'Mean Stinks'* 캠페인을 시작했다. 현재 5년째 진행중인 이 캠페인은 소셜미디어에 대한 고객의 높은 참여도를 지속적으로 이끌어왔으며, 의미있는 방식으로 소녀들을 브랜드에 관여하게 하였다.

최초 가치

공자가 말한 것처럼 "천리 길도 한 걸음부터" 시작한다. 고객가치 여정도 마찬가지이다. 모든 고객여정의 첫 번째 단계는 예상 구매자로 하여금 최초 가치를 느끼게 하는 것이다. 우리는 때때로 이것을 "최초의 환성"first wow이라고 부른다. 최초 가치는 누군가가 당신에게서 물건을 구입한 후에 발생하겠지만, 예상고객이 당신에게 돈을 지불하기 전에 먼저 그에게 최초 가치를 접하게 한다면 더욱 좋을 것이다. 이것이야말로 진정으로 '얻기 위해 주는' 마케팅이다.

누군가 실제로 고객이 되기 전에 그에게 가치를 전달할 수 있는 여러가지 방법을 고안해야 한다. 소비자 마케팅에서는 훌륭한 광고 캠페인, 구전 마케팅 캠페인, 또는 기타 콘텐츠를 통해 소비자가 브랜드를 접하게 할 수 있다. 아마도 예상 고객은 당신 회사의 패션 블로그를 통해서 또는 패션쇼에 참석하여 당신의 의류 제품에 대해 알게 될 것이다. 많은 요가 애호가들과 달리기 주자들은 활동복 유통업체인 룰루레몬Lululemon에서 제공하는 요가 레슨 또는 달리기 행사를 동해서 이 회사를 처음 알게 된다. 호텔곤도 멤버십time-share apartments의 마케터는 이국적인 장소에서 개최하는 무료 행사의 형태로 최초

---

* '심술은 역겹다'는 뜻으로 여학생들 사이의 왕따 행위를 줄이기 위해서 P&G 가 벌인 학교내 캠페인.

가치의 경험을 설계하는 데 달인이다.

도미니크Dominique의 딸은 "얻기 위해 주는" 접근방식을 접한 후 리그 출전 축구팀에 가입했다. 그녀의 부모는 시간과 돈이 많이 드는 축구팀 활동에 가입 서명을 할 생각이 없었다. 하지만 이 축구 클럽은 똑똑했고 그들의 딸을 무료 축구 클리닉에 초대했다. 거기에서 그녀는 2주간의 팀 훈련에 초대받았다. 얼마 후 그녀는 멋진 친구들을 사귀게 되었고 어머니에게 팀에 가입시켜 달라고 졸랐다. 이것은 5년 전의 일이었는데 그녀는 여전히 축구를 하고 있다 (그리고 그녀의 엄마는 여전히 돈을 내고 있다).

소비자 제품 회사들은 오랫동안 샘플을 사용하여 소비자들이 제품을 구입하기 전에 제품을 경험하도록 했다. 창고형 멤버십 유통업체인 코스트코Costco의 식료품 샘플은 많은 가정에서 인기가 있다. 유통업체는 점점 더 스스로를 먼저 콘텐츠 회사 또는 엔터테인먼트 회사로 간주하며 그 다음으로 유통업체라고 간주한다. 일부 유통업체 CEO는 심지어 스스로 편집장이라고 자칭한다. 물론 컨텐츠는 무료이지만 옷은 무료가 아니다.

다른 브랜드들은 "얻기 위해 주는" 마케팅을 문자 그대로 실행에 옮긴 사회공헌 마케팅을 하고 있다. 벌링턴 코트 팩토리Burlington Coat Factory는 미국 전역의 불우한 가정에 의류 및 기타 제품을 기부하는 자선단체인 키즈/패션 딜리버스K.I.D.S/Fashion Delivers와 파트너십을 맺고 있다. 모든 매장의 개장은 코트 기부 캠페인coat drive과 함께 시작함으로써 예상 구매자들이 벌링턴 코트 팩토리와 함께하는 첫 경험이 곧 자선행사가 되게 만들었다.

기업 대상 마케팅에는 많은 사례가 있다. 우리가 한 컨설턴트를 고용할지 여부를 고려하고 있을 때 그는 먼저 우리를 무료 세미나에 초대한 다음 1시간 동안 무료로 컨설팅을 제공했다. 그런 다음 그는 우리에게 전직원 참가 교육을 하도록 설득했고 결국 우리는 그와 서비스 계약을 맺었다. 많은 기업용 및 소비자용 소프트웨어 회사들은 이제 무료 평가판 기간 또는 자사 소프트웨어의 무료-할증Freemium* 버전을 제공한다. 이 두 가지 모두 예상 고객이 구매를 결심하기 전에 일정 기간 동안 전체 또는 부분적으로 기능하는 제품을 사용할 수 있도록 허용한다. 무료 평가판 기간을 제공하는 경우 반드시 평가판 기간이 만료되기 전에 고객이 최초 가치를 얻게 되도록 해야 한다. 다시 말하지만, 최초 가치의 정의는 각 회사마다 다르다. 품질검증 테스트 소프트웨어를 판매하는 경우, 아마도 최초 가치는 최소한 두 가지 유형 이상의 기기에서 실행되는 첫번째 테스트를 정의하는 것이다. 만약 당신이 마케팅 자동화 소프트웨어를 판매하는 경우라면 최초 가치는 아마도 고객이 최초로 성공적인 캠페인을 런칭하는 것이다.

반복 가치

하지만 고객이 최초 가치를 얻는 것만으로는 이 고객들을 장기간 유지하기에 충분하지 않다. 한 번의 행동으로는 습관이 되지 않는다. 유통 마케팅에서 최초 구매자의 70%는 결코 돌아오지 않는다. 아마도 그들은 좋은 경험을 하지 못했거나, 당신을 잊어버렸을 가능성이 더 높다. 소프트웨어를 포함한 많은 기업용 제품들의 경우에도 마찬가지이다. 일반적으로 사용자가 신제품이나 도구를 사용해보면서 매우 흥분되는 허니문 기간이 있다. 그러나 처음 몇 개월을 거치면서 새 소프트웨어를 사용하는 것이 하나의 습관으로 정착되지 않을 경우 많은 기업용 소프트웨어가 "장롱 소프트웨어"로 끝난다. 장롱 소프트웨어란 돈을 지불했지만 사용하지 않는 소프트웨어이다.

기업이 이들 고객을 잃어버렸다는 것을 언제나 명확하게 알아차릴 수 있는

---

* 일정한 기능까지는 무료로 사용하고 고급 기능을 사용하려면 비용을 지불해야 하는 방식.

것은 아니다. 잡지의 경우 구독을 갱신할 시점이 되어서야 잡지사는 구독자가 이미 잡지를 더 이상 읽지 않고 있다는 것을 발견할 수 있다. 그러나 그때가 되면 당신의 출판물을 읽는 습관을 들이도록 만들기에는 이미 너무 늦은 것이다. 다른 제품들의 경우에도 마찬가지이다.

유통업에서 고객은 일반적으로 처음 구입한 지 1년이 지나야 이탈 또는 유효기간 경과된 것으로 간주된다. 그러나 우리의 연구에 따르면 대부분의 제품들은 처음 몇 달 안에 반복 구매가 발생하지 않을 경우 그 이후로도 결코 발생하지 않는다. 반복 가치가 실현될 수 있는 기간은 회사마다 다르다. 자동차를 판매하는 경우 재구매 간격은 수 년이 될 수 있다. 애완동물 사료를 판매하는 경우 아마도 한 달 또는 그 이하일 것이다. 패션 사이트에서 실시하는 반짝 세일의 경우 그 단위는 몇 주이다.

허니문 기간의 길이가 어떻든 간에 당신의 브랜드에 대해 고객이 최초 가치를 경험한 직후부터 당신은 이 고객을 일회성 구매자에서 반복 구매자로 전환할 수 있는 훌륭한 기회를 갖게 된다. 당신의 임무는 이제 반복 가치를 고객에게 전달하는 것이다.

소매 고객이 두 번째로 구매하게 되면 이탈률은 70%에서 30%로 떨어진다. 다시 말해 최초 구매자 중 30%만 재구매를 위해 돌아오지만 두 번째 구매자들은 그 중 70%가 재구매를 위해 돌아온다.

예측 알고리즘은 재구매 가능 기간을 예측하는 데 도움이 된다. 즉 군집별 또는 각 고객별로 재구매 가능 기간을 예측할 수 있게 해준다.

만약 당신 회사 제품의 허니문 기간이 2개월이라고 판단한 경우 2개월 후에 두 번째 구매가 발생하지 않는다면 앞으로도 더 이상 발생하지 않을 것이다. 이 정보를 가지고 당신이 취할 수 있는 몇 가지 조치가 있다.

먼저, 최초 구매 직후에 고객에게 유용한 정보를 제공하고 최초 구매에 대해 감사의 말을 전하라. 또한 이 시기는 고객이 그 다음으로 구매하길 원할 가능성이 있는 제품을 추천하기에 좋은 시기이기도 하다. 추천에 대해서는 10장에서 더 자세히 설명할 것이다.

둘째로, 만약 당신의 제품이 얼굴 크림, 정수기 필터, 또는 애완동물 약품처럼 정기적으로 교체해야 하는 전형적인 제품일 경우 그것이 다 소진되기 최소한 일주일 전에 친절한 리마인드 메시지를 보내라. 대부분의 고객은 리마인드 메시지 자체에서 가치를 발견할 것이다. 그들은 당신이 알림 메시지를 보내는 것을 훌륭한 고객 서비스라고 생각할 것이다. 어느날 아침 잠에서 깨어났는데 문득 얼굴 크림이나 애완동물 사료가 다 떨어졌다는 사실을 발견하는 것은 매우 실망스러운 일이어서, 공손한 리마인드 메시지는 대부분의 소비자로부터 매우 환영을 받는다.

만약 60일이 지난 후에도 반복 구매가 발생하지 않았다면 당신이 뭔가 조치를 취해야 할 시간이 된 것이다. 이 시점에서 당신은 더 이상 잃을 것이 없으므로 고객이 다시 구매하도록 추가 인센티브를 제공하는 것이 좋다.

기업 대상 마케팅에서도 이와 유사하게 당신은 고객이 구매 후 첫 달 이내에 제품을 반복적으로 사용하게 되기를 원한다. 예를 들어, 당신이 마케팅 자동화 소프트웨어를 판매하는 경우에 당신은 고객 기업이 첫번째 캠페인을 실행한 직후에 두 번째 및 세 번째 캠페인 또는 랜딩 페이지landing page를 런칭하기를 기대할 것이다. 소프트웨어를 사용하는 양이 감소하거나 아예 사용하지 않는 것은 고객이 사용계약 기간 종료후 재계약하지 않을 것이라는 확실한 신호이다.

새로운 가치

반복 가치 및 반복 구매조차도 고객여정의 끝이 아니다. 반복 가치라는 좋은 패턴을 확립했다면 단기적으로는 이 고객을 잃지 않겠지만 그래도 여전히 놓치는 가치가 있는 것이다.

5장에서 예상 평생가치와 평생가치 상승 여력 간의 차이에 대해 이야기했다. 예상 평생가치는 고객들이 지금과 마찬가지로 구매를 계속할 경우 고객으로부터 기대할 수 있는 미래 수익을 알려준다. 우리는 스포츠 매장에서 하키 스틱용 테이프를 구입하는 고객으로부터 새로운 가치를 포착하기 위해 현재 이 고객이 다른 곳에서 구매하고 있는 상호보완적 제품을 그에게 마케팅하려고 시도하는 유통업체의 사례를 제시했다.

만약 어떤 고객이 기존에 매년 디즈니Disney 테마 파크를 방문하는 경우, 디즈니의 새로운 가치는 이 고객으로 하여금 다음 번에는 디즈니 크루즈 여행을 떠나게 하는 것이다. 기업 대상 마케팅에서 새로운 가치는 고객으로 하여금 동일한 제품의 더 많은 기능을 사용하기 위해서 추가로 비용을 지불하게 만들거나 동일한 공급업체로부터 더 많은 제품을 구매하게 만드는 것을 의미한다. 앞에서 언급했던 마케팅 자동화 사례에서는 간단한 이메일 캠페인 설치와 웹사이트의 실시간 개인화 설정을 넘어서는 새로운 가치를 찾아볼 수 있다. 고객 기업이 제품 및 벤더가 제공하는 모든 가치를 충분히 다 경험하지 못한다면 이탈 가능성이 높아진다. 많은 고객 기업 스터디에서 우리는 다른 모든 조건이 동등한 경우에 더 많은 수의 카테고리의 제품 또는 더 많은 기능을 가진 제품들을 사용하는 고객이 더 높은 미래 가치를 가지고 있다는 것을 발견했다. 여러 종류의 제품들에 대한 고객 인게이지먼트는 그 고객의 미래 가치를 보여주는 강력한 지표이다.

생애주기 마케팅 전략

이제 고객가치를 얻기 위해 고객가치를 제공하는 몇 가지 발전된 전략을 살펴보기로 하자. 도표 7.2는 생애주기 마케팅 전략의 개요이다. 이 장에서는 이 전략에 대해 심도 깊게 논의할 것이다. 특정한 캠페인들에 대한 자세한 내용은 11장, 12장 및 13장을 읽어보라.

생애주기 세그먼트	정의	마케팅 목표	마케팅 전략
예상고객	과거에 당신의 제품을 사본 적이 없는 사람	예상 고객을 지불 고객으로 전환하는 것	최초 가치 또는 최초의 경이로움을 전달
신규고객	최초 구매한지 아직 90일이 경과하지 않은 새로운 고객	고객을 최대한 빠른 시간 내에 재구매하도록 하는 것	신규고객을 환영하고 반복적 가치를 얻도록 함. 그들이 왜 고객이 되었는지 이해하고 그들이 기존고객과 (어떻게) 다른지 파악
반복적/활동적 고객	최소한 2회 이상 구매한 사람	고객이 지속적으로 참여하도록 만들고 타인에게 언급하도록 유도	이들을 계속 즐겁게 하고 새로운 가치를 소개함. 친구들에게 언급하도록 장려. 이들이 아직 관여하지 않은 새로운 카테고리 또는 새로운 서비스를 소개함.
이탈 위험/ 비활성화된 고객	지난 90일 동안 제품을 구매하지 않았거나 서비스를 이용하지 않은 사람. 또는 구매할 기능성이 높지 않은 사람	다시 참여하도록 유도	만족도에 대해서 조사, 재시도할 이유 부여
유효기간 경과된 고객	지난 1년간 구매하지 않았거나 구매할 가능성이 매우 낮은 사람	재활성화	재시도할 이유 부여

도표 7.2 생애주기 마케팅 전략의 개요

예상고객 전략: 도와드릴까요?

우리는 최초 가치가 예상고객에게 의미하는 바가 무엇인지에 대해서 많은 예를 들어 설명했다. 당신의 비즈니스가 무엇이든, 다양한 아이디어를 실험하고 결과를 측정하라. 결과 측정은 비非구매자의 말을 청취하는 것이라고 할 수 있다. 웹사이트에서 출구 조사를 수행하거나 기업 대상 마케팅에서 유실된 모든 거래에 대해 유실 인터뷰loss interview를 실시하라. 동원 가능한 모든 방식을 이용하여 예상 고객을 모니터하라. 마케터는 이메일 가입, 온라인 양식 가입, 웹페이지 열람 행위, 사용된 키워드 등 고객 행위 데이터를 사용하여 예상 고객을 예측, 촉발함으로써 효율적으로 그들을 고객으로 전환시킬 수 있다. 행위 데이터를 기반으로 한 캠페인은 경험을 개인화하고 전환율을 크게 높인다. 예를 들어 이메일 뉴스레터에 가입한 후 해당 웹사이트에서 "빨간색 신발"을 검색한 예상 고객이 빨간색 신발들 중에서 최고 인기 상품을 이메일로 추천받도록 해야 한다. 이렇게 촉발된 캠페인은 고객과의 관련성이 높기에 매우 효과적이다.

클라우드 기반의 헬프데스크 소프트웨어 제공업체인 젠데스크Zendesk는 무료 셀프서비스 시험판을 통해 새로운 비즈니스의 대부분을 창출했다. 젠데스크는 판매 과정에서 예상 고객과 직접 대화하지 않기 때문에 무료 평가판 사용자가 어떤 기능을 사용했는지 알기 위해 모니터링을 하기로 결정했다. 이 정보를 사용하여 소프트웨어 고객이 사용하지 않았던 부분을 파악하고 내장된 프로세스를 재설계할 수 있었다. 이러한 변화로 인해 시험사용 기간 동안 고객의 관여도가 100% 이상 증가했다.

구매 과정에서 도움을 제공하는 것도 중요하다. 많은 고객이 구매할 의사가 없이 애플 스토어의 매장에 들어온다. 아이들은 공짜 게임을 시작하고 어른들은 새로운 휴대폰과 컴퓨터를 시험삼아 써보기 시작하면 잠시 후 매장 직원이 다가와서 무엇을 도와줄지 물어보게 된다. 잠시 후 고객은 아마도 휴대폰 업그레이드 비용을 물어볼 것이며 곧이어 구매가 이어질 것이다.

디지털 마케팅에서도 마찬가지이다. 사람들이 당신의 웹사이트를 방문하고 있지만 구매를 완료하지 않은 것을 당신이 알게 되면 그들에게 도움의 손을 내밀어보라. "도움을 드릴까요"라는 대화의 디지털 버전은 온라인 채팅 상자, 팝업 메시지가 될 수 있으며 또는 방문자가 이미 웹사이트를 떠난 후라면 친근한 리마인드 메시지가 그러한 것이 될 수 있다. 11장에서는 미결제 장바구니, 이메일 또는 디스플레이 리타깃팅과 같은 리마케팅 캠페인에 대해 자세히 설명한다.

기업 대상 마케팅에서는 예상고객에게 전화를 걸어서 "도와드릴까요?"라고 간단하게 말하면 된다.

신규고객 전략: 감사합니다

만약 당신이 일회성 구매자를 신속하게 다음 단계로 전환시키지 않는다면 영원히 그를 전환시키지 못할 것이라고 우리는 강조했다. 따라서 신규고객을 확보한 후 최초 1일, 1주, 1달 내에 취하는 조치는 지극히 중요하다. 신규고객에 대해서 어디서부터 착수를 해야 할까? 답은 간단하다.

비영리 단체는 감사 편지를 보내는 일에 관해서는 달인이다. 기부로 인한 긍정적 파급 효과에 대한 정보를 제공함으로써 비영리 단체는 기부자들의 기분을 좋게 하고 향후에도 기부금을 계속 내게 만든다. 스마일트레인Smile Train은 개발도상국의 구상 보선 기관에 사금을 시원하는 비영리 단체이나. 스마일트레인에 기부하면, 이 단체는 그에 대한 답변으로 당신의 기부를 통해서 몸이 건강해진 아이의 변화 전후 사진을 보내준다.

이색적이고 깊은 인상이 남도록 적절하게 감사를 잘할 줄 아는 회사들은 드물다. 아웃도어 용품 및 의류를 판매하는 유통업체인 무스죠Moosejaw에서 물건을 주문하면 얼마 후 당신은 "키스로 밀봉했어요: 매트 드림"이라고 적힌 스티커가 붙어 있고 이를 포장한 사람의 이름이 손 글씨로 쓰여진 포장 박스를 받게 된다. 이러한 제스처에 깊은 인상을 받은 고객들의 사진을 온라인에서 많이 볼 수 있다. 상자에는 "칼 대신 이빨을 사용하세요", "전에도 이 박스를 본 적이 있다면 놀라지 마세요. 우리는 재활용을 사랑합니다"와 같은 다른 스티커들이 붙어 있다. 무스죠의 CMO 댄 핀그리Dan Pingree는 이렇게 함으로써 제품이나 거래를 제공하는 것이 아니라 사람들의 기억에 남는 고객 경험을 제공할 수 있다고 말한다.

감사의 말을 전한 다음에는 신규고객에게 그들이 구입한 새로운 제품을 사용하고 관리하는 방법에 대한 유용한 힌트를 제공하라. 이것은 제품을 어떻게 사용, 청소, 관리할지에 관한 팁 목록이다. 나아가 고객 서비스 담당자가 전화를 걸어서 최초 구매에 대해서 별다른 문제가 없는지 고객에게 물어볼 수도 있다. 우리는 기업 대상 마케팅에서도 똑같은 사실을 발견했다. 고객이 제품을 사용하는 데 문제를 겪고 있을 때 고객 서비스 담당자가 먼저 연락해 오는 것보다 더 강력한 것은 없다. 당신의 제품이 사용하기에 어렵다는 것을 당신이 알고 있다면 고객 서비스 담당자로 하여금 고객에게 무료 강좌를 제공하거나 정기적으로 전화를 걸도록 하라.

구매 직후 기간은 단순히 고객으로 하여금 제품을 사용하도록 하거나 더 많이 사러 재방문하도록 만드는 것을 넘어서서 상향 판매 또는 후속 판매를 추천하기에 좋은 시점이다. 주택 수리용품home improvement 매장들은 고객이 정원에 데크를 만들기 위해 나무를 사면 대체로 곧 바베큐 또는 그릴을 새로 구매하게 된다는 것을 발견했다. 그리고 고객이 나무 땔감 그릴을 새로 구입하게 되면 일반적으로 얼마 후 곧 그릴 관련 액세서리, 그릴 요리책, 리필용 땔감을 구입하게 된다. 예측분석은 이러한 상관관계가 있는 제품들을 찾아내는 데 도움을 주고 또한 고객이 구매 여정을 계속할 수 있도록 매우 상세하게 도와준다. 일단 고객이 다음에 구매할 제품이 무엇인지 알고 나면 선제적으로 고객에게 제품 추천을 보낼 수 있다.

허니문 기간 중 고객 전환에 실패하더라도 포기하지 마라. 대신에 그 다음 순서로 나아가라. 당신에게는 손해볼 것이 없으므로 좀더 공격적인 제안을 할 수도 있다. 당신이 더 오래 기다릴수록 고객을 되돌릴 가능성은 더 줄어든다. 그냥 앉아서 고객 유효기간이 경과되기를 기다리는 것보다 당신이 이용할 수 있는 훨씬 좋은 기회가 존재한다.

반복적/활동적 고객 전략: 사랑합니다

만약 고객이 제품이나 서비스를 적극적으로 사용하고 있고 자주 재구매를 한다면 그들을 건드리지 말고 그냥 놔두어야 한다는 오해가 널리 퍼져 있다. 이는 진실과는 매우 동떨어진 것이다. 이러한 고객들로부터 얻을 수 있는 것과 잃을 수 있는 것은 여전히 많이 있다. 당신은 항상 고객의 마음 속 가장 윗자리에 남아 있고 싶어 한다. 하지만 너무나 많은 브랜드들이 있어서 고객들은 잊어버리기 쉽다. 일단 가까이 자주 보이지 않으면 당신의 브랜드도 잊혀지게 된다. 게다가 고객이 당신의 다른 제품을 구입하도록 할 수 있다면 그의 평생가치가 증가할 여지도 충분한 것이다. 이도 저도 아니라면 최소한 반복 고객은 자기 친구들에게 당신의 브랜드를 추천하는 브랜드 홍보대사가 될 수 있는 강력한 후보자이다.

최고의 고객에게 감사의 표시를 하는 간단한 캠페인은 매우 효과적일 수 있다. 예를 들어, 링크드인LinkedIn의 사용자가 2억 명에 도달했을 때, 이 회사는 각 지역마다 가장 많이 조회된 프로필의 최상위 1%, 5%, 10% 사용자들에게 이메일을 보냈다. 많은 최상위 사용자들은 자신들이 받은 디지털 편지를 자랑스럽게 온라인에 게시했으며 이러한 간단한 제스처는 링크드인의 역사상 가장 큰 구전 마케팅 캠페인 중 하나가 되었다.

마찬가지로, 전자상거래 업체 아마존은 설립한 지 얼마 안 되었을 때 크리스마스 휴가 기간에 충성도가 높은 고객에게 커피 잔을 선물로 보냈다. 우리는 그런 머그잔을 받았고 그것은 15년 후 이 책에서 언급할 정도로 충분히 기억에 남았다.

고객 생애주기 관리에서 반복 고객을 어떻게 대우할 것인지 전략을 수립하려면 군집분석을 논의한 장에서 설명한 것과 비슷하게 고객을 가치, 행위, 관여, 제품, 브랜드 관점에서 이해해야 한다.

비활성 고객 전략: 기억해주세요

비활성화된 고객을 포기하지 마라. 그들이 한동안 당신의 물건을 전혀 사지 않았다는 사실이 앞으로도 아무것도 사지 않을 것임을 의미하지는 않는다. 가장 먼저 해야 할 일은 이 고객이 당신의 제품이나 서비스를 더이상 구매하거나 사용하지 않게 된 구체적인 이유가 있는지 조사하는 것이다. 전화 또는 이메일 설문조사를 통해 그런 일을 할 수 있다. 미리 가정하지 마라. 우리와 함께하는 한 업체는 지나치게 고객 중심적이 되고자 노력했기에 자신들이 보낸 이메일을 한동안 열어보지 않은 고객들에 대해서 그들이 의사를 밝히기도 전에 이메일 발송목록에서 스스로 삭제해버렸다. 자동으로 뉴스레터가 취소된 많은 고객이 화를 냈다. 비록 그들은 한동안 이 회사의 제품을 구입하지 않았지만 그래도 많은 사람들은 여전히 뉴스레터를 받아보는 것을 즐겼으며 다시 구매할 의향이 분명히 있었다.

비활성 고객에 대해서는 일찍 행동을 취할수록 더 좋다. 그들의 유효기간이 경과될 때까지 앉아서 기다리지 마라. 당신의 브랜드에 대한 과거 경험을 끊임없이 상기시켜 주며 다시 되돌아오도록 온화한 자극을 제공하라. 그저 "고맙습니다"와 "도와드릴까요"와 같이 단순한 리마인드 메시지조차도 비활성 고객에게 놀라운 효과를 발휘할 수 있다.

음악 앱 샤잠은 한동안 로그인하지 않은 가입자들에게는 이메일이나 모바일 푸시 알림을 통해 노래나 콘서트에 대한 개인맞춤형 추천을 보내는 것이 가장 효과적이라는 것을 발견했다.

만약 추천이 효과가 없을 경우에는 간단하게 "당신이 보고 싶습니다"we miss you라는 메시지를 보내고 고객이 돌아올 만한 구체적인 동기를 만들어주어라. 소비자는 할인해주면 다시 구매할 수 있다. 기업 고객에게는 무료 정비 또는 교육훈련을 제공할 수 있다. 유효기간 경과된 고객 및 비활성화 고객에 대한 메시지 및 인센티브는 매우 유사하지만 시간이 지남에 따라 인센티브의 가치를 더 늘려야 한다. 시간이 지날수록 고객이 다시 돌아오게 설득하는 것은 점점 더 어려워질 것이다.

이를 실행할 때 개인맞춤화의 유효기간을 고려해야 한다. 제품에 따라서 매 차례 구매 사이에 시간이 더 오래 걸리는 제품도 있고, 고객에 따라서 매 차례 구매 사이에 시간이 더 오래 걸리는 고객도 있다. 만약 내 과거 행위로부터 내가 1년에 딱 두 번에 몰아서 물건을 사러 오는 쇼핑객이라는 사실을 알게 되었다면 내게 리마인드 메시지를 매달 보내는 것은 아무런 의미가 없을 것이다.

유효기간 경과 고객 전략: 보고 싶습니다

유효기간 경과된 고객은 1년 이상 구매하지 않은 고객이거나 회원 유효기간 또는 서비스가 만료되었는데도 그대로 놔두는 고객이다. 여기서 물어봐야 할 올바른 질문은 "무엇이 그 고객을 떠나게 만들었는가?"이다. 이러한 고객은 당신의 이메일에 응답할 수도 있고 안할 수도 있지만, 당신과의 커뮤니케이션을 멈추는 비활성 고객들보다는 기회가 더 많다. 이들에 대해서는 개인맞춤형 제안 및 리마인드 메시지보다는 대폭적인 할인을 제안하는 것이 더 중요하다.

이러한 고객 세그먼트에 대해서는 도움과 할인을 점차 늘려가는 제안들, 간단한 "보고 싶습니다" 문구 등 리마인드 전략의 대부분이 여전히 적용될 수 있지만, 다른 채널을 통해서 다가가는 것도 시도해보아야 한다. 고객이 1년 동안 이메일을 열어보지 않았다면 이메일을 계속 보내는 것은 도움이 안 된다. 대신 DM 우편물이나 페이스북 맞춤고객 광고를 통해 이러한 고객들에게 다가갈 수 있다. 어쩌면 이 고객들은 실제로 우편홍보물에 적힌 할인제안을 보고 매장을 다시 방문할 생각이 날 수도 있다.

펫케어알엑스PetCareRx는 유효기간 경과된 고객을 재활성화하기 위해 우편홍보물을 보냈다. 우편홍보물은 비용이 많이 들기 때문에 구매 가능성이 상대적으로 높은 고객에게만 보냈다. 또한, 고객의 평생가치에 따라 펫케어알엑스로 되돌아오게 하는 인센티브도 서로 달랐다. 더 높은 평생가치를 가진 고객들에게는 다음 번 구매시 더 큰 할인을 받도록 했다.

|8장|

실행전략 4
고객가치를 예측하라 :
가치기반 마케팅

획일적 고객 서비스의 시대는 오래 전에 지나갔다. 모든 고객이 다 똑같이 가치있는 존재는 아니다. 예를 들어, 자주 물건을 반품하는 고객으로 인해서 발생하는 비용은 해당 고객으로 나오는 매출보다 클 수 있다. 4장에서 우리는 고객평생가치를 상세히 정의했다. 이 장에서는 가치 기반 마케팅이라고 부르는, 평생가치에 따라 고객을 세분화하고 타깃팅하는 전략을 살펴본다.

가치 기반 마케팅

모든 기업은 높은 가치 및 중간 가치의 고객뿐 아니라 낮은 가치의 고객도 가지고 있다. 어느 고객을 어떤 가치 그룹에 집어넣어야 하는지 파악하고 각 고객의 가치에 따라 차별화된 마케팅 및 서비스 전략을 수립하는 것이 핵심

2부 예측 마케팅을 시작하기 위한 9가지 손쉬운 전략 **187**

요령이다. 이는 가치가 낮은 대량 반품 고객들보다는 높은 가치의 고객들에게 무제한 무료배송 및 반품과 같은 특혜를 부여하는 것을 의미한다.

그림 8.1은 고객가치에 따른 세 가지 핵심 전략을 요약한 것이다.

- 높은 가치의 고객: 이 고객을 존중하고 유지하기 위해 돈을 써야 한다. 이들과 관련해서는 유지 지표들에 주의를 기울여야 한다.
- 중간 가치의 고객: 고객의 잠재력을 극대화하기 위해서 상향 판매를 해야 한다. 이 고객들의 구매 상승 잠재력에 세심한 주의를 기울여야 한다.
- 낮은 가치의 고객: 수익성이 낮은 고객에게 서비스하는 데 드는 비용을 절감해야 한다.

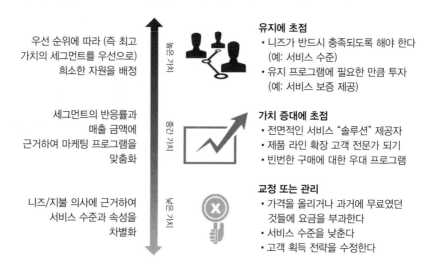

그림 8.1 가치 기반 마케팅 전략

단순화를 위해 우리는 고객을 높은 가치, 중간 가치, 낮은 가치라는 세 가지 세그먼트로 나누었다. 주의를 기울여야 할 VIP 고객은 매우 적으므로 일반적으로 최상위 10%의 고객을 'VIP 고객'으로 분류하고, 그 다음 60%는 '평균' 고객, 하위 30%는 '수익성 낮은' 고객으로 분류한다. 이는 단순히 고객들을 매출 또는 수익성에 따라 가장 높은 사람으로부터 가장 낮은 사람까지 순위를 매긴 다음, 상위 10%, 다음 60%, 하위 30%를 선택하면 된다. 매출 또는 수익의 절대값 구분(예: 연간 500달러 이상을 지출한 고객은 모두 높은 가치 그룹에 속한다)에 따라 분류하지 않는 이유는 항상 가치 세그먼트들에 속하는 고객의 비율을 동일하게 유지하고 이 세그먼트들의 평균 가치가 변화하는 것을 추적하기 위해서이다. 이렇게 함으로써 모집단 내의 동일한 비율 부분에 대해 고객 유지 지표들을 계산할 수 있으며 이러한 접근방법은 각 세그먼트의 평균이 변화하는 것에 영향받지 않는다.

이 10/60/30라는 비율을 선택하는 한 이유는 수학적 이유보다는 비즈니스상의 선택의 대상이다. 물론 가치의 분포도를 보고 올바른 분할비율을 찾거나 더 정확하고 더 수학적인 방법으로 올바른 분할을 결정할 수도 있다. 우리와 함께 일해온 한 의류 유통업체점의 경우 활동적인 고객들 중 높은 가치의 고객은 평균 600달러를 지출했고 중간 가치의 고객은 120달러를 지출했으며 낮은 가치의 고객은 30달러를 지출했다. 이것은 전형적인 상황이다. 일반적으로 최상위 10% 고객이 모든 이익의 30~40%에 가깝게 기여하고 중간 가치 고객은 60~70%를 기여하고 낮은 가치 고객은 0~10%를 기여한다.

고객가치 세그먼트들을 혼합하는 경우 시간경과에 따라 그 혼합비율이 어떻게 변하는지 주의 깊게 관찰하여 각 세그먼트에 대한 고객의 유지 및 획득이 유리한 방향으로 진행되도록 해야 한다. 가치 기반 마케팅에 깔려 있는 개념은 시간경과에 따른 고객가치의 혼합을 이해해야 한다는 것이다. 도표 8.2는 최근 12개월 동안 고객들을 가치에 따라 어떻게 구분할 수 있는지를 보여주는 한편(또는 예측 지표들을 사용할 경우 최근 12개월간 가치 대신에 향후

12개월간 예상 가치를 사용한다), 이것을 고객의 그 이전 12개월 가치 상태와 비교하는 교차표로 나타낸 것이다. 예를 들어 고객이 그 이전 12개월 동안 높은 가치의 고객이었는데 최근 12개월 동안 주문을 하지 않은 경우 이는 유효기간 경과된 고객으로 정의된다. 유효기간 경과된 고객들 또한 그림처럼 높은 가치, 중간 가치, 낮은 가치라는 세 개의 세그먼트로 나뉜다. 높은 가치의 고객이 유효기간 경과되는 것은 낮은 가치의 고객이 그렇게 되는 경우보다 훨씬 안 좋다(낮은 가치의 고객이 수익성에 부정적인 영향을 미치는 경우에는 차라리 그들이 없는 것이 더 좋아질 수도 있다).

최근 12개월 가치 현황

이전 12개월 가치 현황						번호 명칭
	주문없음	높은가치	중간가치	낮은가치	예상 고객→신규고객	**1** 두 기간 모두 비활성 상태의 고객
주문없음	1	4	4	4		**2** 재활성화된 고객
높은가치	2	3	5	5	7	**3** 안정적 고객
중간가치	2	6	3	5	7	**4** 유효기간 경과된 고객
낮은가치	2	6	6	3	7	**5** 가치 성장 고객
						6 가치 하락, 이탈 위험 고객
						7 신규고객이 된 예상 고객

도표 8.2 가치 변화과정과 가치 세그먼트의 정의

도표 8.2의 가치 변화과정 행렬은 유용한 지표들을 계산하는 데 사용될 수 있다. 그림에 표시된 7개의 세그먼트는 고객 데이터의 중요한 패턴을 설명한다. 1번 세그먼트는 장기간 (이 예에서는 24개월 이상) 비활성 상태인 고객을 나타낸다. 이들은 유효기간이 경과된 고객일 뿐만 아니라 재활성화되지 못한 고객이다. 이러한 고객의 수는 수년간에 걸쳐서 점점 증가하게 되지만 이들을 과거 상태로부터 재활성화할 수 있는 기회는 존재한다. 2번 세그먼트는 고객 데이터베이스 내에서 비활성 상태로 존재하고 있다가 최근에야 재활성

화된 고객이다. 재활성화의 중요성은 그것이 유효기간 경과된 고객을 대상으로 한 비용을 상쇄한다는 것이다. 3번 세그먼트는 계속 똑같은 가치 세그먼트에 머물러 있는 고객이다. 4번 세그먼트는 과거에는 활동적이었다가 최근에 유효기간이 경과된 고객이다. 5번 세그먼트는 가치가 상승하는 고객으로 충성도와 가치가 늘어나고 있음을 보여준다. 6번 세그먼트는 5번 세그먼트와 반대인 경우이다. 이들은 가치가 하락하는 고객으로 악화 리스크를 나타내는 신호이다. 7번 세그먼트는 최근에 획득된 고객들 및 그들이 가지고 있는 또는 가지게 될 것이라고 예상되는 가치이다.

이전에 언급했듯이 이 프레임워크를 이용할 때는 과거의 실제 가치 또는 미래의 예상 가치 어느 것이든 사용할 수 있다. 도표 8.3은 이 프레임워크의 예를 보여준다. 예를 들어, 높은 가치의 고객이었던 1,000명의 고객이 유효기간이 경과된 것을 볼 수 있다. 또한 획득한 21,000명의 고객 중 3,000명이 높은 가치의 고객인 것을 보여준다.

최근 12개월	이전 12개월				신규 고객	합계
	주문 없음	높은 가치	중간 가치	낮은 가치		
주문 없음	20,000	1,000	14,000	20,000		55,000
높은 가치	1,000	15,000	2,000	1,000	3,000	22,000
중간 가치	9,000	5,000	96,000	3,000	14,000	127,000
낮은 가치	2,000	2,000	18,000	38,000	4,000	64,000
합계	32,000	23,000	130,000	62,000	21,000	268,000

도표 8.3 가치 변화과정 프레임워크의 예

도표 8.4는 고객기반으로부터 얻은 성과를 추적하기 위해 이 프레임워크를 실제로 사용하는 방법을 보여준다. 우리는 모든 유효기간 경과 고객을 대신해 신규고객을 획득하거나 기존고객을 재활성화할 수 있음을 알고 있다. 이

프레임워크는 또한 중요한 요소 한 가지를 다룬다. 즉 당신은 유효기간이 경과된 고객과 동일한 가치의 고객을 획득하고 재활성화하고 있는가라는 질문이다. 이것은 고객 유지에 대해서 더 세밀한 방식으로 보여주는 것으로써 우리가 '소리없는 감소'라고 부르는 것을 밝혀준다. 즉, 동일한 수의 고객을 획득/재활성화할 수 있지만 그들의 가치가 낮아 기업 가치가 감소할 수 있다. 도표 8.4의 예에서 활동적 고객의 수(총 순증가/순감소는 −2,000명의 고객)가 감소한 것을 보여준다. 그러나 높은 가치의 세그먼트를 더 많이 유지했기 때문에 고객가치는 267만 달러가 증가했다.

	재활성화	신규	기간경과	순변화	고객당 지출	순손익 가치
높은 가치	1,000	3,000	−1,000	3,000	$600	$1,800,000
중간 가치	9,000	14,000	−14,000	9,000	$120	$1,080,000
낮은 가치	2,000	4,000	−20,000	−14,000	$15	−$210,000
합계	12,000	21,000	−35,000	−2,000		$2,670,000

도표. 8.4 고객의 획득, 재활성화, 유효기간 경과 세그먼트로부터 얻는 순손익

높은 가치의 고객의 유지

최근까지도 많은 기업들이 높은 가치의 고객에 대해서 특별한 대우를 제공하기는커녕 그들을 제대로 식별하지조차 못했다. 항공사, 은행, 카지노가 높은 가치의 고객을 유지하기 위해서 인센티브 제공에 많은 돈을 투자하고 있는 것은 알고 있지만 여전히 너무 많은 중견 기업들이 최고의 고객을 무시한다. 높은 가치의 고객을 유치하기 위한 지출은 그만한 가치가 있다. 소수의 고객이 매출의 대부분을 차지하는 경우가 많다. 우리와 함께 일하는 한 화장품 유통업체는 50%의 매출이 20%의 고객들로부터 나왔음을 발견했다. 인기 있는 한 반짝 세일 사이트는 자신의 최우수 고객을 분석해보니 이들 중 일부는 이 업체에 1년간 10만 달러 이상을 지출한 것으로 나타났다.

인기 있는 한 주택 자가수리용품 웹사이트가 처음으로 고객의 평생가치를 계산하기 시작했을 때 일부 고객이 평균적인 고객보다 20배 이상 더 많이 소비하는 것을 발견하고 놀라워했다. 이 회사에게는 이러한 소위 큰손 고객들은 너무 소중했기에 고객을 개별적으로 더 잘 알기 위해 CEO가 직접 전화를 걸기 시작했다. 이러한 대화를 통해서 높은 가치의 고객을 더 효과적으로 지원하고 유치하는 방법에 대한 새로운 아이디어가 떠올랐다. 마찬가지로, 어떤 반짝 세일 사이트는 크리스마스를 위한 초콜릿 박스를 전체 고객의 최상위 1%에게 보내기로 결정했다. 최고 1%가 수익의 20%를 차지했음으로 충분히 그럴 만한 가치가 있었다. 테크놀로지 회사인 우푸Wufoo와 스트라이프Stripe는 고객의 눈길을 끌기 위해 손으로 쓴 짧은 편지를 보내는 것으로 유명하다.

『하버드 비즈니스 리뷰』의 기사 「고객자산 테스트를 통한 마케팅 관리」의 필자 로버트 블래트버그Robert C. Blattberg와 존 데이튼John Deighton은 맥도널드McDonald의 경험에 대해 자세히 이야기했다. 이 회사의 경영진은 '수퍼 헤비급' 사용자라고 불리는, 일주일에 평균 3~5회 식사를 맥도날드에서 먹는 18~34세의 남성들의 가치가 전체 판매량의 무려 77%를 차지한다고 지적했다. 이러한 사람들을 계속 고객으로 유지하고 자신들의 레스토랑에서 더 자주 음식을 먹도록 하는 것이 최우선 과제로 되는 것은 자연스러운 일이다. 일반적으로 현재 고객으로 하여금 더 자주 사용하게 하는 것이 새로운 고객을 얻는 것보다 훨씬 쉽다.

가치 기반 마케팅의 또 다른 예는 비행한 거리가 아니라 해당 항공사에 지출한 금액을 기준으로 삼는 항공사 충성 고객 사은 프로그램이다. 이렇게 하면 더 많은 돈을 지급한 고객이 더 적은 돈을 지급한 고객보다 자동으로 더 많은 보상을 받게 된다.

마케터는 높은 가치의 고객을 선제적으로 유지하기 위해 고객 유지 예산을 사용해야 한다. 만약 미래 고객평생가치에 대한 정확한 예측이 가능하다면 이 고객을 유지하기 위해서 무엇이 필요한지 실험해볼 수 있다. 일부 기업들은 고객의 획득 및 유지를 위한 노력에 집중하기 위해 별도의 마케팅 계획을 수립하거나 별도의 마케팅 팀을 구성하기도 한다. 제목에 "고객 마케팅" 및 "고객 성공"이 포함된 프로그램들이 여러 산업 분야에서 점점 인기를 얻고 있다. 고객 유지 전략에 대해서는 13장에서 더 자세히 설명한다.

중간 가치의 고객을 성장시키기

중간 가치의 고객을 위한 기본 전략은 그들을 높은 가치의 고객 그룹으로 유인하는 것이다. 이러한 고객으로 하여금 이미 구매하고 있는 제품을 더 많이 구매하도록 해야 할 뿐만 아니라 이러한 구매자가 좋아할 만한 다른 제품 및 카테고리가 무엇인지도 예측해야 한다. 가구에만 1,000달러를 지출하는 고객보다 예를 들어 가구, 의류, 주방용품 등 3가지 범주에 걸쳐 1,000달러를 지출한 고객이 미래 가치가 더 크다. 당신의 전략은 언제나 고객이 여러 카테고리에 걸쳐서 당신의 제품들을 구매하도록 유도하는 것이다.

이미 당신 회사의 제품 및 서비스를 좋아하게 된 고객에게 새로운 제품 및 서비스를 제공하는 데는 비용이 덜 든다. 이러한 이유로 기존고객에게 다른 제품들을 추천하는 한편 진화하는 고객 요구를 충족시킬 수 있는 새로운 제품과 서비스를 추가로 개발해야 한다.

만약 회사가 고객에 대한 지식을 사용하여 그들이 다음에 필요로 하게 될 제품이나 서비스를 홍보하거나 개발하지 못한다면 이는 이들을 끌어들이려는 다른 회사들을 위해 고객이 나갈 문을 활짝 열어두는 것과 같다. 비록 새로운 시장을 혼자 차지하기 위해서 새로운 제품을 선보이고 싶은 강한 유혹이 언제나 있기는 하지만 거의 대부분의 경우 기존고객 세그먼트들을 고수하는 것이 더 타당하다.

마비 진스Mavi Jeans는 매우 성공적으로 고객들을 더 높은 가치의 세그먼트들로 이동시켰다. 예를 들어, 이 회사는 진jean 애호가 중에서 특정한 상의tops에 대한 선호를 지녔지만 아직 이러한 상의의 판매를 시도한 적이 없는 세그먼트를 발견했다. 이러한 인사이트를 기반으로 이들을 위한 별도의 캠페인을 실행함으로써 고객평생가치가 36%나 증가하였다.

고객 충성도 중심의 경영에 관한 『하버드 비즈니스 리뷰』 기사에서 프레드릭 레이첼드Frederick F. Reichheld는 고급 베이커리 제품의 선두주자인 뉴욕의 엔튼맨즈Entenmann's와 자동차 회사 혼다Honda에 대한 이야기를 전했다. 엔튼맨즈는 판매가 정체되자 핵심 고객들이 노령화됨에 따라 지방 및 콜레스테롤이 없는 제품을 더 많이 찾고 있다는 것을 발견했다. 따라서 기존 제품을 구매할 새로운 고객을 찾는 대신에 엔튼맨즈는 기존고객에게 제공할 수 있는 무無지방 무無콜레스테롤의 새로운 제품 라인을 출시하는 것이 경제적이라고 결정했다. 새로운 제품 라인은 대단히 성공적이었다. 마찬가지로 혼다는 고객의 변화하는 요구를 수용할 수 있은 신차를 출시함으로써 혼다 차량 소유자들의 재구매율을 업계 평균인 40%보다 높은 65%까지 끌어올릴 수 있는 방법을 찾아냈다. 예를 들어, 혼다 시빅Civic의 기존 소유자에게 어코드 웨건Accord Wagon*을 성공적으로 판매했다. 과거 20대 초반에 혼다의 고객이 되었으나 지금은 결혼하여 아이들이 생겨서 더 큰 차가 필요해진 고객들의 진화하는 요구를 수용하기 위해서 이 웨건이 설계되었다.

우리는 12장에서 고객가치를 성장시키기 위한 전략에 대해 자세히 논의할 것이다.

---

* 짐칸이 길고 지붕이 있는 자가용 승용차.

낮은 가치의 고객에 대한 서비스 비용을 절감하기

모든 브랜드마다 수익성이 낮은 고객들로 이루어진 세그먼트가 있기 마련이다. 이러한 고객을 즉각 모두 끊어버리면 경쟁사들이 힘을 얻도록 도와주는 꼴이 되므로 그렇게 하기보다는 낮은 가치의 고객에 대한 서비스 비용을 줄이도록 노력하는 것이 가장 좋다. 이는 모든 비즈니스 시나리오에 통용되는 진실이다. 고객을 획득할 때 낮은 가치의 고객을 거절하는 것은 불가능하다. 그러나 지속적으로 이 세그먼트의 규모와 가치를 이해하고 측정하고 모니터링하는 것은 지극히 중요하다. 일단 이 세그먼트에 어떤 사람들이 있는지 알게 되었으면 이 세그먼트에 대한 서비스/마케팅의 비용을 절감할 수 있는 전략을 짜는 데 초점을 맞출 수 있다. 다행히도 이제는 각기 다른 고객 세그먼트에 제공하는 서비스 수준을 차별화하는 것이 가능해졌다.

한 의류 반짝 세일 사이트는 옷을 구매한 후에 더 많은 옷을 반품하는, 수익성이 매우 낮은 특정한 고객 세그먼트를 발견했다. 이 고객 세그먼트의 경우 목걸이와 귀걸이의 온라인 구매후 반품율이 옷과 신발보다 훨씬 낮았기 때문에 이 고객 세그먼트에는 보석류만 마케팅하기로 결정했다. 다른 유통업체들은 모든 고객들이 아니라 일부 고객에게만 무료 배송을 제공하도록 차별화하기 시작했다. 만약 당신이 반품을 많이 하면 나중에 무료배송 혜택을 받지 못할 가능성이 많다.

이를 위해 퍼스트 유니언 뱅크First Union Bank는 '아인슈타인'Einstein이라는 시스템을 갖추었다. 이 시스템은 각 고객별로 녹색, 노란색 또는 빨간색 깃발 중 하나를 자동으로 표시한다. 서비스 담당자는 빨간색 깃발이 표시된 고객의 경우에 수수료를 반드시 받도록 하였고 녹색 깃발이 표시된 고객의 경우는 이를 받지 않도록 했으며 황색 깃발이 표시된 고객의 경우에는 서비스 담당자가 알아서 판단하도록 지시받았다. 그들은 이 차별화된 전략을 바탕으로 연간 1억 달러의 추가 매출을 창출했다.

마찬가지로 퍼스트 시카고 은행First Chicago Corporation은 자신들이 손해를 보는 고객들(전체 고객기반의 3%에 해당)에게 3달러의 수수료를 부과했다. 거래량이 많고 손해를 발생시키는 사용자를 파악하여 수수료 인상 통지를 보냄으로써 6개월 만에 1,100만 명의 고객기반 중 45만 명을 줄였다.

9장

실행전략 5
고객 등급화를 위해
구매 또는 참여 가능성을 예측하라

'**구**매 가능성' 또는 '반응 가능성' 모델이라고 불리기도 하는 경향성 모델propensity model은 예측분석을 언급할 때 대부분의 사람들이 떠올리는 것이다. 경향성 모델은 특정한 유형의 고객 행위 즉 당신의 웹사이트를 열람하고 있는 고객이 뭔가 구매할 가능성이 있는지 여부와 같은 것을 예측하는 데 도움이 된다. 이 장에서는 우리는 구매 가능성 또는 참여engage 가능성에 대한 정보로 무장한 마케터가 이메일 발송 빈도, 판매 직원의 시간, 할인액을 포함한 금액에 이르기까지 무엇이든 최적화하는 방법에 대해서 검토할 것이다.

온라인 애완동물 약국인 펫케어알엑스는 15년 이상 애완동물 주인들을 위한 서비스를 제공해왔다. 이 회사는 고객들이 3~12개월까지 다른 주기별로 재주문해야 하는 많은 제품을 판매한다. 대부분의 유통업체와 마찬가지로 펫케어알엑스는 모든 고객에게 똑같은 할인과 프로모션 일정표를 제공하는 획일적인 마케팅 방식을 채택했다. 그러나 모든 고객이 똑같지는 않으며 많은 사람들이 일년 중 서로 다른 시기에 구매를 한다. 펫케어알엑스는 예측분석을 사용하여 고객간 할인을 차등화함으로써 비용을 더 들이지 않고도 판매량과 고객 유지율을 더 높일 수 있었다. 고객들은 구매할 가능성에 따라 각기 순위가 매겨졌다. 그러한 순위에 근거하여 펫케어알엑스는 각 고객으로부터 최적의 반응을 얻을 수 있는 할인 폭을 결정할 수 있었다. 그리하여 구매 가능성이 높다고 이미 판명된 고객들에게는 이메일 또는 우편엽서로 최소한의 할인만을 제공하는 반면에 구매 가능성이 낮은 고객에 대해 더 큰 할인을 제공하게 되었다. 외과 수술처럼 정밀하게 조율된 프로모션은 이미 구매 동기가 충분한 고객으로부터는 추가적 마진을, 아직까지 구매 동기를 느끼지 못했던 고객으로부터는 추가적인 매출을 가져왔다. 다양한 예측마케팅 캠페인 덕분에 이 회사의 분기 매출은 전년도보다 38% 증가했으며 이익은 24% 증가했고 고객 유지율은 14% 증가했다. 또 이러한 변화로 인해 펫케어알엑스는 마케팅 예산 또는 프로모션 예산을 단 1달러도 추가로 늘리지 않고도 캠페인 반응률을 두 배 이상 향상시킬 수 있었다.

구매 가능성 예측

어떤 예상 고객이 최초 구매를 할 가능성이 있는지 예측하기 위해 구매 가능성 모델은 고객이 이메일을 몇 번 클릭했는지 또는 고객이 웹사이트에서 어떻게 행동하는지와 같은 비非거래형 고객 데이터를 평가한다. 이 모델들은 또한 특정한 인구통계학적 데이터를 고려하기도 한다. 예를 들어, 소비자 마케팅에서는 성별, 연령, 우편번호를 다른 유사한 구매자들과 비교하기도 한다. 기업 대상 마케팅에서 관련된 인구통계는 산업 분야, 직위, 지역이 포함될 수 있다.

방법은 다음과 같다. 경향성 모델들은 예상 구매자가 구매 직전에 한 행위를, 이미 구매를 한 수천 수백만 명의 과거 고객들이 구매 직전에 한 행위 즉 어떤 이메일들을 열어보았는지, 가장 오랫동안 지켜본 제품들은 무엇인지 등과 같은 속성과 비교한다. 과거 구매자와 가장 유사하게 행동하는 잠재 고객은 "가능성이 매우 높은 구매자"로 태그가 지정되고 마케터는 판매 성공 가능성을 높이기 위해 그들과 상호작용하는 방식을 변경할 수 있다. 일단 당신이 이러한 데이터로 무장하면 각 예상 고객에 대한 지출비용 우선 순위를 정할 수 있다.

최초 구매 가능성

소비자 마케터의 경우, 구매 가능성 예측을 통해서 특정 고객에게 얼마나 할인을 적용할지 결정할 수 있다. 구매 가능성이 더 높은 고객들은 구매 가능성이 더 적은 고객들만큼 공격적인 할인이 필요하지 않다. 회사가 더 많은 데이터를 수집하고 예측이 실제로 맞는지 여부를 자동으로 테스트함에 따라 예측 모델은 시간이 지나면서 점점 더 좋아진다.

예를 들어, 유럽의 대형 가전제품 제조업체인 아르셀릭Arcelik은 콜센터를 운영하고 있는데 이곳 직원들에게 향후 몇 개월 이내에 새 세탁기를 살 가능성이 높다고 판단된 고객 목록을 제공한다. 그러면 상담원은 이 고객들에게 전화를 걸어 만약 고객이 세탁기를 구입한다면 세탁기용 세제를 1년 동안 무료로 받을 수 있는 쿠폰을 제공한다고 말한다. 이러한 전술은 냉장고나 자동차와 같이 신중한 구매 대상과 고급 패션 의류와 같은 고가 품목에 적합하다.

한 고급 구두 브랜드 역시 매장 직원에게 고객 목록을 제공하여 전화하도록 한다. 매장 직원들은 이미 자신들의 고객들과 긴밀한 관계를 맺어왔지만 예측분석으로 무장하면 더욱 성공적일 수 있다. 직원들은 고객의 과거 행동을 토대로, 또는 고객의 구매 습관이 다른 고객과 얼마나 유사한지를 토대로 새로운 시즌의 신발이 나올 때 특정 스타일에 관심이 있을 가능성이 높은 고객을 파악할 수 있다. 그러면 직원들은 그 정보를 가지고 고객에게 다가갈 수 있다. 고객과의 통화를 다음과 같이 생각해볼 수 있다. "안녕하세요, 고객님과 말씀 나눈 지 한참 되었지요? 고객님이 좋아할 만한 새로운 크로스컨트리 런닝화가 출시되었다는 것을 알려드리고자 합니다. 고객님께서 2년 전에 구입한 신발과 비슷하지만 새로운 소재입니다. 고객님을 위해 맞는 사이즈로 한 쌍을 따로 챙겨놓았습니다. 시간 되실 때, 또는 퇴근 길에 한번 들러보세요." 쇼핑 담당 개인비서로부터 이런 전화나 이메일을 받고 싶지 않은 사람이 누가 있을까?

『뉴욕 타임스』 등이 보도한 바와 같이, 버락 오바마 대통령은 경향성 모델, 특히 민주당에 투표할 경향성을 예측하는 모델을 사용하여 2012년 재선거에서 승리하는 데 도움을 받았다. 그의 자원 봉사자들이 미국 내 모든 유권자를 만나는 것은 불가능한 일이었기에 지지 후보를 아직 결정하지 않은 유권자를 찾는 것이 이들의 도전과제였다. 전혀 마음을 바꿀 생각이 없는 골수 공화당 지지자들, 또는 이미 오바마에게 투표할 가능성이 높은 골수 민주당 지지자들에게 구애하느라 시간이나 돈을 소비하는 것은 아무런 의미가 없었다. 오바마의 데이터 과학자 팀은 경향성 모델을 사용하여 아직 지지 후보를 결정하지 못한 그러나 설득될 가능성이 여전히 있는 유권자들을 찾아냈다. 그들은 지지 후보 미결정 유권자의 주변 지인들 중에서 확고한 오바마 지지자를 찾는 데 초점을 맞추었고, 이 지지자들이 아직 지지 후보를 결정하지 못한 유권자들과 시간을 보내면서 자신들의 견해를 이들에게 설명하도록 요청했다.

반복 구매 가능성

만약 새로운 고객이 단 한 번만 구입하고 다시는 돌아오지 않는다면 그 고객을 획득하기 위해 돈을 쓰는 것이 무슨 의미가 있겠는가? 따라서 최초 구매자에 대한 구매 가능성을 예측하는 것도 중요하지만 반복 구매자의 구매 가능성을 예측하는 것도 마찬가지로 중요하다. 당신의 목표는 고객이 계속 자주 되돌아오도록 하는 것이다. 평생가치가 큰 고객은 당신의 제품에 대해서 기분 좋아하고 충성스러운 고객이며, 평생가치가 큰 고객이 많으면 회사에도 큰 매출과 수익을 안겨준다.

반복 구매자의 구매 가능성을 예측하는 것은 최초 구매자보다 훨씬 많은 정보를 가지고 있기 때문에 최초 구매자의 구매 가능성을 예측하는 것보다 훨씬 쉽다. 반복 구매에 대한 구매 가능성 예측 모델들은 예상 고객에 대한 예측 모델과 비슷하게 온라인 상의 상호작용을 평가할 뿐만 아니라 해당 고객의 과거 거래들에 대해서도 평가한다. 그러나 최초 구매로 인해서 얻게 된 추가 정보로 인해서 반복 구매의 구매 가능성 예측 모델의 정확성은 예상 고객에 대한 예측 모델과 비교할 때 크게 향상될 수 있다. 최초 구매에 대한 예측과 달리 반복 구매에 대한 예측은 과거 구매, 반품된 구매, 고객 서비스 센터로의 전화 통화 등 고객의 모든 상호작용을 활용한다.

구매 가능성을 이용한 올바른 할인 수준의 선택

구매 가능성 예측에는 두 가지 주요한 용도가 있다. 즉 어느 고객에게 초점을 맞출 것인가와, 각 고객에게 할인을 포함하여 얼마나 많은 돈을 지출할 것인가이다.

고객에게 도달하기 위한 비용이 많이 들 수 있으므로 마케팅 ROI를 최적화하려면 당신의 잠재고객audience을 신중하게 선택하는 것이 중요하다. 예를 들어 다이렉트 메일 또는 전화 캠페인이 고객 1인과의 상호작용당 1달러의 비용과 2%의 구매율을 갖는다면 이는 할인을 적용하기 전에 이미 구매 고객 1인당 50달러의 비용이 발생한다는 것을 의미한다. 만약 잠재고객을 타깃팅하고 커뮤니케이션의 고객 관련성을 높여서 구매율이 10%로 의미있게 높아진다면 각 구매자에게 도달하는 데 드는 비용을 크게 줄일 수 있다. 올바른 사람들을 선택하는 것 외에도 당신은 고객과 관련성 있는 추천이나 컨텐츠를 포함시켜 적시에 고객과 커뮤니케이션함으로써 구매율을 높일 수 있다. 고객 관련성에 초점을 맞추면 기업은 높은 할인율에 대한 의존도를 줄일 수 있다. 이 전략을 사용하면 고객 획득 전략의 일환인 가격할인을 크게 줄일 수 있다. 그림 9.1은 미국의 한 대형 유통업체가 높은 가격할인율로 유치한 고객의 수를 36%에서 27%로 줄였으며 이는 업계 평균인 31%를 훨씬 밑도는 것임을 보여준다.

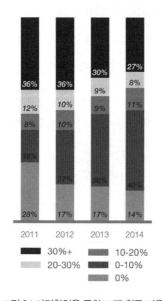

그림 9.1 가격할인을 통한 고객 획득 비율

장바구니 미결제 고객을 대상으로 하는 경우와 같이, 필요하다면 가격할인 및 기타 인센티브를 유인책으로 사용할 수 있다. 그러나 우리는 가격할인은 되도록 하지 말 것을 권한다. 이는 고객을 가격할인에 익숙해지도록 만들 우려가 있다. 그 대신 추천 및 알림으로 시작하여 필요한 경우에만 가격할인을 사용하라. 개별 고객에 대한 이해가 부족한 경우 일률적 가격할인 혜택을 할 수밖에 없으며 이는 전반적인 이윤을 상당히 감소시킨다. 150개의 유통업체들을 분석한 결과에 따르면, 고객들 중 약 20%만이 "할인 중독자" 즉 할인된 가격으로만 구매하는 사람들이다. 약 15%의 사람들은 일반적으로 대부분의 제품을 정가로 구입하며, 나머지 대다수의 고객은 그 중간인 것으로 나타났다. 마케터는 고객의 행위를 분석하여 어떤 고객에게 선물이나 할인이라는 형태로 더 많은 격려가 필요한지 결정할 수 있다. 또 이러한 분석은 무조건 돌아와 재구매할 것이 분명한, 따라서 추가적인 금전적 지원이 필요없는 고객을 마케터가 식별할 수 있게 해준다. 이 예측 모델은 당신의 고객기반에 속하는 각 구성원으로부터 매출과 이익을 극대화하도록 도움을 준다.

타깃팅된 할인은 기업에게도 좋고 고객에게도 좋다. 외과 수술처럼 정밀하게 타깃팅된 할인을 통해서 유통업체는 마진 감소를 피할 수 있으며, 이로 인해서 유통업체가 일반적으로 낮은 이윤폭을 보충하기 위해 취해야 하는 가격 인상을 줄일 수 있다. 이렇게 하면 효과적으로 모든 고객을 위하여 가격을 낮출 수 있다. 이는 전통적으로 제품 라인, 머천다이징, 획일적인 가격할인에 중점을 두는 마케터에게 간단하면서도 강력한 패러다임 전환이다. 마케터들은 고객 차원의 행위 및 생애주기 데이터로부터 구매 가능성에 대한 예측 인사이트를 얻을 수 있으며 이를 이용하여 정밀한 할인을 실행함으로써 마진 및 고객평생가치를 극대화할 수 있다.

또한 고객을 획득, 유지, 재활성화하기 위해 인센티브나 가격할인을 해주려는 경우 그 고객이 접해왔던 가격할인 수준 이상을 해줄 필요가 없다. 예측 분석을 통해 과거에 해당 고객의 구매를 유발했던 가격할인 수준에 따라 맞춤형 제안을 할 수 있다. 구매 가능성이 높은 고객은 더 적은 가격할인을 받을 수 있지만 더 많은 구매를 유도하기 위해서 제품들에 대한 구매 우선권과 같은 다른 특혜를 받을 수 있다. 구매 가능성이 낮은 고객 또는 할인 가격으로만 구매하는 고객(행위 기반 군집)은 더 큰 가격할인을 받을 수 있다.

스포츠 용품을 판매하는 한 멀티채널 유통업체는 모든 고객에게 연중 정해진 시기에 50% 할인 혜택을 제공한다. 이러한 캠페인은 오래된 재고를 청산하려는 의도에서 비롯되었다. 즉, 고객 중심 캠페인이 아닌 제품 또는 머천다이징 중심 캠페인이었다. 이 캠페인은 고객이 대규모 연간 세일을 기다리도록 길들였고 이 회사에게는 몇 푼의 돈만을 벌어다주었다. 예측분석을 사용하여 이 회사는 모든 고객의 구매 가능성 및 가격할인 민감도를 분석했다. 만약 어떤 고객이 25% 할인 행사를 통해 구매할 확률이 높으면 그에게 50% 할인을 제공할 필요가 없다. 예측분석을 사용하여 이 유통업체는 다양한 고객 그룹에 적합한 가격할인 수준을 파악했다. 이제 이 회사는 여전히 정해진 시기에 가격할인 이메일을 보내지만 상이한 고객 그룹들에게 다양한 수준의 가격할인을 제시한다. 이러한 가격할인 이메일은 고객에게 구매를 유도하기에 충분하면서도 마진을 불필요하게 줄이지는 않는다. 이와 같은 접근방식을 사용하여 이 유통업체는 매출액 20% 증가를 달성할 수 있었다.

기업 대상 마케터를 위한 예측 리드lead*점수

기업 대상 마케팅을 하는 경우에도 마찬가지로 구매 가능성 모델을 사용하

---

* 영업 기회.

여 비용 투자의 우선 순위를 정할 수 있다. 당신의 영업팀으로 하여금 구매자가 될 확률이 가장 높은 예상 고객에게 대부분의 시간을 할애하도록 할 수 있다. 이것은 결과에 엄청난 영향을 미칠 수 있다.

비즈니스 소프트웨어의 마케팅에 관한 다음과 같은 사례를 생각해보자. 당신은 소프트웨어 무료 평가판을 제공한다. 무료 서비스에 가입한 사람들이라고 해서 다 진지한 구매 의향이 있는 것은 아니다. 일반적으로 무료 평가판 가입의 70%가 구매의 즉각적인 필요성이나 예산이 없이 호기심에서 가입한다. 그리고 20%는 신중한 평가를 하는 사람들이고 나머지 10%가 구매의 경계선 상에 있는 사람들이다. 즉 이 10%가 구매를 할 수도 있고 안 할 수도 있다. 영업 대상 회사들의 규모를 기준으로 전화번호 목록에서 무작위로 전화한다면 별로 심각하게 구매를 고려하지 않고 있는 예상 고객들을 대상으로 하루 종일 시간을 낭비하는 결과를 낳을 수 있다. 수백만 개가 넘는 중소기업을 대상으로 서비스를 제공하고자 하는 경우 당신의 시간에 우선 순위를 정하는 것이 특히 중요하다.

소비자 대상 마케팅과 기업 대상 마케팅에서 구매 가능성 예측의 주된 차이점은 구매 의사결정 프로세스의 특성 때문이다. 대부분의 기업 대상 마케팅에서 의사결정 프로세스는 길고 복잡하다. 도표 9.2는 신중한 의사결정 프로세스와 신속한 의사결정 프로세스를 비교한 것이다.

	신중한 의사결정	신속한 의사결정
의사결정 주기	6개월	1~7일
판매 주기 내 접촉	10회	2회
평균 주문 금액	$30,000	$200
교체 주기	1년	1개월
사용자	다수	1인
기능	복잡	단순

도표 9.2 신중한 의사결정 대 신속한 의사결정

대부분의 기업 대상 마케팅에 해당하는 신중한 구매의 경우 의사결정 프로세스가 더 길어지고 마케터와 구매자 간의 많은 접촉이 포함된다. 이를 위해서는 의사결정 진행 단계에 있는 모든 예상 고객에게 초점을 맞추는 데 특별히 주의해야 한다. 그러므로 기업 대상 마케터는 예상 고객으로부터 얻게 되는 모든 상호작용과 시그널을 사용하여 누가 가장 구매할 가능성이 높은지, 따라서 시간과 관심을 가질 만한 가치가 있는지를 결정해야 한다.

공급업체, 거래, 서비스 및 제품의 교체 주기와 배송 주기가 오래 걸릴 수 있기 때문에 대부분의 B2B 마케터는 기존고객이 재구매하도록 하는 것보다는 새로운 고객을 확보하는 데 매우 집중한다. 따라서 최초 구매 가능성 모델들은 더욱 중요해진다.

물론 예측 모델이 기업 대상 마케터를 위한 예상 고객의 우선 순위를 매기

초급 수준	가산점 제도. 모든 활동에는 특정한 점수가 매겨지며 이것들을 합하여 하나의 점수를 산출하며 이것이 리드 점수가 된다. 각 활동의 점수는 임의로 결정된다. 예를 들어, 문서 다운로드는 5점이고 이메일 링크 클릭은 1점이라는 식이다.
RFM 유형	이는 카탈로그 마케팅에서 사용되는 시기-빈도-금액(Recency-Frequency-Money) 점수 매기기와 유사하다. 이 점수는 활동 뿐만이 아니라 기회의 크기, 거래 규모, 참여도 지표(이메일 개봉, 웹사이트 방문, 동영상 세미나webinar 참여 등)에 근거한 복합적 점수이다.
예측 리드 점수	예측 리드 점수는 위의 두 가지 기본적 모델로부터 과거에 대한 통계적 학습을 통해서 구축된다. 예측 모델은 과거에 성공적으로 계약 성사된 거래로부터 학습하면서 계약 성사 이전에 예상 고객이 보여준 행위를 살펴보고 그것을 통해서 의사결정을 내리는 데 도움을 받는다.
후속 행위 점수	가장 좋은 모델은 리드 점수를 예측할 뿐만 아니라 전반적인 거래 성사 가능성을 증가시키는 후속 행위도 예측한다. 이는 각 회사별로 맞춤 구축되는 매우 복잡한 모델들이다. 이 모델들은 단순히 이벤트 발생 여부를 고려하는 것이 아니라 이벤트들의 특정한 순서를 고려한다.

도표 9.3 기업 대상 마케터를 위한 리드 점수 매기기 방법론

는 유일한 방법은 아니다. 그러나 예측 모델은 훨씬 정확하고 상대적으로 사용하기 쉽다. 도표 9.3은 예측 방법 외의 리드 점수 매기기 방법에 대한 개요를 제공한다.

참여 가능성 모델

참여 가능성 모델은 고객이 이메일을 개봉하거나 클릭할 확률을 예측한다. 이메일 참여도가 높다는 것은 구매 의사에 대한 강력한 예측 지표이다. 반면에 참여 가능성이 낮으면 가입자는 당신의 이메일을 수신거부 할 수 있다. 많은 소비자들은 일부러 시간을 써가면서 수신거부를 하지는 않지만 그저 단순히 이메일을 열어보지 않게 된다. 의도와 목적이 무엇이든간에 이는 실제로 수신거부와 동일한 효과 및 손실을 가져온다. 고객이 이메일을 수신거부하면 더 이상 이 소비자에게 프로모션을 전달할 수 없다. 모든 소비자 마케터는 이메일 캠페인이 유통업체에 있어서 판매와 현금을 의미한다는 것을 알고 있다. 모든 프로모션 이메일을 발송할 때마다 새로운 주문이 쇄도한다. 이메일 마케팅은 매출을 창출하는 데 효과적이다. 그러나 이메일과 관련해서 당신은 장기적 매출과 단기적 매출의 균형을 유지해야 한다. 너무 많은 이메일을 보낼 경우 일부 고객으로부터 단기 매출을 얻을 수 있지만 수신거부하게 되는 사람들로부터 얻을 수 있었던 장기적 매출을 잃을 수 있다.

대부분의 마케터에게 도전 과제는 가입자의 수신거부나 무시를 유발하지 않는 선에서 최대한 많은 참여 및 구매를 유도하기 위해 최대한 많은 이메일을 보내는 것이다. 참여 가능성 모델을 이용하면 각 고객에게 보내는 이메일 수를 줄이고 수신거부 비율을 대폭 낮추며 고객 참여도를 높일 수 있다. 고객이 이메일을 열어보지 않으면 이메일을 보낼 필요가 없다. 이메일이 무료라고 생각될 수 있지만 실제로 가입자의 수신거부는 큰 비용을 발생시킨다. 실제로 우리의 조사에 따르면 모든 수신거부는 해당 고객의 미래 평생가치 중 약 60%를 날리는 것이다. 어떤 고객이 향후 3년 동안 100달러씩 구매를 10번 할 것으로 기대되어 그 고객의 미래 평생가치가 1,000달러라고 가정해보자. 이제 이 고객이 당신의 이메일을 수신거부하게 되면 신제품 출시에 대한 알림을 받지 못하게 된다. 이메일을 받지 않는다면 아마도 향후 3년 동안 10건이 아니라 4건만 주문할 가능성이 있다. 즉 잠재적인 미래 평생가치가 금새 1,000달러에서 400달러로 낮아져서 60% 감소한 것이다.

특이한 선물을 온라인으로 판매하는 언커먼 굿즈^{Uncommon Goods}가 이메일 접촉 빈도를 조정한 결과 놀라운 결과를 얻었다. 판매에 피해를 주지 않으면서도 수신거부 비율을 50% 낮출 수 있었다. 이메일을 적절한 빈도로 보내면 고객의 기분이 좋아지며 고객이 참여를 늘리면 그에 맞게 자동으로 빈도가 조정되므로 더 적은 이메일로도 동일한 결과를 얻을 수 있었다. 언커먼 굿즈가 성공한 열쇠는 참여 수준 및 수신거부 가능성에 따라 고객의 이메일 빈도를 다양화하는 것이었다.

우리의 경험에 따르면 이메일 가입자는 일반적으로 참여 가능성에 따라 마니아, 길거리 쇼핑객, 잠꾸러기, 유령, 그리고 특별한 그룹인 신참 등 5개의 상이한 그룹으로 분류된다. 마니아는 당신의 이메일을 열어보고 클릭할 가능성이 가장 높은 가입자이다. 도표 9.4는 각 세그먼트별 이메일 개봉률 및 클릭률을 요약한 것이다. 길거리 쇼핑객 가입자의 클릭률은 매니아 클릭률의 절반이고 개봉률은 매니아 개봉률의 아주 일부에 불과하다. 잠꾸러기 가입자는 참여 예측지수가 매우 낮고 유령 가입자는 이메일을 수신하지만 거의 읽지 않아서 사실상 참여도가 없는 가입자이다. 신참 가입자는 최근 메일링 리스트에 가입한 특별한 그룹이다. 그들의 이메일 개봉률과 클릭률은 대체로 매니아와 길거리 쇼핑객 가입자의 중간 정도이다.

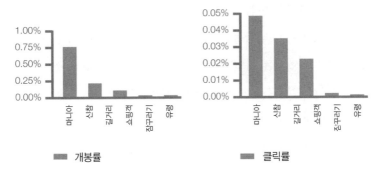

도표 9.4 상이한 이메일 세그먼트별 개봉률 및 클릭률

회사들은 이메일을 가장 자주 열어보고 클릭하는 메일링 리스트 가입자로부터 가장 많은 돈을 번다. 이메일 마니아들이 1달러를 지출할 때 길거리 쇼핑객 가입자는 0.58달러를, 이메일을 드물게 열어보는 잠꾸러기 가입자는 0.34달러만을 지출한다. 마니아는 길거리 쇼핑객 고객보다 1.75배, 잠꾸러기 고객보다 2.9배 더 자주 구입했다.

흥미롭게도 일단 어떤 고객이 구매를 하게 되면 그는 참여 수준에 관계없이 매번 비슷한 금액 가치로 구매하게 된다. 이는 영리한 마케터에게 하나의 기회가 될 수 있다. 이메일 마니아는 이미 당신의 브랜드를 사랑하고 자주 구매한다. 당신은 적절한 인센티브를 통해 이들을 높은 가치의 제품을 구매하는 쪽으로 유도할 수 있다.

최근에 이메일 환영 캠페인을 받은 이메일 가입자인 신참들은 매우 수지맞는 고객들이다. 위의 사례에서 마니아들이 1달러를 지출할 때 이들은 1.24달러를 지출했다. 또한 신참들의 이메일 개봉률과 클릭률은 매우 높다. 이 점에서 그들을 "베이비 마니아"라고 생각할 수 있다. 그러나 그들은 마니아와 한

가지 주요한 차이가 있다. 그들의 수신거부율은 다른 모든 세그먼트들보다 높다. 따라서 신참들은 매우 참여적이지만 또한 반작용도 심하다. 이메일을 열어 클릭하지만 내용이 마음에 들지 않으면 금방 수신거부한다. 일반적으로 메일링 리스트의 신규 가입자들 중 60% 이상이 가입 후 90일 이내에 수신거부 한다. 새로운 가입자는 거의 언제나 매니아처럼 시작한다는 사실을 인식하는 것이 여기서 얻는 중요한 교훈이다. 기본적으로는 결국 그들 중 대다수를 잃게 될 것이지만 그들은 거의 모두 최고의 고객처럼 행동한다.

각 메일링 리스트 가입자 그룹 간의 또다른 행위상 차이점은 각 이메일 참여수준별 세그먼트마다 판매 채널 구성이 각기 다르다는 점이다. 이메일 마니아들은 주로 이메일의 링크 클릭을 통해 웹사이트를 방문하여 구입한다. 이와는 반대로 잠꾸러기 고객들은 주로 검색 엔진을 통해 또는 (링크 클릭을 통한 이동 없이) 직접 당신의 웹사이트를 방문하여 구매한다. 이것은 이들의 행위 패턴이 서로 다르다는 것을 의미한다. 당신의 이메일에 참여하지 않는 고객은 실용적인 구매자이다. 그들은 구매 필요성을 느끼고 (검색 엔진을 통해 또는 당신의 웹사이트로 직접 와서) 당신의 제품을 찾아내어 구매한다. 이메일에 높은 참여율을 보이는 고객은 이메일의 영향을 강하게 받는다. 그들은 더 충동적이라고 말할 수 있다. 구매를 계획하지 않았을지 모르지만 거부하기 힘든 당신의 이메일에 유혹당한 것이다.

얼마나 자주 고객에게 이메일을 보내야 하는가?

적절한 이메일 발송 주기를 파악하는 것은 까다로운 일이다. 단기적 차원에서 이메일 클릭 링크를 통한 매출을 최대화하는 것(즉 더 많은 이메일 발송)과 장기적 차원에서 이메일 수신 거부로 인한 손실을 최소화하는 것 사이의 균형을 맞추어야 한다. 정답은 고객 세그먼트에 따라 다르다. 이메일 마니아는 당신이 매일 이메일을 보내도 싫어하지 않겠지만 이메일을 거의 열어보지 않는 사용자에게는 한 달에 두 번 이상 이메일을 보내면 안된다. 고객이 수신을 거부하게 되면 고객과 관련성 있는 할인 이메일을 발송하지 못함으로써 미래의 매출을 잃게 된다. 그림 9.5에서 알 수 있듯이 발송 비용과 수신 거부로 인한 미래 수익의 손실을 공제한 후의 이메일 캠페인의 순이익을 최적화 시켜주는 절묘한 지점을 찾을 수 있다.

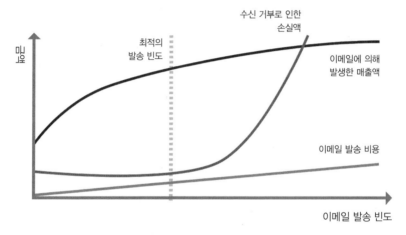

그림 9.4 상이한 이메일 세그먼트별 개봉률 및 클릭률

그 마법 같은 지점을 어떻게 찾을 수 있을까? 놀라지 마시라. 그것은 테스트를 하는 것이다! 하지만 이메일 발송 빈도 테스트는 올바르게 수행되어야 하므로 주의를 요한다. 빈도 감소의 효과를 진정으로 테스트하기 위해서는, 잘못된 결론으로 이어질 수 있는 여러 요소들을 제거하도록 테스트를 설계해야 한다. 예를 들어 전체 고객 연락처 데이터베이스를 대상으로 일반적으로 1주에 2회 이메일을 보낸다고 가정해보자. 월요일에는 "특별 할인" 이메일을 보내고 목요일에는 개인맞춤형 제품 추천 이메일을 보낸다. 그리고 테스트 그룹에 대해서는 이메일 빈도를 50% 줄인다. 테스트 그룹에서 무작위로 표

본을 추출하여 (여기까지는 좋다) 1개월 동안 매주 월요일에만 이메일을 보내고 반응을 측정한다. 문제는 당신이 얻게 되는 반응이 사실은 (1) 빈도 감소, (2) 요일, (3) 이메일 콘텐츠 유형 등 세 가지 요소가 뒤섞인 결과를 측정한 것이라는 점이다.

이렇게 하기보다는 테스트 기간 동안의 누적 수신거부 비율과 구매율을 모두 측정하는 것이 좋다. 그림 9.6은 이러한 사고의 과정을 단계적으로 설명한 것이다. 구매율은 테스트 그룹에서 테스트 기간 동안 구매한 고객 비율로 정의된다. 이는 잡음이 많이 끼여 있는 판매 금액보다 더 나은 판매 지표이다. 이 두 측정 항목간의 상호작용을 통해 빈도를 줄일지 말지 결정하는 데 도움을 얻을 수 있다. 핵심은 이메일 빈도 감소 테스트를 실행하여 대조^{control} 그룹과 비교하는 것이다. 메일링 리스트 가입자 중 한 그룹에 대해서는 평소와 같은 빈도로 계속한다. 또다른 그룹에 대해서는 이메일 빈도를 25% 또는 50% 줄인다. 대조 그룹이 최소한 10개의 이메일, 가능하면 15개(기다리는 것이 힘들기는 하지만)의 이메일을 받게 될 때까지 테스트를 계속하라.

이제 두 그룹을 비교해보고 스스로에게 물어보라. "이메일 발송 빈도 감소" 그룹의 수신거부 비율이 더 낮은가? 그렇지 않다면 빈도를 줄이는 주요 동기가 수신거부를 줄이는 것이므로 아무 것도 변경할 필요가 없다. 그러나, 만약 수신거부 비율이 낮아진다면, 그 다음 물어봐야 할 질문은 구매율 또한 감소되는지 여부이다. 수신거부 비율이 낮아졌지만 구매율에 아무런 영향을 주지 않으면 이메일 빈도를 줄이는 것은 너무나 당연한 것이다. 그것은 (당신의 메일링 리스트에 이 사람들을 계속 유지함으로써) 미래 매출의 상승 여력을 상당 부분 보존하면서도 기존과 동일한 단기적 매출을 가져다줄 것이다. 그러나 만약 이메일을 더 적게 보냄으로 인해서 구매율이 낮아진다면, 과연 장기적 매출의 증가가 단기적 매출의 손실을 능가할 것이라고 확신할 수 있는지

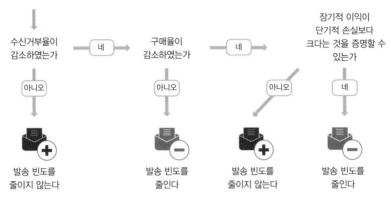

그림 9.6 어떤 경우에 이메일 발송 빈도를 줄여야 하는가

여부를 스스로에게 물어보아야 한다. 이것은 매우 어려운 질문이다. 당신이 추가로 발송하는 이메일로 인해서 고객 1인당 얻게 되는 단기적 이메일 매출과 미래 매출의 손실을 비교하여 수신 거부에 따른 비용을 산정해야 한다.

대부분의 마케터는 지나치게 조심스러워 하고 단기적 매출을 중심으로 의사결정을 내리는 오류를 범한다. 물론 그들을 비난할 수는 없다. 다행히도 우리의 경험에 따르면 일부 고객의 경우에는 매출(구매율)에 즉각적인 피해를 주지 않으면서도 이메일 빈도를 50%까지 줄일 수 있다. 빈도를 낮추면 발송비용이 절감되고 잠재적 도달 가능성deliverability이 높아진다는 이점이 있다. 그러나 이러한 문제는 매출 감소 없이 수신거부를 줄일 수 있다는 확신이 들 경우에만 고려해볼 수 있는 2차적인 것이다.

매출에 피해를 주지 않으면서도 수신거부 비율을 줄일 수도 있다. 그림 9.7은 이 전략을 따르는 한 회사의 궤적을 보여준다. 지속적으로 고객당 누적 마진을 유지하면서 동시에 누적 수신거부 비율을 1.5%에서 1.1%로 낮출 수 있었다.

전체 테스트 주기가 끝나기를 기다리지 않고 지금 당장 빈도에 대한 통제를 시작하고 싶다면 다음과 같은 몇 가지 사항을 최종적으로 권한다.

신참: 메일링 리스트 가입 이후 최초 60일 동안에는 이 세그먼트를 대상으

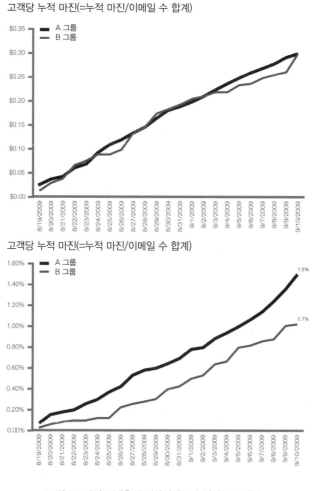

그림 9.7 마진 금액을 유지하면서도 수신거부 줄이기

로 정기적인 이메일을 발송하지 말고 오직 생애주기 이메일과 행위에 의해 촉발된 이메일만 발송하라. 신참들은 자신과 관련성이 없는 이메일을 많이 받게 되면 재빨리 수신거부한다.

유령 및 잠꾸러기: 평소보다 훨씬 적은 빈도로 일반적인 이메일을 보내라. 예: 일반적으로 고객들에게 일주일에 한 개의 이메일을 보내는 경우 이 세그먼트에 대해서는 한 달에 하나의 이메일만 보내라. 만약 일주일에 일반 고객들에게 3~7개의 이메일을 보내고 있다면 이 고객들에게는 일주일에 한 번만 이메일을 보내라.

마니아: 추가 콘텐츠를 제작할 능력이 있는가? 그렇다면 마니아들에게 더 많은 구매를 유도하는 이메일을 추가로 보내는 것을 고려해보라.

10장

실행전략 6
각 고객마다 적절한
개인별 추천사항을 예측하라

수백 개의 점포가 있는 미국의 한 미용 및 화장품 회사는 브랜드와 고객 간의 모든 온라인 상호작용이 자신의 메시지와 일치할 수 있도록 하기 위해서 수십만 고객과의 의사소통을 개인화했다. 이 회사는 가격할인 중심에서 고객 서비스 및 만족도 향상으로 마인드를 전환하고자 했다. 회사는 군집 기반 타깃팅과 개인맞춤형 추천을 결합하여 고객에게 보다 전략적이면서도 개인화된 제안을 전달하기로 결정했다. 회사는 먼저 예측분석을 사용하여 자신의 고객들을 "목욕 및 미용" 및 "페이셜 크림"과 같은 제품 기반 군집들로 재분류했다. 그런 다음 각각의 고객들에게 군집을 기반으로 한 콘텐츠 및 추천을 이메일로 보냈다. 고객들이 이러한 이메일을 좋아한 것은 명백했으며 이 회사는 이메일당 수익을 6배 늘릴 수 있었다.

이 장에서는 고객에 대한 추천의 모든 것을 알아본다. 추천 시스템은 거의 20년 동안 사용되어왔으며 아마존은 초기부터 이를 사용하기 시작한 주요 사례이다. 개인맞춤형 추천은 세 가지 요소로 구성되어 있다. 즉 적절한 시기에 고객에게 추천을 보내고, 고객의 맥락을 이해하고, 적절한 콘텐츠를 보내는 것이다.

1세대 추천 시스템은 키워드나 제목 같은 것에 기반하여 사람이 직접 설정한 간단한 규칙들을 사용했다. 다시 말해, MD 또는 콘텐츠 마케터는 구두를 구입한 사람이라면 누구나 곧바로 가죽 보호 스프레이를 추천 받도록 규칙을 설정했다. "구두를 검색한다면 스프레이도 추천한다." 이러한 1세대 시스템은 예측 알고리즘들을 사용하는 것이 아니라 사람을 사용하여 추천을 만든다.

책, 비디오 및 콘텐츠와 같이 선택 대상이 매우 많은 카테고리에서는 특별히 소위 집단 지성을 활용하는 추천 시스템이 더 효과적이다. 사용자의 실제 사용 데이터 또는 상품평 데이터에는 제목, 설명, 내용에 대한 키워드와 같은 메타 데이터보다 훨씬 더 많은 정보가 포함되어 있다. 게다가 레스토랑, 책, 또는 영화를 찾으려고 할 때 우리는 구입하려는 제품에 대한 공식적 설명을 신뢰하지 않는 경향이 있다. 대신, 우리는 신뢰할 수 있는 친구 및 동료들에게 그들이 어떻게 생각하는지 물어본다. 동일한 논리가 추천 시스템과 함께 사용된다. 행위 데이터(사용, 리뷰, 구매, 열람, 다운로드)를 사용하여 어떤 고객들이 개별 사용자와 가장 유사한지 파악하고 해당 사용자에게 맞는 콘텐츠를 추천할 수 있다. 이 전략은 특정한 레이블이나 콘텐츠를 기반으로 제품을 추천하는 것이 아니라 고객 관련성이 더 높은 추천을 할 수 있도록 해준다. 전문 용어로 이러한 사용자 기반 추천을 '협업 필터링'collaborative filtering이라고 한다.

적합한 고객 또는 적합한 세그먼트의 선택

고려할 첫 번째 사항은 누구에게 '언제' 추천해야 하는지이다. 구매 도중 또는 구매 직후가 추천을 하기에 좋은 시기이다. 그리고 고객으로부터의 소식이 한동안 뜸할 때처럼 고객 생애주기 중의 특정한 시기 역시 추천하기에 좋은 때이다. 이러한 추천을 각각 상향 판매, 교차 판매, 후속 판매 추천이라고 한다.

구매 시점에서의 추천

웹사이트의 제품 페이지에서 또는 결제 과정에서 구매하는 '도중'에 고객에게 상향 판매 및 교차판매를 추천할 수 있다. 상향 판매의 기본적인 예는 맥도널드 매장에서 고객에게 수퍼사이즈로 바꿀지 묻는 것인데 모든 산업에서 유사한 사례들을 발견할 수 있다. 동일한 제품의 상위 버전이나 묶음 팩을 더 좋은 가격으로 제안할 수 있다. 상향 판매 추천은 일반적으로 특정한 제품과 연관되어 있다. 즉 각 제품마다 상향 판매로 이어질 수 있는 다른 추천 제품이 있다.

구매 시점에서 교차 판매 또한 추천할 수 있다. 특정한 제품 판매시 더 크거나 더 좋은 것을 추천하는 것이 아니라 사람들이 일반적으로 특정 제품과 함께 구입하는 다른 제품을 제안하기 위해서 교차판매를 추천한다. "프린터를 구입한 고객들은 프린터 잉크도 사는 경향이 있다"고 말하면서 추천을 할 수도 있으며 고객이 교차판매 번들을 구입하기로 결정하면 적당한 할인을 제공할 수 있다. 상향 판매 추천과 마찬가지로 교차 판매 추천도 특정한 제품과 연관되는 경향이 있다. 즉 각 제품마다 교차 판매로 이어질 수 있는 추천 제품이 있다.

상향 판매 및 교차 판매를 위한 추천은 평균 주문 금액을 높이는 좋은 방법이다. 대부분의 상향 판매 및 교차 판매 추천은 특정 고객보다는 해당 제품과 연관되어 있다. 물론 추천이 꼭 제품 추천일 필요는 없다. 온라인 항공권 가격비교 엔진인 카약Kayak은 가격 하락의 가능성 정도에 따라 구매자가 지금 구매해야 할지 아니면 더 기다려야 할지를 구매자에게 조언하는 가격 예측 도구를 개발했다. 카약은 고객 경험을 향상시키고 고객을 유지하기 위해 이러한 경쟁 우위를 사용한다. 카약의 마케팅 담당 임원인 로버트 버지 Robert Birge는 『유에스에이투데이USA Today』와의 인터뷰에서 "우리는 여행자가 가능한 한 쉽게 자신의 요구에 맞는 최선의 결정을 내리기를 원한다"라고 말했다(출처: www.usatoday.com/story/travel/flights/2013/01/15/kayak-advice/1834225/).

유럽의 한 안경 유통업체인 알랭 아플루Alain Afflelou는 "친친Tchin Tchin"이라는 할인 프로그램을 런칭하여 안경 시장에 혁명을 일으켰다. 고객이 안경을 한 개 구입했을 때 단 1유로만 더 내면 선글라스도 덤으로 구입할 수 있도록 한 것이다. 판매 시점에서 행해진 이러한 교차 판매 추천은 고객 획득의 도구로 사용되었으며 단지 제한적인 상향 판매 기회를 제공했지만 이로 인해서 이 회사는 3년 동안 고객기반을 50%나 성장시킬 수 있었다고 이 회사의 CEO는 마케팅 전략 웹사이트 www.strategies.fr에 실린 기사에서 말했다(출처: www.strategies.fr/actualites/marques/155836W/tchin-tchin-alain-afflelourecidive.html).

구매 이후의 추천

후속 판매 추천은 일반적으로 고객이 이미 구매한 '직후'에 작성된다. 이러한 유형의 추천은 구매 감사 페이지 또는 구매 확인 이메일에 포함될 수 있다. 각 고객별로 최고의 후속 판매 추천은 다를 것이며 그가 가장 최근에 한 거래 데이터보다 더 많은 고객 관련 데이터를 고려한다. 누군가가 거래를 완료하고 나면, 당신은 이 사람이 누군지 알게 되며 그에게 더 개인화된 추천을 할 수 있을 것이다. 누군가에 대해 더 많이 알수록 더 나은 추천을 할 수 있다. 따라서 온라인에서뿐만 아니라 매장에서 한 구매를 포함하여 한 사람의 모든 구매를 분석할 수 있다면 단순히 온라인 거래만을 살펴보는 것보다 더 정확하게 추천할 수 있다. 따라서 3장에서 논의한 것처럼 한 고객의 모든 활동을 정확히 그 사람과 연결짓는 완벽한 고객 프로파일을 기반으로 추천하는 것이 필요하다.

집 정원에 데크를 설치하는 사람들은 그 후 곧 바비큐 그릴을 구하려 하는 경향이 있다는 것을 발견한 주택 자가수리용품 업체를 기억하는가? 이 회사는 이러한 지식을 이용하기 위해 마케팅 프로그램을 고안하였다. 마찬가지로, 그릴을 처음 구매한 이후에 나무조각 땔감이 필요하다는 사실을 알게 된 바비큐 그릴 회사는 이제 나무조각 땔감 리필 리마인드 메시지를 정기적으로 발송한다.

고객 생애주기 과정에서의 추천

유효기간 경과된 고객에 대해서 추천을 사용하여 그들을 재참여시키거나 재활성화할 수 있다. 이 경우 우선 예측분석을 사용하여 이탈 위험이 있는 고객 그룹을 식별한다. 그런 다음 개인맞춤형 이메일을 사용하여 고객을 다시 참여시킬 수 있다. 추천 대상은 제품, 콘텐츠 또는 관련성 있는 사람이 될 수도 있다. 웹 페이지 또는 이메일에 추천 내용을 자동으로 삽입하면 각 고객을 위해 일일이 내용물을 다시 만들지 않더라도 완전히 개인화된 경험을 창출할 수 있다. 웹 페이지 또는 이메일 디자인은 모든 고객에게 동일하다. 심지어 웹 페이지 또는 이메일에 포함된 텍스트조차도 같을 수 있다. 예를 들어 "보고 싶습니다. 얼른 다시 오세요. 당신을 기다리는 제품들이 있습니다." 다만 여기에 개인별로 특화된 추천이 포함되는 것이다.

고객이 오랫동안 구매하지 않은 경우 제품 추천을 사용할 때 조심해야 한다. 제품 추천이 더이상 쓸모 없어졌을 수 있으며 고객의 상황이 예전과 완전히 달라졌을 수 있다. 즉, 그 사이에 계절이 바뀌었거나 고객이 새로운 취미를 습득했거나 인생에서 중대한 일이 발생했을 수 있다. 반드시 고객이 가지고 있는 최신 정보에 기반하여 자동 삽입 콘텐츠를 만들어야 한다. 경우에 따라 최근 제품보다는 최근 콘텐츠를 사용하여 고객을 유인하는 것이 더 나을 수도 있다.

고객 맥락에 대한 이해

적절한 시점이 지나서 추천을 할 때에는 더 많은 배경 정보를 고려해야 한다. 예를 들어 일반적으로 다큐멘터리 영화를 좋아하는 사용자가 자녀와 함께 볼 수 있는 영화를 찾으려고 할 때 맥락을 인식하고 그와 관련된 추천을 해야 한다. 마찬가지로, 유통업체들은 일반적으로 일할 때 입는 옷을 구매하는 구매자가 이번에는 특별한 경우를 위해 쇼핑을 하고 있다는 것을 인식하고 그러한 맥락에 맞게 상향 판매를 추천하거나 보석 및 신발 등 교차 판매를 추천할 수 있다. 고객이 과거에 구매한 제품들이 맥락으로 이해될 수도 있다. 전자제품용 액세서리를 추천하려면 그 액세서리가 실제로 그 고객이 과거에 구입한 기기와 호환되는지 확인해보는 것이 좋다.

기본적인 추천은 '이 제품을 좋아하는 사용자는 또한 …도 좋아합니다'라는 식의 추천이다. 특정한 제품을 시작점 또는 맥락으로 사용하여 추천이 생성되므로 이러한 추천을 '제품 대 제품' 추천이라고 부른다. 물론 내용 대 내용 또는 사람 대 사람 유형의 추천도 가능하다. 고객들이 자주 함께 구입하거나 함께 읽은 것을 살펴보고 그에 근거할 경우 설사 현재 웹 페이지를 보고 있는 사람에 대해 알지 못하더라도 추천을 할 수 있다. 이러한 추천은 종종 제품 페이지 내에 자동으로 삽입된다. 당신이 특정한 책에 대해서 알아 보고 있는 동안 그 책을 산 사람들이 좋아하는 다른 책들도 해당 페이지에서 찾아볼 수 있다. 당신이 링크드인에서 누군가의 개인 프로필을 보고 있는 경우 당신이 살펴볼 만한 다른 프로필들을 추천받게 된다. 당신이 좋아하는 뉴스 사이트에서 어떤 기사를 읽는다면 당신이 읽어볼 만한 다른 콘텐츠를 추천받게 된다.

문제는 아마도 추천받은 도서 중 일부를 당신이 이미 구입했거나, 추천받은 기사들 중 일부를 당신이 이미 읽었을 가능성이 있다는 것이다. 또한 아주 다른 페르소나 또는 군집에 속한 사람들이 동일한 제품에 관심이 있을 수 있다. 학교 선생님과 학생이 같은 책을 살펴보는 중인 경우 서로 다른 이유나 관심사로 구입을 고려하고 있을 수 있다. 이때는 개인별로 특화된 추천이 필요하다. 고객의 인구통계 프로파일, 과거 행위, 위치를 알고 있는 경우에 연관 제품들에 대해 정확하게 추천할 수 있는 개인적인 맥락을 더 많이 파악할 수 있다. 추천을 제시하기 위한 출발점이 특정한 사용자에 대한 정보이므로 이를 '사용자 대 제품' 추천이라고 한다. 개인별로 특화된 추천을 하려면 고객을 인식해야 할 뿐만 아니라 추천을 하기에 충분할 정도로 이 고객과 관련된 과거 정보를 풍부하게 가지고 있어야 한다.

관련성이 없거나 맥락을 벗어난 추천을 제시하는 것보다는 차라리 아예 추천을 하지 않는 것이 더 낫다. 포레스터Forrester의 한 유명한 애널리스트는 그녀의 발에 딱 맞는 크기의 신발이 새로 출시되었다는 이메일을 받았다. 그녀는 기꺼이 이메일 링크를 클릭했지만 (그녀의 발 사이즈와 다른) 너무 큰 사이즈의 신발이 있는 페이지로 연결되었다. 그녀는 너무 실망해서 자신의 경험을 트위터로 올렸다. 만족한 고객은 자기 경험을 5명의 친구에게 말하지만, 불만에 찬 사람은 20명에게 말한다. 따라서 고객 프로파일 기반의 추천을 실행하기 전에 고객 데이터가 완전하고 정확한지를 확인해야 한다.

또한 특별히 당신만을 위한 것이라는 이메일이나 광고를 받고서 클릭했는데 그냥 일반적인 웹 페이지로 연결된 적은 없는가? 이 유통업체는 분명히 당신을 위한 개인맞춤화를 약속했지만 결국 그 약속을 지키지 않은 것이다. 여기서 문제는 채널 전반에 걸친 조율이다. 이 회사의 이메일 및 웹 시스템은 전혀 조율되지 않았음이 분명하다. 다시 말하지만, 불완전한 개인맞춤화 경험은 즐거움보다 오히려 실망감을 줄 수 있다.

7장에서 언급했듯이, 무료-할증Freemium 비즈니스 모델은 적극적 사용자를 유료 고객으로 전환하기 위해 고객 관련성 및 맥락에 따른 추천에 크게 의존한다. 온라인 음악 플랫폼인 스포티파이Spotify는 얼리어답터 물결이 지나간 이후에도 무료 사용자 대비 유료 사용자의 비율은 25%(2015년 1월 1,500만 명의 유료 사용자)로 꾸준하게 유지하고 있다. 테크크런치TechCrunch의 기사에서 스포티파이의 최고 경영진은 자신들의 모바일 애플리케이션이 이러한 성장을 주도하고 있다고 설명한다. 사실, 스포티파이의 모바일 무료 버전에서는 사용자가 아티스트의 음악을 들을 수 있지만 정기적으로 광고를 들어야 하고 특정한 노래를 선택할 수는 없다. 그들이 여러 번 연속해서 특정한 노래를 선택하려고 시도하면 월 9.99달러의 프리미엄 버전을 추천한다. 스포티파이는 사용자의 좌절감이 발작에 이르기 직전에 프리미엄 버전이 가지고 있는 모든 장점을 강조한다. 맥락에 맞는 추천은 스포티파이가 성공하기 위한 핵심 요소이다(출처: http://techcrunch.com/2015/01/12/spotify-now-has-15m-paying-users-60moverall/and Spotify app).

콘텐츠 - 무엇을 추천할 것인가

제품, 사람, 콘텐츠에 적용되는 추천 시스템은 고객 커뮤니케이션에서 고객 관련성이 높고 개인화된 콘텐츠를 제공한다. 사실 고객 관련성은 콘텐츠의 크리에이티브 품질보다 우선한다. 매우 크리에이티브하고 꼼꼼하게 디자인된 이메일의 실적과 기본 디자인에 개인화된 추천을 자동으로 삽입한 이메일의 실적을 비교한 테스트에서 외관상 더 아름다운 이메일의 클릭률보다 고객 관련성이 더 높은 이메일의 클릭률이 3~4배 높은 것으로 나타났다. 물론 고객이 디자인보다는 자신과의 관련성을 선호했지만 그렇다고 둘 중 하나를 포기할 필요는 없다.

또한 점점 더 많은 고객들이 회사에서 제시하는 제품이나 콘텐츠에 대해서 자신이 통제할 수 있는 권한을 요구하고 있다. 문제 있는 추천의 가장 유명한 예는 타깃Target 쇼핑몰이 임신 가능성이 높은 것으로 확인된 고객에게 아기 및 임신에 초점을 맞춘 마케팅 이메일을 보낸 것이다. 타깃은 비록 정확하였지만 그 고객은 부모님에게 자신의 임신 사실을 알리지 않았기 때문에 타깃의 추천은 매우 불쾌하게 받아들여졌으며 그녀의 사생활에 대한 침해로 간주되었다. 우리는 향후 10년 사이에 고객과의 마케팅 상호작용 대부분이 쌍방향이 되어 고객이 자신의 데이터에 대한 의견을 제시할 수 있고 그것을 제어할 수 있게 될 것으로 예측한다.

이 사례는 사실상 예측분석의 좋은 점과 나쁜 점 모두에 대한 대표적 사례가 되었다. 그 결과 유통업체들은 추천을 제시할 때 소비자들이 구매한 브랜드들에 대해서 더 많은 설정 권한을 부여하려고 노력하고 있다. 예를 들어, 당신은 지난주에 자신이 구입한 머릿니 제거용 샴푸가 앞으로도 계속 추천 제품으로 제시되기를 원치 않을 것이다. 우리는 이 책의 17장에서 다시 사생활과 관련한 논의를 할 것이다.

또한 마케터 역시 추천하는 제품에 대해서 일정한 수준의 통제를 원한다. 예측 알고리즘이 재고가 없는 제품을 추천하거나, 또는 오직 다른 제품의 액세서리거나 리필 용도로만 쓰이는 매우 저렴한 제품을 추천하는 것을 원하지 않을 것이다. 자동화된 알고리즘을 사용하여 웹사이트 또는 이메일에 추천을 삽입하기 전에 머천다이징 규칙 또는 예외 규칙을 설정해야 한다.

추천 시스템은 제품이 새로 출시된 경우에 시간이 지남에 따라 해당 제품이 파급력이 더 커지는지, 또는 사람들이 더 많이 찾아보는지, 더 적게 찾아보는지 여부를 파악하여 이에 따라 추천을 조정할 수 있다. 예를 들어, 애플이 새로운 아이폰을 출시했다고 하자. 이전 모델은 시간적으로 더 오랫동안 노출되었기 때문에 사람들이 새로운 모델을 들여다본 횟수는 이전 모델을 들여다본 횟수보다 적다. 하지만 최신 모델은 새롭고 인기가 점점 더 높아지기 때문에 사용자가 아이폰을 검색할 때 추천 시스템은 최신 모델을 고객 관련성이 더 높은 제품이라고 파악할 것이다. 추천 시스템은 최신의 관련성이 있는 추천을 하기 위해서 이러한 요소들을 고려하여 임시적 지식을 학습하거나 그것을 폐기한다.

추천을 넘어서

일반적으로 추천은 웹사이트의 개인맞춤화와 가장 많이 연관된다. 하지만 당신은 이메일, 모바일, 소셜, 웹, 전화, 디스플레이 광고를 통해 모든 채널에서 추천을 할 수 있다. 따라서 추천은 인바운드 및 아웃바운드 커뮤니케이션 모두에서 추진력을 제공할 수 있다.

또한 제품 추천을 제공하는 것 외에도 웹사이트 또는 다른 영역에서 경험을 개인맞춤화하는 다른 많은 방법들이 있다. 사실 가치 기반 마케팅으로부터 생애주기 마케팅에 이르기까지 이 책에서 지금까지 논의된 모든 개념들은 웹 및 다른 채널에서 고객 경험을 개인맞춤화할 수 있는 기회로 삼을 수 있다. 특수한 메시지로 높은 가치의 VIP 고객을 당신의 웹사이트에 유치할 수 있다면 어떨까? 또는 오랫동안 소식이 끊겼던 유효기간 경과된 고객을 다시 반갑게 맞이할 수 있다면? 오랜만에 동네 커피숍에 들어갔을 때 바리스타가 무슨 말을 하는지 생각해보라. 그가 "안녕하세요, 당신은 여성이신가요?"라고 말할 것인가? 결코 아니다! "안녕하세요, 외머 씨, 오랜만에 뵙네요. 다시 뵙게 되어서 기뻐요! 예전대로 무지방, 디카페인 라떼를 드릴까요?"라고 말하는 것이 훨씬 낫다. 성은 빼고 이름으로 고객에게 말을 건네는 것만으로도 큰 영향을 줄 수 있다. 소프트웨어 공급업체인 두인바운드Do Inbound는 둘러보기 동영상의 감사 페이지에서 그저 사람들의 성을 빼고 이름만 불러주는 것만으로도 계정 가입으로 이어지는 전환율을 3배 높일 수 있었다.

11장

실행전략 7
더 많은 고객 전환을 위해
예측 프로그램을 실행하라

이제 앞서 나온 모든 것들을 종합해보자. 제2부의 마지막 세 장에서는 고객 생애주기 전반에 걸쳐 가치를 전달하는 데 사용할 수 있는 다양한 전략과 캠페인을 살펴본다. 먼저 더 많은 잠재 고객을 구매 고객으로 전환시키기 위해 예측분석을 사용하는 방법을 살펴본 다음, 더 나은 고객을 확보하기 위해 그 자체가 예측 기법의 하나인 유사고객 타깃팅을 군집 및 기타 고객 세그먼트와 결합하여 사용하는 방법을 살펴보기로 한다.

예측 리마케팅 캠페인

리타깃팅 또는 리마케팅(이 책에서는 둘 다 동일한 의미로 쓰임)을 사용하면 마케터는 사용자가 이전에 브랜드 웹사이트를 방문했거나 이 회사들이 보낸 이메일 중 하나를 읽는 것과 같은 상호작용을 근거로 브랜드, 제품, 서비스에 관심을 표명한 사람들을 다시 만날 수 있다. 리타깃팅은 일반적으로 웹사이트 방문과 관련되어 있으며, 고객을 되돌아오도록 하는 후속 리마인드는 일반적으로 디스플레이 광고를 통해 사용자에게 전달된다. 리마케팅 프로그램의 기본목표는 소비자가 처한 특정한 맥락 하에서 전환을 늘리는 것이므로 1시간 또는 1일과 같은 짧은 시간 단위로 실행된다.

당신은 아마도 다음과 같은 광고를 경험했을 것이다. 당신이 자포스^{Zappos} 웹사이트에서 신발 한 켤레를 찾아보고 나서 그 사이트를 떠나면, 그 신발에 대한 광고가 여러 웹사이트에서 당신을 따라다닐 것이다. 당신이 페이스북 페이지를 보고 있든 아니면 다른 웹사이트를 검색하든 상관없이 페이스북 뉴스피드^{feed} 또는 사이드 바에 특정한 신발을 보여주는 광고를 자주 보게 될 것이다.

리타깃팅을 촉발하는 계기가 반드시 당신의 웹사이트 방문으로 제한될 필요는 없다. 그것은 이메일 클릭, 매장 방문, 또는 고객센터 통화일 수도 있다. 마찬가지로 리마인드가 꼭 디스플레이 광고를 통해서 전달되어야만 하는 것도 아니다. 리마인드는 이메일이나 전화를 통해서도 동일하게 전달될 수 있다. 디스플레이 광고 이외의 채널을 사용하는 경우 이 마케팅 기법을 일반적으로 리마케팅이라고 한다. 리마케팅과 관련하여 일부 채널이 다른 채널들보다 더 효과적인 것으로 간주된다. 조사 대행업체 콘루미노^{Conlumino}가 영국과 미국에 거주하는 3,000명의 소비자를 대상으로 실시한 2014년 11월 조사에 따르면, 미국 소비자들 중 이전에 자신이 온라인에서 봤던 것과 관련된 내용이 포함된 이메일을 받는 것을 좋아하는 사람은 66%이지만 똑같은 내용을 온라인 광고 형태로 접하게 되는 것을 좋아하는 사람은 겨우 24%에 불과하다. 리마케팅 전략을 사용할 때 모든 마케터는 사생활과 "불쾌한" 요인을 고려해야 한다. 이는 17장에서 더 자세하게 다루겠지만 매우 미묘한 균형점을 찾아내야 한다.

고객들이 당신의 웹사이트를 방문하면 그들은 직간접적으로 자신의 관심사 및 의도에 관한 많은 정보를 당신과 공유하게 된다. 방문의 횟수, 시기, 기간, 빈도뿐만 아니라 당신의 사이트를 찾는 데 사용한 검색어, 당신의 사이트에서 방문한 특정 페이지, 열람했던 제품, 사이트 내 검색, 그리고 잠재적으로는 당신의 사이트에 있는 쇼핑 바구니에 담긴 미결제된 품목도 살펴볼 수도 있다. 방문자들을 다시 되돌아오게 만들기 위해서 그들을 대상으로 한 후속 커뮤니케이션에서 이러한 모든 정보는 개인화된 고객 접촉의 요소로 사용될 수 있다. 간단한 리마인드 메시지 하나가 고객을 당신의 사이트로 되돌아오게 하는 데 종종 도움이 되기도 한다.

리타깃팅 대상자가 전에 당신의 웹사이트를 방문한 적이 있었고, 게다가 과거에 당신으로부터 제품을 구매한 적이 있는 경우 당신은 리마인드 메시지를 맞춤 설정하기 위한 보다 많은 정보를 갖게 된다. 재방문자의 경우 당신은 그들의 구매 가능성과 그들이 속한 군집을 계산해낼 수 있다. 이 정보로 무장한 당신은 고객 접촉을 더욱 개인맞춤화하여 고객을 되돌아오게 만들 확률을 높일 수 있다. 예를 들어 검색 세션이나 장바구니 미결제 사용자가 만약 높은 가치를 가지고 있지만 구매할 가능성은 낮은 쇼핑객인 경우 해당 고객이 되돌아오도록 유인하기 위해 가격할인을 제공할 수 있다. 구매할 가능성이 낮고 예상 평생가치가 큰 고객일 경우 당신은 잃을 것이 거의 없다.

당신은 디스플레이 광고, 검색 광고(구글의 검색 광고용 리마케팅 목록 Google Remarketing Lists 프로그램), 페이스북 광고(페이스북의 맞춤형 청중custom audience 프로그램), 트위터(트위터의 맞춤형 청중tailored audience 프로그램), 이메일, DM, 전화 등을 사용하여 리타깃팅 리마인드 메시지를 소비자에게 전달할 수 있다.

하지만 소비자를 인식할 수 있는 경우에만 소비자를 리타깃팅할 수 있다. 쿠키는 하드 드라이브에 정보를 저장하는 작은 텍스트 파일로 사용자가 웹 상에서 이곳저곳으로 이동할 때 광고업체가 이를 추적할 수 있도록 해준다. 이러한 쿠키 파일이나 이메일 주소와 같은 개인식별정보를 기반으로 사용자를 식별할 수 있다. 당신이 가지고 있는 것이 오직 쿠키뿐이라면 당신이 할 수 있는 일은 이 사용자가 방문하는 웹사이트들을 따라가면서 보여주는 타깃 디스플레이 광고밖에 없다. 그러나 현재 또는 과거의 검색 세션에서 사용자의 이메일 주소를 인식할 수 있는 경우 더 나은 옵션이 제공된다. 이메일, 페이스북 광고를 사용하여 이 고객을 타깃팅할 수 있으며 더 나아가 이메일 주소를 실제 주소와 결합할 수 있다면 타깃팅된 우편물을 보낼 수도 있다.

익명의 웹사이트 방문자를 더 많이 식별할 수 있는 몇 가지 기법이 있다. 예를 들어, 계정 생성 및 후속 로그인시 웹 방문자의 이메일 주소를 확보하여 태그를 붙일 수 있다. 또한 당신의 사이트 내에서 이메일을 수집하는 모든 양식에서 이메일 주소를 확보하여 태그를 지정할 수 있다. 가장 전형적인 방법으로 뉴스레터 가입, 그리고 고객이 결제 및 배송 등 확인을 위해 이메일 주소를 제공하게 되는 손님용 결제 등이 있다. 웹 트래픽은 대부분 이메일 클릭에서 비롯되므로 사용자의 신원확인을 크게 향상시키려면 이메일을 잘 활용해야 한다. 즉 이메일 발송시 이메일 링크에 사용자 ID를 자동으로 포함시켜서 사용자의 신원(원래의 이메일 주소 또는 암호화된 ID)이 URL을 통해서 전달되도록 하거나, 링크로부터 사용자 ID를 잘라내는 코드를 사이트에 삽입하여 이를 분석하고 디코딩해야 한다. 기본적으로 당신의 목표는 가능할 때마다 사용자의 신원을 확보하여 쿠키와 연결시킴으로써 해당 사용자가 향후 익명으로 방문했을 때도 그를 식별할 수 있도록 하는 것이다. 이를 포함한 여러 기법들을 사용하여 일부 브랜드 업체들은 자기 웹사이트 방문자의 절반을 인식할 수 있었다. 이는 업계 평균인 10%의 방문자 인식률과 대비되는 성과이다.

예측 리마케팅 캠페인의 예는 다음과 같다.

장바구니 미결제 고객에 대한 예측마케팅

장바구니 미결제 고객 마케팅은 ROI가 가장 높은 캠페인들 중 하나로 계속해서 꼽힌다. 베이마드 연구소Baymard Institute는 장바구니 이탈률 통계를 추적하여 평균 68%의 온라인 쇼핑 장바구니가 미결제된다는 것을 확인하였다. 이렇게 높은 포기율을 고려할 때 모든 온라인 유통업체는 장바구니 미결제 고객에 대해 효과적인 리마인드 마케팅을 실시해야 한다. 장바구니 미결제 고객이 리마인드 이메일을 개봉하는 비율은 평균 약 30%인 반면에, 대량 발송 이메일의 경우 14%이다. 이메일 내 링크의 클릭률은 대량 발송 이메일의 경우 1.5%인 데 비해 장바구니 미결제 고객 마케팅의 경우에는 약 8%에 이르며, 대량 발송 이메일 1회당 매출은 0.05달러인 데 비해 장바구니 미결제 고객 마케팅의 이메일 1회당 매출은 약 2.50달러이다.

애질원이 2015년 1월 132명의 유통업체 마케팅 임원들을 대상으로 실시한 조사에 따르면 유통업체 중 절반 이상이 장바구니 미결제 고객 대상 마케팅을 명백하게 실시하고 있는 것으로 나타났다. 이는 전년도에 동일한 조사에서 온라인 판매업체의 39%가 이를 실시하고 있다는 결과보다 증가한 것이다. 대부분의 회사 및 업종에서 장바구니 미결제 고객 대상 마케팅에 가장 적합한 형식은 이메일이다. 일부 고가 제품들의 경우, 리마인드 우편 홍보물이 효과적일 수 있다. 이메일을 디자인할 때 너무 복잡하지 않도록 하라. 잠재고객에게 단순하게 미결제 장바구니를 상기시켜주고 장바구니 또는 결제 페이지로 쉽게 되돌아갈 수 있는 링크를 포함하라. 당신은 그들이 가능한 한 한눈

팔지 말고 바로 결제 페이지로 가도록 하기를 원할 것이다.

적절한 타이밍이 언제인지 실험해보라. 장바구니를 결제하지 않고 도중에 떠난 후 얼마나 지나서 메시지를 보내는 것이 좋은지 알기 위해 응답률을 측정해보자. 이와 관련해서는 여러 가지 학설들이 있다. 일부 테크놀로지 업체들은 최대한 빨리 리마인드 메시지를 보내도록 권장한다. 그러나 우리의 경험에 비추어볼 때, 더 빠르다고 해서 항상 더 좋은 것은 아니다. 미결제 장바구니 마케팅을 하려면 몇 시간 또는 웬만하면 하루 정도를 기다리는 것이 좋은데 거기에는 몇 가지 이유가 있다. 첫째, 일부 소비자들은 당신이 즉시 그들에게 리마인드 메시지를 보내면 언짢게 느낀다. 그것은 고객으로 하여금 당신이 "고객의 모든 움직임을 지켜보고 있다"는 느낌을 갖도록 부추기기 때문이다. 사실 대부분의 마케터가 이런 식으로 하고 있지만 당신은 좀더 섬세해야 한다. 둘째, 만약 당신이 여러 채널을 가지고 있는 경우 일부 고객은 장바구니를 미결제 했더라도 나중에 다른 채널(예: 콜센터)을 사용하여 해당 제품을 구매할 가능성이 있다. 어떤 콜센터 소프트웨어는 실시간으로 장바구니 미결제 고객에 대한 리마인드 메시지를 전송하는 시스템과 동기화되는 것도 있다. 그렇지 않다면 콜센터에서 고객에게 전화를 하기까지는 몇 시간을 기다리는 것이 좋다. 장바구니 미결제 고객에 대한 리마인드 메시지에 가격할인을 포함하기로 결정한 경우 특히 그렇다. 자신이 방금 구입한 제품에 대해 조금만 기다렸다면 가격할인을 받을 수도 있었다는 사실을 고객이 깨닫게 되면 매우 화가 날 것이다. 셋째, 가격할인 제안을 너무 빨리 보내면 고객이 매번 할인을 기대하도록 길들이게 될 것이다. 장바구니에 물건들을 넣은 채 5분 동안 기다리는 것만으로도 고객이 할인을 받을 수 있다면 모든 고객은 앞으로 그렇게 행동할 것이다. 이는 당신의 마진에 큰 악영향을 미칠 수 있다. 마지막으로, 일부 쇼핑객들은 많은 양의 마케팅 메시지에 폭격 당하는 것을 좋아하지 않는다. 그날 고객이 당신에게서 물건을 샀을지라도 당신이 너무 자주 접촉하고자 한다면 도리어 그들을 쫓아버리게 될 수도 있다. 항상 그렇듯이, 무엇이 상황에 맞는지 테스트하는 것이 가장 좋다.

장바구니 미결제 고객에 대한 일반적인 마케팅과 비교할 때 장바구니 미결제 고객에 대한 예측마케팅의 핵심은 예측 알고리즘을 사용하여 고객에게 보내는 할인 등 제안을 개인별로 차별화하는 것이다. 구매 가능성이 매우 높은 고객의 경우 간단한 알림 메시지를 보내면 된다. 그러나 구매 가능성이 매우 낮은 고객의 경우 할인을 포함하는 것이 더 안전하다. 이 방문객들은 그 방법이 아니라면 어쨌든 구매하지 않기 때문에 당신은 밑져야 본전이다. 한 단계 더 나아가 특정한 할인 수준에 대한 고객의 과거 민감도에 따라 할인 수준을 차별화할 수 있다. 할인 또는 선물을 하는 것이 과연 매출액과 구매율을 증가시킬 수 있는지 아니면 그저 이익 마진을 잠식하는 것인지 여부를 결정하기 위해 마케팅 캠페인의 한 부분으로 다양한 수준의 할인이나 선물이 미치는 영향을 테스트해봐야 한다.

검색후 중단 고객에 대한 예측마케팅

(온라인 쇼핑에만 있는 다소 특유한) 장바구니 미결제 고객 마케팅과는 달리 검색 및 열람후 중단 고객 마케팅은 모든 업종에 적용된다. 애질원의 조사에 따르면 특정 웹사이트에서 검색 기능을 사용하는 방문객은 그렇지 않은 방문자보다 구매 가능성이 6배나 더 높다. 이런 방문자는 단순히 가볍게 웹사이트를 들여다보는 사람 그 이상인 것이다. 이러한 잠재 고객을 놓쳐서 경쟁업체에 빼앗기지 마라. 검색후 중단 고객 마케팅을 설정하여 이러한 고객에게 당신의 사이트로 되돌아오도록, 또는 당신의 서비스를 시험삼아 사용하도록, 또는 당신과의 관계를 지속하도록 상기시킬 수 있다. 미결제 장바구니 고

객의 이메일 개봉률은 일반적으로 30% 가량인데 열람 후 중단 고객의 이메일 개봉률은 그와 매우 비슷하거나 그보다 높으며 링크 클릭률은 약 8%이다. 미결제 장바구니 고객과 열람후 중단 고객의 차이는 대체로 전환율이다. 열람 후 중단 고객의 경우 전환율은 약 4%인 반면 미결제 장바구니 고객 마케팅의 경우 20~60%이다. 그 결과 미결제 장바구니 고객 마케팅에서 기대할 수 있는 이메일당 수익은 약 2.50달러이지만 열람후 중단 고객 마케팅의 경우에는 겨우 약 0.50달러이다. 물론 매출액은 평균 주문금액에 따라 크게 달라지며 인용된 수치는 평균 주문금액이 약 100달러인 유통업체에 해당되는 것이다.

사이트 내 검색후 중단 고객에 대한 마케팅은 장바구니 미결제 고객 마케팅와 동일하게 작동한다. 한 웹사이트 방문자가 로그인한 경우 그의 파일에 적혀 있는 주소로 그가 검색했던 제품과 유사한 또는 보완적인 제품을 추천하는 이메일 또는 페이스북 광고를 보낼 수 있다. 만약 이 방문자가 로그인한 사용자가 아닌 경우 쿠키를 사용하여 기타 사이트의 페이지에서도 관련 제품에 대한 광고를 보여주는 리타깃팅을 할 수 있다.

검색후 중단 고객 마케팅은 구글 애드워즈 검색을 통해서 당신의 사이트를 방문하게 된 사용자에게도 적용된다. 구글 애드워즈는 종종 가장 값비싼 마케팅 채널 중 하나이다. 당신이 비용을 지불하는 애드워즈 검색어를 잠재 고객이 클릭하여 당신의 사이트를 방문하게 되면 당신은 가능한 모든 방법으로 그를 실제 고객으로 전환해야 한다. 애드워즈를 통해서 오는 방문자가 가장 좋은 점은 그가 무엇을 구매하는 데 관심이 있는지 당신이 이미 알고 있다는 것이다. 위의 마케팅 캠페인과 마찬가지로 애드워즈 검색후 중단 고객 마케팅을 이용하여 잠재고객에게 다시 되돌아와 구매할 수 있도록 유도하는 타깃팅된 할인을 후속으로 보낼 수 있다.

웹사이트 방문객 정보의 확보, 미결제 고객 마케팅의 타이밍, 예측적 인사이트를 바탕으로 한 할인 제공과 관련하여 장바구니 미결제 고객 마케팅에서 언급한 추천 고려 사항들은 검색후 중단 고객 마케팅에도 동일하게 적용된다. 구매 가능성이 매우 높은 고객에게는 개인맞춤형 추천과 친근한 알림으로 제한하고 구입 가능성이 낮은 고객에게는 할인이나 혜택을 포함하는 것이 좋다. 장바구니 미결제 고객 마케팅에서와 마찬가지로 당신은 고객이 구매과 정을 스스로 완료할 때까지 기다리고 그들이 할인을 기대하는 데 익숙해지지 않도록 알림 또는 쿠폰을 보내기 전에 최소 24시간을 기다려야 한다.

열람후 미결제 고객에 대한 예측마케팅

웹사이트 내 검색 기능이 없거나 방문자가 웹사이트의 검색 기능을 사용하지 않는 경우에도 방문자의 인터넷 사용 기록을 통해 데이터를 수집할 수 있다. 애질원이 조사한 데이터를 보면 웹사이트 방문자 중 96%가 아무것도 사지 않고 웹사이트를 떠난다. 이들 대부분을 리마인드 광고나 리마인드 이메일의 타깃으로 삼을 수 있다. 장바구니 미결제 고객의 수(전체 웹사이트 방문객의 8%) 또는 결국 뭔가를 구입한 방문자의 수(겨우 평균 4%)와 이 수치를 비교해보라. 즉, 장바구니 미결제 고객에 대한 마케팅보다 열람후 중단 고객에 대한 마케팅을 통해 타깃팅할 수 있는 사람이 12배나 더 많다. 일부 회사의 경우 열람후 중단 고객 마케팅은 장바구니 미결제 고객 마케팅보다 더 많은 매출을 창출한다. 장바구니 미결제 쇼핑객의 경우 구매 가능성이 훨씬 높지만 경우에 따라 열람후 중단한 쇼핑객의 규모가 이를 보충하고도 남을 수 있다.

한 전자제품 유통업체가 고객 행위에 따라 발송되는 이메일을 실험했는데, 그들은 먼저 장바구니 미결제 고객 대상 이메일과 구매후 발송 이메일에 집중했다. 그들은 무언가를 구입한 사람들을 대상으로 매일 약 3,000개의 구매후 추천을 보냈고, 장바구니 미결제 고객을 대상으로 마케팅 이메일을 약 4,000개 보냈다. 이 마케팅 캠페인은 매우 성공적이었다. 장바구니 미결제 고객 마케팅은 55%의 개봉률을 보이며 매일 1만 달러의 추가적 매출을 올렸다. 그런데 이 회사는 검색후 중단 마케팅을 시작하고나서 이러한 마케팅이 장바구니 미결제 고객 마케팅보다도 성공적이라는 사실에 놀라면서 즐거워했다. 이 둘을 비교하면 열람후 중단 고객 대상 마케팅에서는 매일 10만 개의 이메일을 보낼 수 있었다! 놀랍게도 이 이메일은 장바구니 미결제 고객 마케팅보다 개봉률이 훨씬 높아서 수신자 중 60%가 이메일을 열어보았다. 이 열람후 중단 고객 마케팅은 매일 4만 달러의 추가적 매출 증대를 발생시켰다. 이것은 예측마케팅이 현실에서 힘을 발휘한 좋은 예이다(참고: 이 회사의 익명성을 유지하기 위해서 이 사례에 나온 숫자들은 원래 숫자에서 변경된 것이지만 그 비율들은 실제 사례 연구에 근거한 것이다).

물론 장바구니 미결제 고객 마케팅 및 검색후 중단 고객 마케팅에 적용되었던 것과 동일한 규칙이 열람후 중단 고객 마케팅에도 적용된다. 구매 가능성에 따라 할인을 차별화함으로써 이러한 마케팅을 더욱 수익성있게 만들 수 있다.

유사고객 타깃팅 사용하기

누구인지 파악된 방문자에게만 리마케팅이 적용된다. 리마케팅을 사용하면 더 많은 방문자를 구매자로 전환시키고 과거 구매자로 하여금 재방문하여 재구매하도록 할 수 있다. 그러나 리마케팅은 제품, 서비스, 콘텐츠에 대한 새로운 소비자를 찾아서 신규고객으로 획득하는 데는 도움이 되지 않는다.

유사고객 타깃팅은 초기 단계의 "씨앗 청중"seed audience과 비슷하게 보이는 사람들을 찾는 예측분석 기법이다. 예를 들어 페이스북의 유사 청중look-alike audience 프로그램과 같은 유사고객 타깃팅 시스템에 기존고객의 목록을 입력하면 모든 예상고객 중에서 기존고객들과 동일한 특성을 가진 사람들을 찾을 수 있다. 그런 다음 이 "유사 청중"을 대상으로 광고 캠페인을 시작할 수 있다. 이러한 원칙은 고객에 국한되지 않는다. 당신의 페이스북 페이지에 '좋아요'를 누른 사람들의 목록을 유사고객 타깃팅 시스템에 입력하면, 당신의 페이지를 좋아할 가능성이 높은 다른 사람들을 찾아내준다. 이 원칙을 이용하여 고객들 중의 특정한 하위 그룹과 유사하게 행동하는 청중들을 찾아낼 수도 있다. 예를 들어, 가장 가치있는 최우수 고객들의 목록을 입력하면 최우수고객과 "유사한" 예상고객에게만 광고할 수 있다. 또는 가죽 제품을 좋아하는 군집을 정의할 경우 이러한 군집과 유사한 예상고객을 찾아낼 수 있으며 이 유사 청중들을 타깃으로 삼아 가죽 옷을 입힌 모델이 등장하는 매우 구체적인 광고를 할 수 있다.

그림 11.1은 페이스북을 예로 들어 이러한 개념을 설명한 것이다. 물론 페이스북 유사 고객 타깃팅이 점점 인기를 얻고 있기는 하지만, 광고주가 유사

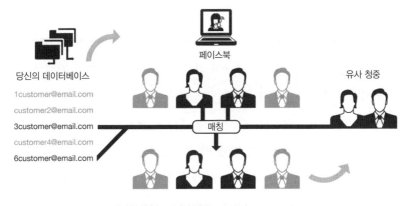

그림 11.1 페이스북의 유사 고객 타깃팅

청중 타깃팅을 사용할 수 있도록 해주는 소셜 네트워크는 페이스북만이 아니다. 트위터, 구글 디스플레이 네트워크 등을 포함한 많은 광고업체들도 유사 청중 기능을 제공한다.

페이스북에서는 특정한 고객 목록을 페이스북 맞춤 청중 프로그램에 업로드하는 것으로 시작한다. 이것은 가죽 제품을 선호하는 고객 목록일 수도 있고 최우수고객 목록일 수도 있다. 그러면 페이스북은 이러한 레코드를 자신의 사용자 데이터베이스와 매칭한다. 매칭은 동일한 이메일 주소를 기준으로 한다. 광고주가 업로드하는 목록에는 페이스북 계정과 일치하는 레코드가 적어도 100개 이상이 필요하다. 최소 100명의 사용자를 매칭한 후, 페이스북은 예측분석을 포함하는 내부 알고리즘을 사용하여 페이스북 데이터베이스에서 당신이 올린 목록과 유사하게 보이는 새로운 사람들을 찾아내어 당신의 세그먼트와 매칭한다.

유사고객 모델링은 마케터가 다른 많은 사람들 중에서 기존고객들이나 웹사이트 방문자들과 비슷한 특성이나 행동을 하는 사람들을 찾아 타깃팅할 수 있는 강력한 도구이다. 유사 고객 알고리즘은 일반적으로 적어도 100명 이상 기존의 방문자 또는 고객의 목록을 '씨앗'seed으로 제공해야 한다.

어떤 비즈니스 목표든 유사 청중을 활용하여 도움을 받을 수 있다. 열성 팬 확보, 웹사이트 등록, 구매, 쿠폰 사용에 대해 기존고객 집합과 유사한 사람들을 타깃팅하기 위해서 또는 단순히 브랜드 인지도를 높이기 위해서 유사 청중을 사용할 수 있다. 또한 웹사이트 장바구니에 상품을 넣었지만 최종 결제는 하지 않은 사람들을 찾는 데에도 사용할 수 있다.

유사고객 타깃팅을 사용하기 전에 씨앗 청중 목록이 잘 정비되어 있고 제대로 선택되어 있는지 확인해야 한다. 그렇지 않으면 유사 타깃팅 알고리즘이 잘 작동하지 않는다. 유사고객 타깃팅의 품질은 입력되는 목록의 품질에 달려 있다. 여기서도 이 말을 기억하라. 쓰레기가 들어가면, 쓰레기가 나온다. 씨앗 청중을 유사고객 타깃팅으로 확장하기 전에 씨앗 청중이 실제로 고객으로 효과적으로 전환되었는지 확인하라. 씨앗 청중의 수량을 따지기 전에 품질을 따져야 한다. 우리는 최우수고객을 기반으로 하는 유사고객 마케팅으로 시작할 것을 권장한다. 이들은 여러 번 당신으로부터 구매한 고객이므로 품질이 우수한 고객이라고 확신할 수 있다.

유사성 또는 도달 범위의 최적화

마케터는 "유사성" 또는 "도달 가능성"을 기준으로 유사고객 마케팅을 최적화할 수 있다. 유사성을 기준으로 최적화할 때 마케터는 엄격한 정확도로 비슷한 인상을 찾을 수 있으며 아마도 더 나은 결과를 기대할 수 있다. 예를 들어 "이 사람이 우리로부터 구매할 것임을 90%의 확실성으로 알고 있다"고 말할 수 있다. 하지만 그 고객 수는 구매할 확률이 60%인 고객보다 적을 것이다. '도달 범위'를 기준으로 최적화하면 일치도는 낮아지고 ROI도 낮아지지만 전체적으로 더 많은 고객을 확보할 수 있다. 페이스북에서는 "유사성" 또는 "도달 범위"를 기준으로 청중을 자동으로 최적화하거나 이 둘 중간에서 적절한 배합 수준을 정의할 수 있다. 유사성을 기준으로 최적화하면 광고주가 선택한 지역에서 씨앗으로 설정한 청중들과 가장 유사한 최상위 1%의 사람들이 유사 청중에 포함된다. 이 새로운 청중의 도달 범위는 더 작지만 일치도는 더 정확할 것이다. 도달 범위를 기준으로 최적화한 경우 광고주가 선택한 지역에서 씨앗으로 설정한 청중들과 유사한, 그러나 일치도는 좀 떨어지는 상위 5%의 사람들이 유사 청중에 포함된다. 앞에서 설명한 유형들을 사용하는 대신 광고주가 선택한 지역에서 이러한 청중들 중 상위 X%를 의미하는 비율값을 수동으로 설정할 수 있다. 비율값은 1%에서 20% 사이여야 하며 1% 단위로 설정해야 한다. 노스아메리칸뷰티 컴퍼니North American Beauty Company는 제품 기반 군집을 사용하여 페이스북에서 특정한 유사고객 광고 캠페인을 시작했다. 그들은 목욕 및 바디 용품 군집에 속한 모든 기존고객의 목록을 업로드했다. 그런 다음 그들은 특별히 이 유형의 목욕 및 바디 용품 고객들에게 어필하기 위한 페이스북 광고 캠페인용으로 광고 내용을 디자인했다. 군집분석과 유사고객 타깃팅의 조합은 높은 수익을 내는 것으로 나타났다. 노스아메리칸뷰티 컴퍼니의 경우 페이스북 광고에서 발생한 매출액과 투자한 비용을 비교해보면 이러한 마케팅 캠페인은 2~10배의 투자 대비 수익을 냈다.

마찬가지로 유사고객 타깃팅은 페이스북뿐 아니라 다른 많은 광고 네트워크에서도 효과적으로 작동한다. 광고 네트워크들은 미디어의 선택 및 광고비 지불 메커니즘이 대체로 비슷하며 매년 새로운 옵션들이 등장한다.

12장

실행전략 8
고객가치 증대를 위해
예측 프로그램을 실행하라

이장에서는 초기 구매 후 고객가치와 매출을 성장시킬 수 있는 프로그램의 사례들을 다룬다. 우리는 구매후 프로그램, 리필 및 반복구매 프로그램, 신제품 소개 및 고객 감사 프로그램 등의 특정 캠페인을 다루며 예측분석 시대에 고객 충성도 제고 프로그램$^{loyalty\ program}$* 및 옴니채널 마케팅을 살펴볼 것이다.

고객가치 성장의 비밀

고객 유지의 비결은 고객을 획득한 바로 그 날부터 그 고객을 꾸준히 지키는 것이다. 7장에서 논의했듯이 마케팅에서 가장 중요한 개념은 "얻기 위해 주는" 것이다. 이는 구매 이전과 이후에 모두 적용된다. 고객 충성도를 창출

---

* 멤버십 포인트 적립 제도

하는 열쇠는 관계가 시작될 때부터 고객의 가치를 차곡차곡 쌓아올리는 것이다. 이는 고객이 최초의 상호작용을 통해 훌륭한 경험을 해야 한다는 것을 의미한다.

최초의 거래는 앞으로 육성되고 개발되어야 하는 긴 관계의 시작일 뿐이다. 고객과의 관계맺기가 예상고객을 구매자로 전환시키는 것에 머물러서는 안 된다. 신규고객을 행복한 고객으로 전환시킬 수 있다면 미래의 상향 판매 및 지인 추천 매출을 기대할 수 있다. 제대로만 이뤄진다면 이러한 매출 확대는 일반적으로 비용이 적게 들기 때문에 매우 높은 마진을 가진 매출이 될 수 있다. 지인 추천도 그 마진이 매우 높을 수 있다. 지인 추천을 통해 신규고객을 획득하는 것은 다른 방법들보다 더 저렴하고 빠르며 효과적이다. 지인 추천으로 얻게 된 고객은 다른 고객들보다 구매 주기가 짧고 전환율이 높다.

초기 구매 이전과 이후를 포괄하는 고객 생애주기 전체에 걸쳐서 고객가치를 성장시키는 개념은 그림 12.1의 확대된 고객유입 퍼널로 시각화된다. 비非

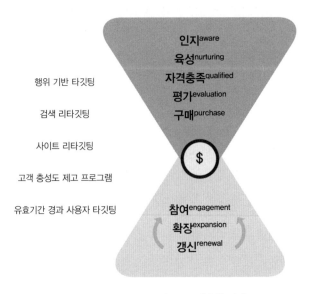

그림 12.1 고객유입 퍼널

고객으로부터 돈을 처음으로 받는 것보다 '이미 당신에게 돈을 지불한' 행복한 고객으로부터 더 많은 돈을 받는 것이 훨씬 쉽다. 좀더 추상적인 수준에서 고객가치에 대한 경로를 축약해보면 다음과 같다. 참여→ 투자→ 제안→ 전환→ 처음부터 다시 반복.

구매 이후 예측 프로그램

초기 단계부터 고객가치를 끌어올리기 위해 사용할 수 있는 프로그램 중 하나는 구매 이후 예측 프로그램이다. 구매 이후 프로그램은 최근의 고객 구매로 인해 촉발되는 마케팅 프로그램이다. 구매 이후 프로그램의 예로는 고객 환영 캠페인, 구매 이후 추천, 리필 구매 캠페인, 반복 구매 프로그램 등이 있다. 구매자는 자신의 마음 속에 여전히 유사한 요구가 있거나 해당 브랜드가 아직도 신선하다고 느끼는 기간인 구매 이후의 짧은 기간 내에 후속 구매를 한다는 것을 데이터가 보여주기 때문에 구매 이후 프로그램은 효과적이다.

고객 환영 캠페인

구매 이후 프로그램의 가장 간단한 형태는 신규고객 환영 캠페인이다. 우리가 조사한 바에 따르면 유통업에서 최초로 구매한 고객의 경우 재방문할 확률은 평균 30%에 불과하다. 그러나 만약 당신이 고객으로 하여금 두 번째 구매를 하도록 만들 수 있다면 그가 재방문할 확률은 크게 높아진다. 2회 구매자 중 70%가 되돌아온다. 이는 일회성 구매자가 2회 구매자가 되도록 하기 위해 마케터가 신속하게 대응하여 신규고객을 다시 접촉해야 한다는 것을 의미한다. 이메일이나 다이렉트 메일을 통한 신규고객 환영 메시지는 신규고객의 충성도를 높이고 초기의 흥분을 이어가서 두 번째 구매를 유도하는 쉽고 효과적인 방법이다. 환영 이메일은 35% 이상의 개봉률과 10% 이상의 구매율을 거둘 수 있다. 이러한 비율은 이전 장에서 논의된 장바구니 미결제 고객 마케팅과 열람후 중단 고객 마케팅 사이의 중간 정도인 숫자이다.

신규고객 환영 캠페인은 신규고객에 대한 감사, 당신의 브랜드를 선택한 것에 대한 환영, 후속 구매를 장려하기 위한 맞춤형 할인 제안을 포함해야 한다. 제한된 기간 동안의 무료배송 또는 다음 구매시 무료선물 증정은 특정한 고객 세그먼트들에 효과적일 수 있다. 고객이 사용후기를 쓰도록 하고 이를 친구 또는 동료와 공유하도록 하는 것은 관계 구축을 시작하는 효과적인 방법이기도 하다.

일정 기간 동안에 여러 단계별로 더욱 정교한 버전의 신규고객 환영 이메일을 발송할 수 있다. 예를 들어 회사는 구매 후 하루 뒤, 일주일 뒤, 한 달 뒤에 환영, 감사, 후속 이메일을 보낼 수 있다. 각 캠페인마다 최적의 타이밍 및 내용은 회사 및 업계마다 다를 수 있으므로 어떤 조합이 당신 회사에 가장 뛰어난 결과를 제공하는지를 테스트해야 한다. 다른 카테고리의 제품, 추가적인 서비스 등을 소개하거나 고객이 방금 구매한 제품의 사용 및 관리에 대한 정보를 제공하는 것은 고객과의 관계를 계속 구축해나가는 훌륭한 방법이다.

예측분석을 사용하여 고객 환영 프로그램의 성공 수준을 향상시킬 수 있다. 처음 구매할 때 고객의 미래 가치를 예측할 수 있다면 각기 다른 세그먼트별로에 개인화된 제안을 함으로써 환영 캠페인을 맞춤화할 수 있다. 잠재력이 높거나 가치가 높은 구매자의 경우 그들이 되돌아오도록 많은 돈을 들일 만한 가치가 있기 때문에 신중하게 커뮤니케이션 및 할인 제안을 만들어야 하고 이 세그먼트에 대해서는 특별한 주의를 기울여야 한다. 이 고객들은 높은 수준의 서비스를 원하며 대부분의 브랜드들은 이 세그먼트에 대한 대우를 특별하게 차별화하는 것이 중요하다고 여긴다.

온라인 서비스 회사들은 고객 충성도를 유지하기 위해 업계 최고 수준의 최초 경험과 환영 메시지를 제공하는 데 뛰어나다. 캘리포니아에 본사를 둔 온라인 주택청소 서비스 회사인 홈조이Homejoy는 "100% 만족 보장"을 확인하는 포괄적인 환영 프로그램을 개발하고 자사의 서비스를 시험적으로 사용해본 사람들을 다시 예약하게 만들었다. 회사는 고객 여정에서 관건이 되는 시점에 일련의 개인화된 마케팅 캠페인을 보낸다. 이들은 첫 번째 온라인 예약 직후에 전통적인 환영 이메일을 보내고, 방문예정일 3일 전에 고객의 휴대전화에 문자 메시지로 알리고, 서비스 당일에 특별 서비스 전화번호를 적은 문자 메시지와 피드백 이메일을 보낸다. 방문한 지 한 달이 지난 후에는 고객의 이름과 청소부의 실명, 그리고 특별할인 제안이 포함된 맞춤형 후속 이메일을 발송한다. 고객에게 다가가기 위한 다양한 채널을 사용함으로써 홈조이는 고객이 기대하는 수준 이상의 서비스를 제공하고 고객이 자사 브랜드에 충성하게 될 가능성을 높인다.

다이렉트 메일도 환영 캠페인을 위해 다시 채택되고 있다. 릴리 퓰리처Lilly Pulitzer*는 자신의 전자상거래 사이트를 통해 구매한 모든 신규고객에게 고품질 무광택 종이로 만든 커다란 엽서를 보낸다. 광고의 내용과 형식은 고객의 이름을 사용하여 맞춤 설정된다. 요즘은 인쇄 프로세스의 속도를 늦추지 않고도 텍스트 또는 이미지를 각각 다르게 인쇄할 수 있는 다양한 기법들이 개발되어 사용중이다. 릴리의 경우, 환영 캠페인을 통해서 최초 구매 고객이 두 번째 구매를 하도록 유혹하는 "다음 구매시 사용할 수 있는 할인 쿠폰"을 제공한다.

---

*컬러풀한 꽃무늬의 여가복을 중심으로 하는 미국 여성 의류 브랜드.

구매 이후 추천

신규고객이 구매 이후 후속 메시지를 받도록 해야 한다. 최초 구매자 또는 재방문 고객을 대상으로 한 모든 구매에 대해서도 마찬가지이다. 각 메시지의 끝부분에서는 고객에게 감사의 말을 전하고 새 제품이나 새 서비스를 즐기기 위한 팁을 제안해야 한다. 또 이 시점에서 향후 구매를 위해 적절한 할인이나 제품 추천을 할 수 있다. 구매 이후 이메일은 환영 이메일만큼이나 성공적이며, 당신이 전송하는 어떤 대량 광고물보다도 훨씬 성공적이다. 개봉률은 대체로 30% 이상이고 전환율은 8%에 가깝다.

소비자 마케팅의 경우 구매 이후 메시지에 할인 제안을 포함할지 여부는 해당 고객의 가치를 기반으로 결정할 수 있다. 더 높은 가치의 고객을 되돌아오게 하기 위해서는 더 많은 것을 투자해야 한다. 기업 대상 마케팅의 경우, 구매 이후 프로그램은 다음 판매에 초점을 두기보다는 초기 구입 제품 또는 서비스를 최대한 활용하는 방법에 대한 지침과 조언을 제공해야 한다. 초기 구매가 기대하는 가치를 제공하는 경우에만 고객은 더 많은 것을 구매하기로 결정한다는 점을 기억하라. 따라서 기업 고객이 솔루션으로부터 가치를 얻을 때까지는 후속 판매를 추천하는 대신에 해당 고객에게 가치를 전달하는 데 집중하라.

재보충replenishment 구매 캠페인 및 반복 구매 프로그램

회사에서 쓰레기 봉투 또는 프린터 토너와 같이 사용만료 기한 또는 자연스러운 재보충 주기가 있는 제품을 판매하는 경우 고객에게 갱신 또는 재보충하라는 메시지를 보낸다. 당신은 아마도 아마존에 "다시 구매하기"buy it again 버튼이 생겼으며 당신을 위한 맞춤형 아마존 홈페이지에서 제품 수명이 짧은 제품을 두드러지게 제시한다는 것을 눈치챘을 것이다. 아마존 및 기타 유통업체는 정기적인 주문에 대해서 쇼핑객들에게 가격할인을 제안하고 월정액 서비스를 제안한다. 소비자는 시의적절한 알림을 훌륭한 고객 서비스라고 느끼며 우리의 조사에 따르면 이로 인한 구매율이 다른 마케팅 캠페인의 4배까지 향상될 수 있다는 것을 보여주기 때문에 재보충 알림 서비스는 가장 강력한 마케팅 프로그램 중 하나이다. 재보충 마케팅은 모든 생애주기 마케팅 캠페인 중에서 가장 성과가 좋다. 즉, 개봉률은 20~50%이고 구매율은 30%까지 올라갈 수 있다. 많은 고객에게 재보충 알림 서비스는 환영받는 고객 서비스이다.

타이밍은 반복 구매 알림과 관련하여 정말로 중요하다. 당신이 제공하는 제품 및 서비스마다 각자 반복 구매 평균 주기가 있을 수 있다. 그러나 반복 구매 전환율을 더 늘리려면 모든 고객의 반복 구매 가능시기를 '예측'해야 한다. 포장 식품과 같은 제품은 고객들마다 각기 다른 속도로 소비할 수 있지만 각 고객의 구매율을 추적하여 상이한 고객 그룹별로 알림을 보내기 위한 가장 좋은 시간을 예측할 수 있다. 재보충 타이밍은 업체가 수동으로 설정하는 방식, 모든 고객의 평균 재보충 주기를 살펴보는 '대중의 지혜' 방식, 또는 개별적으로 과거의 재보충 주기를 살펴보는 방식 등 세 가지 방식을 조합하여 설정할 수 있다. 수동 방식 및 대중의 지혜 방식은 좋은 근사값이기는 하지만 고객마다 각기 다른 속도로 제품을 사용할 수 있기 때문에 개별 고객 차원의 데이터를 대체할 수는 없다. 예를 들어 특정한 샴푸를 구매하는 뷰티 살롱은 매주 다시 리필해야 할 수도 있지만 일반 소비자는 같은 품목에 대해 3개월마다 리필만 하면 된다. 따라서 가장 성공적인 전략은 가능하다면 개별 고객 데이터를 사용하는 것이며, 그렇지 못하다면 '대중의 지혜'에 의지하는 것이고, 마지막이 회사가 논리적 추측을 하여 수동으로 입력하는 것이다.

한 국제적인 구두 유통업체는 자사의 최고 판매 제품에 대한 재보충 마케팅을 테스트했다. 언뜻 재보충이라고 하면 신발보다 소모품에 더 잘 어울린다. 그러나 신발은 마모 기간이 상당히 예측가능하며 충성 고객이 해당 브랜드를 다시 구매하도록 설득할 수 있다. 그러한 "신발 재보충 마케팅"에서 이 회사는 정확히 18개월 전에 자사 제품을 구매한 고객들, 그리고 무작위 통제 그룹을 대상으로 신발을 추천했다. 재구매 이메일의 개봉율은 테스트 그룹에서 5% 포인트 더 높았고, 이메일 당 웹사이트 방문율은 15% 더 높았으며 방문당 제품 조회수는 19% 더 높았다. 재보충 이메일 마케팅은 이 회사가 상향판매 기회를 창출하고 관련성 있는 콘텐츠로 고객을 재활성화하는 데 매우 효과적이라는 것이 증명되었다. 이 회사는 또한 자녀를 위해 신발을 구매한 부모들 즉 자녀가 성장함에 따라 새로운 신발을 자주 구입해야 하는 특정 세그먼트에 대해서도 성공적인 마케팅 캠페인을 진행했다.

신제품 소개

기업이 새로운 제품을 출시하거나 새로운 기능을 추가할 때 이 신제품이나 기능에 대해서 기존고객기반을 상대로 광고하는 것을 잊어버리는 경우가 종종 있다. 마케팅 담당자는 고객 세분화 및 예측 알고리즘을 사용하여 기존고객들 중 누가 틈새 제품이나 기능 소개에 더 많은 관심을 가질 것인지 예측할 수 있다. 그 어떤 것도 신제품 출시보다 구매 동기를 더 자극하는 것은 없다.

이월 상품이나 재고 상품을 프로모션하는 경우에도 같은 전략을 사용할 수 있다. 인기 있는 드레스가 다른 사이즈는 다 팔리고 6과 12 사이즈만 남았다고 가정해보자. 데이터베이스에 있는 전체 고객을 대상으로 이 제품에 대한 프로모션을 발송할 필요는 없다. 그러나 해당 드레스에 관심이 있고 6 또는 12 사이즈를 착용하는 소비자를 정확히 찾아낼 수 있다면 매우 관련성 있고 강력한 마케팅 캠페인을 펼칠 수 있다.

뉴욕에 기반을 둔 한 출판사는 더 나은 타깃팅을 적용한 신간 출시 뉴스레터를 발송해 판매를 개선하고자 했다. 이 회사가 사용한 원래의 세분화 방식은 고객이 뉴스레터 신청시 표시한 선호 장르에 기반한 것이었다. 회사는 뉴스레터 가입자의 실제 구매 및 열람 행동을 기반으로 동적인 군집들을 만들었다. 소비자가 관심을 갖고 있다고 '말하는' 것(즉 선호도)과 그들이 자신의 행동을 통해 관심을 '보이는' 것(즉 군집) 중 어느 것이 더 정확할까. 군집을 기반으로 어떤 장르 출판물에 관한 뉴스레터를 누구에게 보낼지 결정하는 것이 소비자가 스스로 언급한 선호에 기반하여 발송하는 것보다 열어볼 확률은 2배, 클릭률은 4배, 전환율은 7배 더 높았다. 결론적으로 사람들이 하는 '행동'을 관찰하는 것은 사람들이 하는 '말'을 관찰하는 것만큼, 또는 그 이상으로 중요하다.

고객 사은 캠페인

우리는 최우수고객들을 잊어버리기 쉽다. 이 최우수고객들은 매출의 상당 부분 그리고 이익의 거의 대부분을 창출해준다. 우리는 평균적으로 매출의 60% 이상과 이익의 90% 이상이 고객의 약 20%에서 나오는 것을 보아왔다. 우리는 최우수고객들에게만 집중하는 선진적인 CMO를 여러 명 보았다. 이러한 고객은 회사의 생명줄이다. 높은 가치의 고객에게 보상을 제공하기 위해 할 수 있는 일은 많다. 이러한 보상이 항상 돈을 필요로 하는 것은 아니다. 예를 들어, 높은 가치의 고객에게 새 컬렉션을 미리 보여주거나 본사 투어를 위해 초청할 수도 있다. 마찬가지로 CEO는 개인 이메일, 전화통화, 필기 메모를 사용하여 이들 고객에 대한 존중을 표현할 수도 있고 VIP 고객에게 특별고객 서비스 전화번호 또는 매장 내의 특별고객 서비스 섹션을 사용할 수 있는 권한을 부여할 수도 있다.

명절에 고객에게 기념품을 선물하여 그들을 공식적으로 대우하는 것도 현명한 방법이다. 우리 고객기업 중 한 곳은 유명한 가수를 초빙하여 콘서트를 개최하는 회사 행사를 가졌다. 그들은 자신들의 플래티넘 고객들을 이 행사에 초대했다. 이 행사는 비공개 행사였고 고객들은 돈으로 살 수 없는 놀라운 혜택을 받게 되었다. 그들은 온라인 포럼에서 이에 대해 즐겁게 이야기했고 다른 고객들이 해당 브랜드의 충성고객이 되도록 고무했다.

가치있는 고객에게 보상을 제공하기 전에 먼저 고객을 깊이 이해해야 한다. 가치있는 고객이라고 해서 모두 평등한 건 아니다. 고객은 다음과 같은 네 가지 상이한 방식으로 충성도를 보여준다.

1. 고객이 오랜 '시간' 동안 당신과 거래해오고 있다.
2. 고객이 당신의 브랜드에 많은 돈을 '지출'한다.
3. 고객이 '다양'한 카테고리의 제품을 구입한다.
4. 고객이 친구나 동료에게 '추천'하거나 영향을 준다.

이러한 고객들은 모두 가치가 있지만, 각자 다른 방식으로 브랜드에 충성하며 각각에 대해서 다른 프로그램을 적용해야 한다. 마찬가지로, 한 아웃도어 용품 및 의류 유통업체는 가장 가치있는 고객을 더 잘 이해하고자 소프트웨어 알고리즘을 사용하여 사람들이 잘 알아차리 못하는, 서로 다른 유형의 가치있는 쇼핑 패턴들을 찾아냈다. 이 회사는 높은 가치를 지닌, 그러나 서로 매우 다르게 행동하는 4개의 페르소나를 식별했다.

1. **되돌아오지 않는 대량 구매자:** 이 그룹에 속한 고객들은 딱 한 번 대량 구매를 했지만 이러한 첫 구매 이후로 다시는 되돌아오지 않았다. 이 그룹은 성인 용 겉옷뿐만 아니라 텐트나 유모차와 같은 고가의 물품을 좋아한다. 그들 은 고급 브랜드를 구입하고 뉴욕, 캘리포니아, 뉴저지와 같은 부유한 주에 서 살고 있다. 크리스마스나 기념일 같은 북적대는 쇼핑 기간에 벤더의 웹 사이트에 소개된 광고를 통해 유입되는 경우가 많다.

2. **보상 중독자:** 가치있는 고객의 두 번째 그룹은 평균 주문액이 상당히 크지만 대량 구매자 그룹만큼 크지는 않다. 그러나 이 그룹은 훨씬 더 자주, 시계 추처럼 거의 정확하게 2개월에 한 번씩 구매한다. 이 고객들은 많은 매출 을 올려주지만 보상 포인트를 많이 사용하고 반품을 주저하지 않으며 재고 정리 세일 중에 물품을 자주 구입하기 때문에 마진이 낮다. 이 고객들은 주 로 이 회사의 웹사이트에서 구매하며, 젊고(30~40세) 남성 위주이며 인구 가 적은 주에 거주하는 경향이 있다. 이 고객들은 겉옷, 침낭, 텐트 및 등 산장비 등을 구입한다.

3. **보수적 고객:** 이들은 주로 오프라인 상점에서 구입하고 주말에 쇼핑하러 오 며 종종 재고정리 세일 때 물건을 구입한다. 보수적 구매자들은 신발류 카 테고리와 친분이 있다. 다른 가치있는 세그먼트들과 비교할 때 그들은 다 양한 브랜드의 제품을 좋아하고, 대부분은 매장 근처에 산다. 보수적 고객 은 12월에 클릭당 지불 광고 캠페인을 통해 처음으로 획득되는 경우가 많 다.

4. **타락 천사:** 가치있는 고객의 마지막 세그먼트는 "타락 천사"라고 불린다. 이 그룹의 고객은 일반적으로 처음 두 달 동안 3건 이상의 구매, 그리고 회사 고객들의 평균 구매액보다 거의 두 배나 큰 평균 구매액으로 마케터들을 놀라게 하면서 시작한다. 그러나 이 고객들은 종종 수개월 후 구매를 중단

하며 반품 의향이 더 높다.

일단 가치있는 고객의 다양한 유형을 이해하고 나면 이러한 세그먼트들이 계속 참여하도록 캠페인을 설계할 수 있다. 보수적 고객 세그먼트의 경우 당신은 VIP 고객들이 좋아할 만한 새 신발 모델에 대해 알려주는 포스트 카드 또는 전화를 그들에게 보내는 고객 캠페인에 투자할 수 있다. '되돌아오지 않는 대량 구매자' 세그먼트의 경우 그들이 구매한 텐트나 유모차에 부착할 수 있는 것(예: 산책이나 캠핑할 때 휴대할 수 있는 고품질의 물병)을 크리스마스 선물로 보낼 수 있다.

예측분석 시대의 고객 충성도 제고 프로그램

고객 충성도 제고 프로그램은 고객이 당신의 브랜드를 지지하고 추천하는 충성도 높은 홍보대사가 되도록 설계된다. 소비자 제품 마케터는 고객들의 충성도가 지속적으로 향상되도록 오래 전부터 고객 충성도 제고 프로그램을 사용해왔다.

선진적인 유통업체들이 "고객 식별 도구"가 있어야만 개별 고객을 인식하여 자신들이 원하는 고객 행위에 대해서 보상을 제공할 수 있다는 점을 인식하기 시작하면서 유통업체들의 고객 충성도 제고 프로그램이 발전했다. 충성도 제고 프로그램에는 많은 목적이 있지만 유통업체들에게 가장 큰 가치는 개별 고객을 식별하고 개별 행위를 측정 및 이해하는 능력을 갖게 해준다는 점이다. 소비자 행위 데이터는 소비자가 특정 매장에서 쇼핑할 때 그에게 제공하는 보상의 금전적 가치보다 훨씬 크다. 이러한 가치는 종종 과소평가 된다.

1장과 3장에서 다룬 의류업체 마비는 초기 성공에 힘입어 고객 충성도 제고 프로그램를 보강하는 데에도 예측분석을 적용했다. 마비는 2008년에 멤버십 카드를 도입했다. 현재 매출의 85%가 이 고객 충성도 제고 프로그램을 통해 발생하고 있으며 매장에서 구입한 모든 제품의 90% 이상에 대해서 그것을 구매한 사람이 누구인지 추적할 수 있다. 이것은 고객들을 완벽하게 파악할 수 있도록 해주기 때문에 매우 중요하다. 마비는 충성도 포인트를 사용하여 고객의 최초 구매시 평균 금액를 높이기로 결정했다. 예를 들어, 평균 100달러를 소비하는 고객에게는 "150달러를 지출하면 추가 포인트를 얻습니다"는 메시지가 표시된다. 보통 300달러를 지출하는 다른 그룹에게는 "400달러를 지출하면 추가 포인트를 얻습니다"라고 말한다. 이러한 프로그램은 최초 구매의 가치를 늘려주었을 뿐만 아니라 반복적인 방문도 늘려주었다. 고객은 이제 돈 대신 쓸 수 있는 포인트를 얻었기에 이를 쓰기 위해서 두 번째 방문을 할 것이다. 종종 그들은 자신들이 쓰려고 한 포인트보다 더 많은 돈을 쓰게 된다. 이 프로그램의 결과로 고객당 평균 방문 횟수가 1.2회에서 2.1회로 증가했다. 이 프로그램은 너무 성공적이어서 이 회사는 이제 가격할인 예산의 절반을 이 카드 프로그램에 배정하고 있다.

최근에 고객 충성도 제고 프로그램은 몇년 전만 해도 불가능했던 방식으로 부활하고 있다. 첫째, 소비자가 공식적인 고객 충성도 제고 프로그램에 가입하지 않더라도 온라인 구매 및 행위를 추적할 수 있게 되었다. 자포스는 이제 VIP 고객을 자동으로 인식하고 웹사이트에서 환영인사를 내보낸다. 이제는 해당 고객이 VIP 그룹에 속한다는 것을 시스템이 인식할 때까지 해당 고객이 웹사이트에서 많은 시간을 보내도록 기다릴 필요조차 없다. 빅데이터 및 예측분석 덕분에 이제는 고객이 미래에 VIP가 '될 것'임을 암시하는 행위를 파악하고 그에게 첫날부터 특별대우를 제공할 수 있다. 공식 프로그램에 등록하지 않아도 매장에서 구매자를 식별할 수 있도록 하기 위해 유통업체는 전자영수증, 뉴스레터 가입 또는 무료 와이파이를 사용하여 구매자 정보를 확보하고 그것을 이용하여 매장에서 구매자를 식별하기 시작하였다.

둘째, 획일적인 고객 충성도 제고 프로그램의 시대가 빠르게 끝나고 있다. 모든 고객에게 동일한 인센티브를 제공하는 대신 개인별로 할인 제안을 맞춤 설정할 수 있게 되었다. 마비의 사례에서 알 수 있듯이, 최고의 고객 충성도 제고 프로그램은 특정한 고객으로 하여금 특정한 행위를 하도록 고안된다.

셋째, 고객 충성도 제고 프로그램은 역사적으로 상품이나 서비스 구매에 대해서 보상하는 데 초점을 맞추어왔지만 이제 마케터들은 판매로 이어질 것으로 예상되는 행위에 대해서 보상하는 쪽으로 바뀌고 있다. 예를 들어, 온라인 반짝 세일 사이트인 길트^{Gilt}는 웹사이트를 탐색하거나 친구를 추천하거나 페이스북 타임라인에 가서 글을 남기는 고객에게 보상으로 포인트를 지급하는데, 이는 더 많은 탐색이 거의 항상 더 많은 구매로 이어지는 것을 발견했기 때문이다(출처: Gilt.com 웹사이트의 인사이더 프로그램^{Insider Program}). 어떤 면에서 고객 충성도는 고객 참여에 영향을 미치고 고객 참여로부터 영향을 받는다. 참여하는 고객이 많아지면 충성도가 높은 고객도 많아진다는 것은 분명하다.

창의적이고 현대적인 고객 충성도 제고 프로그램의 예로는 신규 및 중고 게임 콘솔과 소프트웨어를 판매하며 모바일 장치로도 사업을 확장하고 있는 회사인 게임스톱^{GameStop}의 파워업 리워드^{PowerUp Rewards™} 프로그램이 있다. 파워업 리워드 회원에게는 "포인트"가 아닌 다른 형식의 특전이 많이 제공된다. 예를 들면 중고상품 판촉 및 교환 프로그램, 자정^{midnight} 출시 독점 할인, 가전제품 스페셜, 게임과 관련된 모든 것의 최고가 되고자 하는 회사의 입지를 공고히 하기 위한 멋진 경품과 같은 것들이다. 또 회원이 게임스톱으로부터 구매를 하면 매달 '에픽 리워드 경품^{Epic Reward Giveaways™}' 행사에 자동으로 등록된다. 에픽 리워드 경품 행사는 게임스톱이 게임 퍼블리셔 및 기타 엔터테인먼트 파트너와의 강력한 관계를 기반으로 제공하는 독특하고 흥미진진한 경험이다. 게임스톱은 라스베이거스에서 개최된 제2회 게임스톱 엑스포GameStop Expo에서 5,000명의 파워업 리워드 회원을 초대했다. 비디오 게임의 흥분과 혁신으로 가득 찬 5,000평이 넘는 공간에서 고객들은 새로운 마이크로소프트 엑스박스 원Microsoft Xbox One 및 소니 플레이스테이션4Sony PlayStation4 콘솔이 출시되기도 전에 미리 그 기능을 경험할 수 있었고 가장 인기있는 새로운 비디오 게임들을 즐기면서 멋진 경품을 얻었으며 최고의 비디오 게임 퍼블리셔 및 다른 유명 인사들을 만났다.

시행한 지 3년 만에 파워업 리워드 프로그램은 2,700만 명의 회원을 가지게 되었으며 그 중 약 700만 명은 유료회원이었다. 프로그램의 유료회원에게는 『게임 인포머Game Informer』 잡지 구독권, 매장에서 중고상품 구입시 추가 할인, 중고제품 매입시 추가 크레딧이 주어졌다. 『게임 인포머』의 디지털 에디션은 전 세계 15개국에서 300만 명이 넘는 가입자를 확보하여 세계 최대 디지털 잡지가 되었다. 이 프로그램은 게임스톱에게 매우 성공적이었다. 파워업 리워드 회원은 비회원보다 약 5배 더 자주 게임스톱에서 쇼핑을 하였으며 2013년 이 회사의 미국내 총 판매액의 71%를 차지했다. 또한 게임스톱은 이 프로그램을 통해 수집한 소비자 데이터를 통해 매장 입지 선택, 마케팅 프로그램, 게임 제품의 효율적인 매입 결정 등 많은 전략적 의사결정에 필요한 정보를 얻었다(출처: 게임스톱 2013년 연간실적 보고서).

옴니 채널 마케팅에 대하여

점점 많은 고객이 여러 채널을 사용하여 브랜드에 참여하고 있으며 많은 쇼핑객들은 살아가면서 한 채널에서 다른 채널로 이동하여 다채널 구매자가 된다. 온라인에서 처음 구매한 쇼핑객 중 적어도 28%는 시간이 지남에 따라 오프라인 매장에서 구매하기도 하고 오프라인 매장에서 구매를 시작하는 사람들 중 22%는 온라인으로 옮겨와서 구매한다. 대부분의 마케터가 매장 구매자를 파악하는 데 여전히 어려움을 겪기 때문에 이 비율은 과소평가되어 있을 가능성이 있다. 옴니 채널을 통한 고객 행위는 마케터에게 있어서 특별한 도전이자 기회이다. 3장에서 설명한 것처럼 도전과제는 완전한 고객 프로파일을 만드는 것이다. 이로부터 얻을 수 있는 기회는 고객 데이터를 사용하여 매장 내 고객을 온라인으로, 온라인 쇼핑객을 매장으로 이동하게 할 수 있다는 것이다. 또한 고객의 평생가치를 예측할 때 다른 모든 변수가 동일하다면 고객이 사용하는 채널의 수는 항상 매우 중요한 예측변수이다.

다양한 채널이 각기 차지하는 역할이 항상 명확하지는 않다. 게임스톱의 예를 다시 살펴보자. (컴스코어 데이터$^{ComScore\ Data}$에 근거하여) 상위 25개 유통업체 중 하나로 선정된 GameStop.com은 매월 900만 명 이상의 순 방문자에게 가상 매장을 제공한다. 이 회사는 처음에는 웹사이트를 직접적인 전자상거래 및 매출원으로 간주했다. 그러나 매장 내에서 구매하는 구매자들 중 60%가 매장에서 구매하기 전에 게임스톱의 웹 또는 모바일 사이트를 방문했으며, 웹 및 모바일 채널에서 온라인 매출로 얻게 된 1달러마다 오프라인 매장에서 그 10배만큼의 영향력을 미친다는 것을 알게 되었다. 이 회사는 또한 고객 충성도를 이끌어내는 혁신적인 옴니 채널 고객경험 프로그램을 시작했다. 게임스톱 매장 내 웹주문$^{web-in-store}$ 서비스는 고객이 매장에서 원하는 제품을 온라인으로 주문하고 무료로 고객의 집으로 직접 배송하도록 선택할 수 있게 함으로써 어떤 제품이든 재고가 없어 못하는 경우가 없도록 하였다. 또한 고객은 픽업앳스토어$^{Pick-up@Store}$ 서비스를 통해 게임, 시스템, 액세서리를 온라인에서 쇼핑하고 지역 매장에서 수령할 수 있다(출처: 게임스톱 2013

연간실적 보고서).

　고객의 실제 주소가 데이터베이스에 있는 경우 다이렉트 메일, 이메일, 웹, 소셜 캠페인을 사용하여 온라인 및 오프라인의 모든 고객들에게 신규 매장 개점, 매장 내 이벤트 또는 매장 내 프로모션 등을 알릴 수 있다. 유기농 화장품 브랜드인 '100% 퓨어' 100% Pure는 2005년 온라인 전용 스토어로 설립된 이후 3개 주의 12개 점포로 빠르게 확장하는 과정에서 이 전략을 성공적으로 사용했다. 작년에 이 회사는 700만 개 이상의 제품을 판매했다. 100% 퓨어의 마케팅팀은 규모가 작다. 이 회사는 여러 채널을 통해서 고객과 상호작용하는데 그중 웹 판매가 전체 비즈니스의 거의 절반을 차지한다.

　100% 퓨어는 여러 채널에 걸쳐서 브랜드를 홍보하기 위해 예측마케팅을 사용했다. 100% 퓨어는 온라인 스토어의 고객 데이터를 사용하여 미국의 모든 지역을 분석한 후 대부분의 고객이 어디에 위치해 있는지 확인했다. 대부분의 고객은 캘리포니아, 그 다음으로 뉴욕, 플로리다, 텍사스에 위치하고 있다는 것을 발견했다. 이는 회사가 다음 7개 매장을 어디에 개설할 것인지 결정하는 데 도움이 되었다.

　일단 새로운 매장을 열면 온라인 고객을 매장으로 끌어들이는 방법이 필요했다. 예측분석 모델을 사용하여 기존고객들 중 다이렉트 메일로 구매할 가능성이 높은 사람들을 타깃팅하여 이들이 가장 가까운 매장으로 가도록 유도했다. 이로 인해 수익은 163%가 상승했다. 한 매장을 개설할 때 이 회사는 매장의 반경 50마일 이내에 살고 있는, 구매 성향이 높고 평생가치가 높다고 판단한 고객들을 선별하여 초청장을 보냈다. 그런 다음 개장 2일 전에는 해당 고객들에게 리마인드 이메일을 보냈다. 그러자 이 매장의 판매는 평균 일일 판매량의 7배로 늘어났다.

　100% 퓨어가 예측마케팅을 통해 거둔 가장 큰 성공사례 중 하나는 베스트

셀러 상품인 원두커피 아이스크림에 대한 캠페인이었다. 이 제품은 60일 주기로 공급해야 하는 상품이기 때문에 이 회사는 애질원의 서비스를 이용하여 구매후 45일째 되는 날 고객이 온라인 또는 매장에서 제품을 재구매하도록 유도하는 이메일을 보냈다. 이를 통해서 이 회사의 평균 매출은 200% 향상되었다.

13장

실행전략 9
더 많은 고객 유지를 위해
예측 프로그램을 실행하라

이 장에서는 고객의 충성도 및 이탈에 대한 정의를 자세히 살펴보고 고객 사은 캠페인, 선제적 및 사후적인 고객이탈 관리, 고객 재활성화 캠페인을 비롯한 몇 가지 고객 유지 전략에 대해 다룰 것이다.

고객 유지율 이해하기

고객 유지율은 측정기간 동안 유지한 고객의 비율로 정의된다. 고객 유지를 측정하는 방법에는 적어도 두 가지가 있다. 즉 고객의 유지율에 초점을 둘 수도 있고 금전적 가치의 유지율에 초점을 둘 수도 있다. 우리는 금전적 가치의 유지에 중점을 둘 것을 권한다. 이렇게 해야 고객 수 차원에서는 유지 지표 달성수준이 훌륭함에도 불구하고 사업성과는 좋지 않은 상황을 피할 수 있다. 이를 실행하는 방법은 8장에서 설명한 대로 고객이 소속되어 있는 가치 세그먼트별로 고객 유지율을 파악하는 것이다.

역고객이탈negative churn의 개념

역고객이탈은 다른 고객들이 당신의 제품이나 서비스에 대한 구매를 중단하는 비율보다 더 빠른 비율로 기존고객으로부터 수익을 증가시킨다는 개념이다. 고객이 제품 구매를 중단하여 더이상 고객으로 간주될 수 없는 경우 이렇게 손실된 수익을 신규고객으로부터의 매출로 대체하기 위해서 신규고객의 획득에만 초점을 맞추어야 한다고 생각하기 쉽다. 그러나 이러한 접근방식은 전체 그림을 고려하지 않은 것이다. 당신이 실제로 주목해야 하는 것은 당신이 잃거나 얻는 고객의 수보다 당신의 비즈니스에서 줄어들거나 늘어나는 모든 매출의 총가치이다. 어떤 기존고객들은 더 많은 제품을 구입하고 더 많은 서비스를 사용하기 때문에 더 많은 매출로 이어질 수 있다. 이는 잃어버린 고객의 매출 손실액보다 많아서 오히려 전체 매출을 더 높일 수 있다.

역고객이탈의 개념을 이해하려면 줄어드는 고객의 수를 세는 것이 아니라 줄어드는 금액의 양을 세어야 한다. 일부 고객(그리고 이들로부터 발생하는 수익금)은 잃어버릴 수 있지만, 비즈니스를 잘 하면 충성도가 더 높은 다른 고객들로부터 동일한 또는 더 많은 수익을 창출할 수 있다.

예를 들어 고객이 이탈하거나 계약 종료후 재연장하지 않음으로 인해서 100달러를 잃었을 때 같은 기간 동안 추가 매출(상향 판매, 교차 판매, 추가 사용량 등)을 통해 150달러를 얻은 경우, 당신에게는 50달러의 (순) '역' 고객이탈이 발생한다. 고객 숫자라는 관점에서는 (하지만 여전히 매출액을 고려하면) 100명의 고객 중 (총) 10명을 잃더라도 아직 남아 있는 90명의 고객에게 상향 판매, 교차 판매, 추가 사용을 하도록 할 수 있다. 따라서 원래의 100명보다 현재의 90명으로부터 더 많은 수익을 창출할 수 있다면 당신은 역고객이탈률을 얻게 된다.

회사가 몇백 만 달러의 매출을 올리는 성장 초기 단계에 있을 때는 고객이탈이 큰 관심사일 필요는 없다. 고객으로부터의 매출을 새로운 고객을 통해서 대체하는 것은 쉬워 보인다. 그러나 매출 총액이 늘어남에 따라 이탈로 인해서 소실된 매출을 대체하는 것은 종종 새로운 고객으로부터 수천만 달러를 창출해야 한다는 것을 의미한다. 고객 유지에 일찍 집중하고 역고객이탈을 달성함으로써 얻게 되는 이점(소실된 매출액보다 상향 판매 금액이 큰 경우)은 마치 퇴직연금 저축처럼 기존고객으로부터의 매출이 시간이 지남에 따라 복리로 증가한다는 것이다.

비즈니스 모델 이해하기

일부 산업은 본질적으로 다른 산업들보다 고객 유지율이 높다. 유통업에서는 고객 유지율이 매우 낮아서 일반적으로 30% 미만이다. 자동차의 경우 구매자 중 2번 연속으로 동일한 자동차를 구매하는 경우는 40% 미만이다. 비즈니스 소프트웨어 또는 은행 업무와 같이 고객과 회사 간의 관계가 복잡한 산업에서는 고객 유지율이 90%를 훨씬 상회할 수 있다. 고객 충성도와 고객평생가치를 높이기 위해 유통업계가 얼리어답터로 예측마케팅을 사용한 것은 놀랄 일이 아니다.

도표 13.1은 서로 다른 비즈니스 모델에 의해 생성된 여러 마케팅 환경을

간략히 보여준다. 이러한 마케팅 환경은 제품, 공급망, 판매 모델, 고객 의사 결정 주기 등 고유한 특성으로 인해 고객관리 정책에 대한 요구사항이 각기 다르다. 예를 들어 반복 구매 및 재보충 구매 캠페인은 제품 수명이 짧거나 제품 교체주기가 짧은 제품인 경우 훨씬 더 중요하다.

비즈니스 유형	전형적 산업	SKU 개수	SKU 대체 주기	제품 사용 수명	마진
유행	전자 제품, 의류	많음(1,000+)	단기	중간(1–3년)	다양(10%–60%)
재보충/버전업	식품, 약품, 화장품, 소비자 패키지 상품	적음–중간 (50–2,000)	중간	단기 (6년 미만)	높음(35%–65%)
신중 구매	백색 가전, 자동차	적음(10–50)	중간	매우 장기 (5년 초과)	낮음–중간 (15%–35%)
회원 가입	회원가입제 소비자 서비스, 홈 서비스	매우 적음 (10개 미만)	적음	중간	높음
기본	도서, 전자 공구	중간	적음	중간	낮음

도표 13.1 여러가지 비즈니스 모델

모든 고객이탈이 다 동등한 건 아니다

고객 유지율을 측정할 때 모든 고객 이탈이 다 동등한 건 아니라는 점을 인식하는 것이 중요하다. 예를 들어 이미 충성도가 입증되었고 다시 한 번 당신과 거래하기 위해 돌아온 고객과 비교할 때 신규고객의 이탈률은 항상 더 높다. 이러한 차이점을 이해하는 것이 중요하다. 예를 들어보자. 당신은 골프기어GolfGear라는 가상의 골프 코스의 마케팅 책임자이다. CEO는 업계 보고서를 읽고 당신에게 데이터를 보여주었다. 경쟁업체의 고객이탈률은 5%인 데 반해 골프기어의 고객이탈률은 15%이다. 그는 비록 골프기어의 성장률은 만족스럽지만 고객 유지율은 실망스럽다고 덧붙였다.

이것은 겉보기에는 타당한 말이지만, 현실에서는 더 미묘한 차이가 있을 수 있다. 골프기어의 고객 유지율은 업계 평균과 정확히 일치한다. 그러나, 골프기어가 너무나 빨리 성장하기 때문에, 최근에 새로 고객이 된 사람들이 고객 모집단에서 상당한 비중을 차지한다. 신규고객의 이탈률은 단골 고객보다 훨씬 높기 때문에 골프기어의 고객 총 유지율은 낮게 나타난다(도표 13.2 참조).

	골프기어			경쟁사		
고객 기간	비중 (%)	이탈률 (%)	고객 기간	비중 (%)	이탈률 (%)
0–4개월	30%	30%	0–4개월	5%	30%
5–12개월	25%	10%	5–12개월	10%	10%
1–2년	40%	5%	1–2년	50%	5%
3년 이상	5%	2%	3년 이상	35%	2%

도표 13.2 골프기어 고객 이탈률의 세부 내용

좀더 깊게 파고들어가 보자. 고객이 떠나가고 있다고 할 때 도대체 누가 떠나가고 있는 것인가? 모든 이탈이 다 똑같이 나쁜 것은 아니다. 모든 브랜드마다 수익성이 없는 고객들이 있기 마련이다. 수익성이 낮은 고객 한 명이 떠나가는 것은 최우수 고객 한 명이 떠나가는 것만큼 나쁘지는 않다. 한 대형

그림 13.3 고객수는 감소, 평균 구매액은 증가

유통업체를 예로 들어보자. 이 유통업체는 활동적인 고객의 수가 줄어들고 있고 매출도 감소하고 있다(그림 13.3 참조).

이러한 감소의 근본 원인을 제대로 이해하기 위해 이 유통업체는 고객가치 세그먼트별로 고객 이탈률을 조사하기로 하였다(그림 13.4 참조). 조사 결과 고객 이탈률은 22%였지만 이 유통업체는 평생가치가 낮은 고객들이 떠나가고 있는 것으로 나타났다. 이탈률은 1천 달러 미만을 지출하는 고객들이 34%로 가장 높았다. 1천 달러~1만 달러를 지출하는 고객들의 경우 이탈률이 15%로 상당히 낮았다. 1만 달러~5만 달러를 지출하는 중대형 고객들은 고객기반이 상당이 안정적이었으며 1%의 작은 하락만이 있었다. 그런데 이 유통업

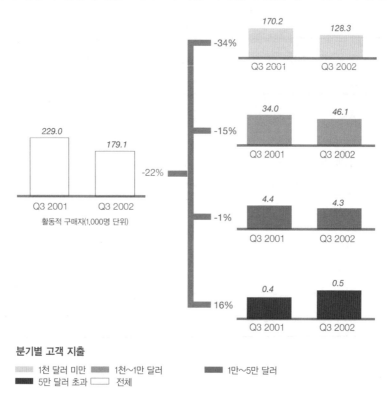

그림 13.4 높은 가치의 고객이 아니라 낮은 가치의 고객이 감소하고 있다

체는 가장 낮은 가치의 세그먼트보다 50배 이상 더 가치가 큰, 5만 달러 이상 소비하는 대형 고객을 16%나 더 많이 끌어들이는 데 성공했다. 결과적으로 이 유통업체는 활동중인 고객 수가 감소하고 매출이 감소하고 있음에도 불구하고 수익성을 높일 수 있다.

가치의 감소 또한 고객 이탈과 같다

8장에서 요약했듯이 실제로 고객을 잃지 않고도 돈을 잃을 수 있다. 이탈의 가장 간과된 측면은 가치 감소이다. 가치 감소는 고객이 전년도에 비해 그 해에 당신 회사에 더 적은 돈을 지출할 때 발생한다.

한 개인 고객 대상 은행의 예를 들어보자. 이 은행은 매년 고객 증가와 고객 이탈을 측정하였는데 안정적으로 각기 5%의 성장률과 4.1%의 이탈률을 보이고 있는 것으로 나타났다. 그러나 이 은행은 상당한 매출액 감소를 경험했다. 200만 명의 고객이 해당 은행에 보유하고 있는 평균 잔액은 매년 2%씩 감소하고 있는 것으로 나타났다.

이 은행의 경영진은 처음에는 마케팅 팀에게 고객 이탈을 개선하는 데 집중하도록 압력을 가했다. 그러나 간단한 수익성 분석을 해보니 은행 잔고의 감소라는 형태로 나타나는 가치의 감소가 고객 이탈보다 훨씬 더 큰 부정적 영향을 미치고 있다는 것을 발견했다. 실제로 가치 감소로 인한 매출액 손실은 계좌 감소로 인한 매출액 손실보다 3배나 더 컸다. 일단 매출액 감소의 원인을 이해하게 되자 이 은행은 상황을 역전시킬 조치를 취할 수 있었다. 그들은 계좌 감소보다는 가치 감소에 맞서는 데 초점을 맞추었으며 가치가 감소하는 세그먼트의 행동을 모니터링하기 위해 별도의 고객 세그먼트를 만들었다.

고객이탈 관리 프로그램

고객이탈 관리 프로그램은 모든 고객에게 동등하게 적용하는 획일적인 것일 수도 있고 특정 고객에게 타깃팅된 것일 수도 있다. 고객이탈 관리는 선제적 또는 대응적일 수도 있다. 타깃이 설정되지 않은 고객이탈 관리는 서비스 또는 제품의 품질을 전반적으로 개선하거나 대중 광고 캠페인을 통해서 수행할 수 있다. 타깃팅된 고객이탈 관리 프로그램은 고객의 서비스 해지에 반응하는 것처럼 사후 대응적일 수도 있고 이탈 위험이 있는 고객에 대한 예측을 기반으로 선제적일 수도 있다(그림 13.5 참조). 선제적인 고객이탈 관리의 또다른 이름은 고객유지 관리이다.

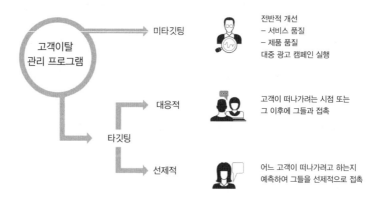

그림 13.5 고객이탈 관리 프로그램 개요

대응적 고객이탈 관리의 장점은 실제로 이탈한 고객에 대해서만 비용을 지출한다는 것이다. 단점은 시점이 너무 늦을 수도 있다는 것이다. 선제적인 고객이탈 관리의 장점은 고객이 최종 결정을 내리기 '전에' 고객과 소통하기 때문에 더 많은 고객을 보존할 수 있다는 것이다. 단점은 고객이 항상 대가를 바라도록 길들여질 수 있다는 것이다.

선제적 고객유지 관리

고객이 이탈하지 않도록 예방하는 것은 마지막 순간에 고객을 붙잡는 것 또는 이미 고객과 쇼핑을 중단한 후에 해당 고객을 다시 활성화하는 것보다 훨씬 쉽고 저렴하며 효과적이다.

센트럴데스크톱Central Desktop이라는 온라인 서비스 회사는 사람들이 웹 기반의 공동작업 플랫폼을 통해 과거에는 상상도 못했던 방식으로 함께 작업할 수 있도록 도와준다. 문제는 서비스 사용 상황에 대한 데이터가 서로 다른 시스템에 저장되기 때문에 소프트웨어를 충분히 사용하지 않는 고객을 식별하기가 어려웠다. 센트럴데스크톱의 서비스 팀은 이탈 위험이 있는 고객에게 선제적으로 접근하기 위해서 한 번에 수천 개의 계정을 조기에 파악해야 했다. 서비스 담당 부사장인 마크 포드햄Mark Fordham과 커뮤니티 및 운영 관리자인 케이티 개스톤Katie Gaston은 고객 인사이드의 발견과 부서 차원의 미래 지향적 사고력 향상을 위한 기술을 구현하는 프로젝트의 책임을 맡았다. 첫째, 그들은 이탈 위험이 있는 계정을 파악할 수 있는 핵심 지표를 정확하게 끄집어냈다. 예를 들어 센트럴데스크톱의 많은 기능들 중에서 고객의 "견고함"stickiness과 유지 가능성을 나타내는 5가지 핵심 기능을 발견했다. 이 5가지 핵심 기능 중 2가지를 사용하는 고객은 이러한 기능들을 하나도 사용하지 않는 고객보다 40% 더 높은 유지율을 나타냈다. 그후 센트럴데스크톱은 처음부터 모든 고객에게 이러한 특정한 제품 기능들을 선제적으로 홍보하여 고객 유지 기간을 늘렸다. 또한 이제 센트럴데스크톱은 협업 도구의 기능을 충분히 사용하지 않는 특정한 사용자들에게 고도로 타깃팅되고 개인화된 이메일을 보낼 수 있게 되었다.

결론적으로 선제적인 고객 접촉과 결합된 예측분석은 센트럴데스크톱을 성공으로 이끈 전략임이 입증되었다. 전체 이탈률은 불과 1년여 만에 '10% 포인트'가 하락했다. 예측 모델은 미래의 구매 가능성이 낮은 고객 및 구매 담당자^{contacts}를 찾아낼 수 있다. 또한 예측 모델은 이 회사의 시스템을 남용하는 고객도 표시할 수 있다. 고객을 그냥 떠나가게 내버려두는 대신 예방적인 접촉 캠페인을 활용하여 이탈 위험이 있는 고객에 대한 조치를 취할 수 있다. 소비자 마케팅에서 이는 간단한 리마인드, 맞춤식 추천, 가격할인, 선물, 곧 있을 세일이나 이벤트에 대한 초대와 같이 관련성있는 또는 매력적인 제안을 보내는 것을 의미할 수 있다. 구매 가능성은 낮지만 예상 평생가치(LTV)가 높은 구매 담당자에게 다음번 구입시 20%를 할인해주겠다고 제안하는 것 역시 예방적인 접촉 캠페인의 한 예이다.

기업 대상 마케팅에서 선제적 고객유지 관리는 적절한 시간에 고객에게 전화를 걸어 도움을 제공하는 것처럼 간단할 것일 수도 있다. 당신 회사가 온라인 소프트웨어 서비스 업체라고 가정해보자. 고객이 이탈하는 데는 여러 가지 이유가 있을 수 있다. 어쩌면 애초의 최종 사용자는 회사를 떠났는데 새로온 팀이 소프트웨어의 가치를 이해하지 못하거나 사용 방법을 모를 수도 있다. 어쩌면 고객이 소프트웨어 성능과 관련하여 문제를 느끼고 있는데 도움을 요청하기 위한 조치를 취하지 않았을 수도 있다. 어쩌면 고객은 특정 기능에 대한 요구가 있을 수도 있다. 고객이 불만을 가지는 데는 수많은 이유가 있겠지만 그중 상당수는 예방할 수 있고 해결할 수 있는 것들이다. 문제는 고객은 자신들의 문제가 해결가능하다는 것을 모르고 있을 수 있으며 당신은 고객이 문제를 겪고 있다는 것을 모르고 있을 수 있다는 것이다.

예측분석을 활용한다면 고객이 불만스러워 한다는 것에 대한 조기 경고 신호를 포착하고 그에 따라 조치를 취할 수 있다. 경고 신호는 당신의 웹사이트에 대한 방문 또는 이메일 개봉률이 줄어들거나 제품 또는 서비스의 소비량이 감소하는 것처럼 단순한 것일 수도 있다. 소프트웨어 제품의 경우 평소보다 고객의 사용 세션이 적게 기록되면 그것이 신호가 될 수 있다. 이탈한 많은 사람들의 행동을 살펴봄으로써 소프트웨어 알고리즘은 이들 고객들이 서비스를 해지하기 전에 보여주는 행위들의 공통점을 식별하고 새로운 고객이 이러한 우려스러운 행위를 보여주는 경우 당신에게 경고한다. 최종 결과는 마술처럼 보일 수 있다. 고객이 어려움을 겪고 있을 때 고객 서비스 담당자로부터 전화를 받는 것보다 고객에게 더 유쾌한 것은 없다. 실제로 불만에 찼던 고객이 문제를 해결하면 너무나 감사한 나머지 평생 고객으로 전환하는 것은 드문 일이 아니다.

고객을 유지하기 위해서 얼마나 지출해야 하는가?

고객이탈 관리에 대해서 논할 때 중요한 질문 중 하나는 수익성을 유지하면서 고객에게 제공할 수 있는 고객 유지 인센티브의 최대 금액이 얼마인가 하는 것이다. 당신이 제공할 수 있는 금액은 결국 이탈 위험이 있는 고객의 평생가치, 타깃팅 효율성(즉 특정한 타깃 세그먼트의 이탈률 위험을 정확하게 식별할 수 있는가), 그리고 프로그램 효율성(타깃 세그먼트의 이탈률)에 달려 있다.

한 가지 예를 들어보자. 최근에 특정 지역의 이동통신 네트워크 장애로 인해서 콜센터에서 많은 불만 전화가 걸려 왔다. 당신은 이것이 고객 이탈에 영향을 미친 것으로 의심하고 있다. 실제로 이탈률은 매우 높았다. 지난 한 달 동안 불만을 호소한 고객 중 이탈률이 10% 내외인 것으로 나타났다. 즉 1월에 고객 서비스 센터에 전화를 건 고객 중 약 10%가 2월에 이탈해버린 것이다.

이러한 이탈 고객은 매우 가치있는 고객으로 평균적인 평생가치는 250달러이다. 따라서 당신은 불평하는 고객들의 이탈을 줄이기 위한 선제적 프로그램을 만들고자 한다. 당신은 최근에 불만을 표시한 고객들에게 전화를 걸어 사과하기 위한 프로그램을 설계하기로 했다. 당신은 또한 그들이 다음 달에 보다 나은 서비스로 업그레이드하도록 유인할 금전적 인센티브를 제공하고자 한다. 만약 해당 프로그램이 이탈률을 10%에서 5%로 낮출 수 있다는 것을 당신이 알게 된다면 고객을 유지하기 위해서 고객별로 최대 12.50달러를 지출할 수 있다.

이것을 계산하는 일반 공식은 다음과 같다.

$$X = Y (\%) \times LTV$$

X = 각 고객을 유지하기 위해 지출할 수 있는 돈

Y = 캠페인을 통해서 보존할 수 있는 고객의 비율

LTV = 보존한 각 고객의 평생가치

현실에서는 Y가 얼마나 될지 실제로 알지는 못하지만 해당 프로그램을 작은 규모로 테스트하여 Y를 찾을 수 있다. 출발점에서 당신이 유일하게 알고 있는 것은 유지 기간을 개선하는 데 최대값이 10%(이탈률)라는 것이므로 이 경우 지출할 수 있는 최대 금액은 25달러가 된다.

선제적인 고객이탈 관리 프로그램을 개발하는 올바른 방법은 먼저 타깃으로 삼을 고객을 선제적으로 정하는 것이다. 이를 위해서는 이탈과 관련된 고객 변수들에 대한 가설을 개발해야 한다. 그런 다음 이탈 위험이 있는 고객을 위한 테스트 프로그램을 설계한다. 이때 대상 세그먼트는 인센티브를 받지 못하도록 제외시킨 그룹을 포함하여 두 개 이상의 그룹으로 분할해야 한다. 이탈 감소가 얼마나 발생할 것인지 또는 인센티브 지출이 얼마만큼 회수될 수 있는지는 오직 테스트를 통해서만 궁극적으로 계량화할 수 있다. 이러한 분석결과를 통해서 해당 프로그램을 개선할 수 있다.

고객유지와 지갑 점유율

한 사람이 당신에게서 구매한 제품 및 서비스의 수가 늘어나면 해당 고객의 유지율도 높아진다. 고객이 자신에 대해 더 많은 것을 당신에게 알려주기 위해 노력을 기울일수록 그들은 당신과의 관계가 내실있게 되도록 하는 데 더 큰 관심을 기울이게 된다. 이것은 통신 사업자들에게 잘 알려진 전략이다. 제프리 프린스Jeffrey Prince와 셰인 그린스틴Shane Greenstein이 쓴 「서비스 묶음이 이탈을 감소시키는가?」(Does Service Bundling Reduce Churn?(2011년 11월))라는 제목의 논문에서 설명한 것처럼, 케이블 TV 서비스에만 가입한 고객의 이탈률은 동일한 서비스 공급자로부터 텔레비전, 인터넷, 전화 서비스를 모두 구매한 고객의 이탈률보다 두 배 이상 높다.

애질원이 가지고 있는 데이터에 의하면 동일한 원칙이 다른 산업 분야에도 적용된다. 한 브랜드에 속하는 여러가지 카테고리의 제품들을 구매하는 소비자 고객은 단일한 제품 유형만을 구매하는 고객보다 높은 유지율을 보인다. 따라서 모든 마케터들은 선제적 고객 유지 전략의 일환으로 고객이 구매하는 제품 종류의 수를 늘리려고 한다.

고객 이탈의 근본 원인에 대한 확인

고객이 구매한 제품이나 서비스로부터 편익을 얻지 못하는 데에는 여러가지 이유가 있을 수 있다. 따라서 선제적 고객 유지 관리의 경우 고객 이탈의 근본 원인을 확인하는 것이 우선이다. 어쩌면 고객은 제품 사용과 관련하여 무언가 문제를 겪고 있는 것일 수 있다. 즉 불만족, 오작동, 데이터 유실, 성능 저하, 짜증나는 사용자 인터페이스와 같이 제품으로 인해서 낭패감을 느끼고 있는 것이다. 이 경우 먼저 제품 문제를 해결하거나 머천다이징(MD) 전략을 업데이트 해야 한다. 어쩌면 고객이 도움을 받기 위해 콜센터에 전화를 걸었을 때 열악한 고객 서비스를 경험한 것일 수도 있다. 또는 고객이 올바른 제품을 구입했고 회사는 고객 서비스를 잘 제공하고 있지만 고객이 사용 방법을 몰라서 헤매고 있을 수도 있다. 기업 대상 마케팅에서는 담당자가 바뀌어 새로운 사용자 및 관련자들이 당신의 제품에 익숙하지 않은 경우에 흔히 이러한 일이 발생한다.

근본 원인이 무엇이든 간에 근저에 깔린 이유를 파악하고 개선함으로써 고객유지율을 크게 높일 수 있다. 예측분석 알고리즘을 통해 각 고객의 이탈 가능성에 대해서 점수를 매길 수 있을 뿐 아니라 이탈 점수에 영향을 미치는 요소들을 식별하고 중요도에 따라 순위를 매길 수 있다.

소비자를 대상으로 서비스를 제공하는 한 회사는 다음과 같은 단계적 조치들을 통해 고객 유지율을 10% 향상시킬 수 있었다. 먼저, 어떤 고객이 이탈할 가능성이 있는지 예측하는 모델을 만들고 이 모델을 사용하여 매일 각 고객별로 점수를 매겼다. 둘째, 모델을 들여다보고 이탈 점수에 주요한 영향을 미치는 요소들을 파악한 뒤 이에 대해서 취해야 할 행동과 관련된 전략을 수립했다. 셋째, 다양한 고객 대응 전략들의 효과성을 테스트했다. 고객 이탈과 관련된 요소들 중 하나는 고객이 서비스, 장비, 배달 시간, 가격 민감성 등 문제로 콜센터에 걸게 되는 전화통화 횟수이다. 자신이 겪고 있던 문제에 대해 목청을 높이는 고객에 대해서는 다시 전화를 걸어 정중하게 대우하며 계약 연장시 장비 유지보수 또는 가격 할인을 제안했다. 가격에 민감하지만 오랫동안 충성하여 왔던 귀중한 고객을 위해서는 계약이 끝나기 몇 주 전에 선제적으로 전화를 걸었다. 콜센터 담당자는 그들과 함께 현재 계약 가격과 시장 가격을 논의하고 그들이 받아들일 수 있는 가격으로 기간을 연장하도록 노력했다. 물론 고객을 유지하기 위해 들인 노력과 가격 할인은 고객이 과거에 얼마나 가치 있었는지와 항상 비례한다. 만약 그들이 새로운 고객인 경우 그러한 비용은 이들의 예상 평생가치에 비례했다.

유료 가입자 기반의 한 리서치 회사는 고객 유지를 개선하고자 했다. 그들은 다음과 같은 것을 알고 싶어 했다. 특정 고객이 연간 구독을 갱신할 확률을 예측할 수 있는가? 더 나아가 한 고객이 이탈할 위험이 있는 경우 그렇게 되기까지 영향을 미친 원인들은 무엇(예를 들어, 고객이 X를 사용하지 않고, 회사가 Y를 하지 않았기 때문)인가? 마지막으로, 이탈 위험이 있는 각 고객에 대한 유지율을 높이기 위해서 회사가 사용할 수 있는 수단들은 어떤 것들이며, 이 중 가장 비용 대비 효과적인 방법은 무엇인가? 이 회사는 검색 활동과 같은 회사의 주요 제품과 고객간의 상호작용, 온라인 리서치에 대한 고객별 소비, 이메일 및 전화를 통한 고객과 회사 간의 대화 등을 분석했다. 이로부터 얻은 인사이트는 컨텐츠에 대한 고객의 지속적 참여가 컨텐츠의 단순한 소비량보다 더욱 중요하다는 점이었다. 따라서 몇 차례 정도 대규모로 콘텐츠를 소비하는 고객은 설사 적은 양의 콘텐츠라도 지속적으로 소비하는 고객보다 구독을 갱신할 가능성이 적다. 이 회사는 이제 각 고객에게 적어도 한 달에 한 번 해당 고객과 관련성있는 콘텐츠를 고객에게 제공하기 위해 지속적으로 노력하고 있다. 자동화된 이메일을 통한 관련 콘텐츠 추천의 전달은 고객유지를 위한 매우 비용 대비 효과적인 수단으로 밝혀졌다. 이러한 이메일은 자동화된 추천 엔진을 사용하여 관련 콘텐츠를 푸시한다. 예를 들어 특정한 콘텐츠를 읽은 고객은 관련 콘텐츠에 대한 링크가 있는 이메일을 받게 된다. (전문 상담원과의 상담통화와 같은) 일부 고비용 수단은 매우 효과적인 고객유지 수단이지만 "프리미엄" 고객에 대해서만 사용해야 한다.

고객 재활성화 캠페인

고객이 떠났다고 해서 모든 것이 사라지는 건 아니다. 애질원의 데이터는 신규고객을 획득하는 것보다 유효기간 경과 고객을 다시 활성화하는 비용이 평균적으로 10배 더 저렴하다는 것을 보여준다. 따라서 유효기간 경과 고객을 위한 재활성화 프로그램은 새로운 수익원을 모색하려는 마케터가 손쉽게 성과를 거둘 수 있는 캠페인이다.

재활성화 캠페인은 일정 기간 이상 아무 것도 구입하지 않은 고객을 대상으로 한다. 일반적으로 한 고객이 12개월 동안 당신에게 돈을 지출하지 않았다면 그는 유효기간 경과 또는 유실된 것으로 간주된다. 유료 가입 서비스의 경우 (그것이 한 달이든 3년이든) 가입기간이 만료되면 고객이 유효기간 경과 또는 유실되었다고 간주할 수 있다. 유효기간 경과 고객은 종종 적절한 할인을 제안하거나 제품을 추천함으로써 재활성화할 수 있다. 이러한 고객은 본질적으로 이미 폐기된 것이며 따라서 추가 구매가 이루어지지 않을 것으로 예상되므로 이들을 대상으로 하는 가장 성공적인 재활성화 제안은 그들이 다음 번에 구매한다면 상당한 할인을 받을 수 있도록 제안하는 등 일반적으로 상당히 관대한 편이다.

우리와 함께 일하는 한 회사는 자신의 고객들 중 상당수가 한때 해당 브랜드를 사랑했지만 상당 기간 동안 이 회사와 관계하지 않았다는 것을 알게 되었다. 열정적이었던 고객을 자신의 브랜드로 다시 불러들이기 위해서 고객 충성도와 참여도에 초점을 맞추고자 했다. 이 회사는 고객이 좋아하는 제품의 유형에 대한 지식을 활용하여 영리하게 제품 추천을 발송했다. 이러한 캠페인은 월 매출액을 8배나 증가시켰다.

고객 재활성화는 이미 이루어진 비용 투자를 토대로 하기 때문에 신규고객을 획득하는 데 드는 비용을 피할 수 있다. 이들 과거 고객들은 이미 해당 브랜드에 대해 잘 알고 있으며 다시 받아들일 가능성이 높기 때문에 브랜드와 다시 관계를 맺도록 한다면 상당한 매출 증대로 이어질 수 있다.

우리가 수행한 많은 측정결과에 따르면 재활성화된 고객 대부분이 신규고객처럼 행동한다. 즉, 이들은 거의 고객 생애주기를 다시 시작한다. 이는 또한 재활성화 후 초기에 고객이 다시 유효기간이 경과될 가능성이 높으므로 특별한 주의가 필요하다는 것을 의미한다.

재활성화 캠페인의 4단계

그렇다면 재활성화는 어디서부터 시작해야 할까? 먼저, 재활성화하려는 고객이 누구인지 결정하라. 그런 다음 수용 가능성이 가장 높은 후보자들을 결정하고, 이 그룹에 대한 메시지를 개인맞춤화 하고, 여러 채널들을 사용하여 이 고객들을 다시 참여시킨다.

재활성화하려는 고객을 결정하라. 과거의 고객이라고 해서 모두 다 되돌아오게 할 가치가 있는 것은 아니다. 마케터는 수익성 있는 고객이 누구인지, 회사가 판매하기를 (또는 성장시키기를) 원하는 제품에 관심이 있는 고객이 누구인지, 그리고 기타 전략적 요인 등을 신중하게 결정해야 한다. 예를 들어, 당신은 과거에 주문 대비 5% 이상 반품한 고객, 또는 가격을 30% 이상 할인을 받은 고객을 제외할 수 있다.

수용 가능성이 가장 높은 후보자들을 결정하라. 가장 응답할 가능성이 높은, 또는 응답할 준비가 된 과거 고객에게만 접근해야 한다. 특히 재활성화 캠페인이 다이렉트 메일 또는 타깃 디스플레이 광고의 경우와 같이 비용이 높은 경우 더욱 그렇다. 설사 이메일을 보내는 경우에도 아직 준비가 되지 않은 고객에게는 마케팅 메시지를 발송하지 않아야 한다. 그렇지 않으면 당신은 지나치게 적극적인 것처럼 보여져서 오히려 고객으로 하여금 멀어지게 할 수 있다.

여러가지 채널을 사용하여 고객을 다시 참여시켜라. 쇼핑 과정은 많은 유통 채널에 걸쳐서 이루어진다. 마케팅 메시지 역시 옴니 채널이어서는 안 될 이유가 없다. 고객의 과거 데이터를 사용하여 메시지를 개인맞춤화한 후 최대한 많은 지점에서 고객에게 접근하라. 접촉 횟수가 많을수록 대개는 반응율도 높아진다. 따라서 개인화된 제안을 담은 이메일, 엽서, 앱 알림을 보내는 것을 잊지 마라.

과거 데이터를 사용하여 마케팅 메시지를 개인맞춤화하라. 이제는 반응할 준비가 된 고객이 누구인지 확인했으므로 그들의 과거 구매 내역을 살펴보라. 과거에 그들은 무엇에 반응했는가? 그들은 어떤 제품 유형들을 구매하는가? 그들은 어떤 브랜드를 좋아하는가? 그들의 취향과 욕구에 따라 메시지를 만들어보라. 과거 추세를 살펴보면 고객이 떠나간 이유를 파악할 수 있으며 이를 통해서 그러한 원인을 극복하는 기회로 활용할 수 있다. 그러면 고객이 당신에게 또 한 번의 기회를 줄 수도 있을 것이다

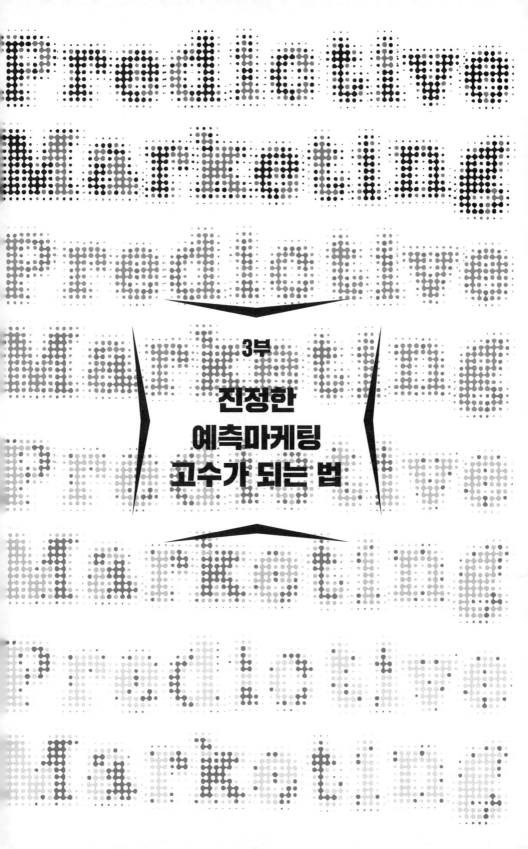

3부

진정한
예측마케팅
고수가 되는 법

예측마케팅 역량에 대한
간편한 체크리스트

이 책에서 설명한 예측마케팅 기법을 사용하려면 고객을 중심에 두고 비즈니스를 구성해야 하며 예측마케팅을 위한 마인드 및 구현 기술을 함께 습득해야 한다.

예측마케팅을 위해 회사가 갖추어야 할 역량

성공적인 예측마케팅을 하기 위해서는 캠페인에서 고객생애주기로, 제품에서 고객으로, 제각각의 접근방식에서 옴니 채널 접근방식으로, 획일적인 마케팅 프로그램에서 맥락에 따른 마케팅 접근방식으로 마인드를 전환해야 한다.

대부분의 마케팅 조직은 여전히 이메일 캠페인, 이벤트, 다이렉트 메일 발송, 디스플레이 광고 캠페인, 매장 개설과 같은 마케팅 캠페인 일정에 따라 운영된다. 소비자는 마케팅 캠페인에 대해서 신경쓰지 않는다. 소비자는 한 인간이며 그는 한 브랜드에 대해서 좋거나 나쁜, 연속되는 경험을 가지게 된다. 마케팅 일정표는 이제 일련의 개인화된, 촉발되는 캠페인을 통해 고객이 해당 브랜드에 참여하는 전 과정에 걸쳐서 고객의 평생가치를 극대화하려는 생애주기 마케팅의 개념으로 바뀌어야 한다.

대부분의 마케팅 조직들은 여전히 서로 격리된 채로 운영된다. 아마도 이메일 마케팅 그룹, 매장 마케팅 팀, 웹 관리자, DM 관리자 등이 별도의 외부 IT업체 및 마케팅 서비스 공급자들과 협력하고 있을 것이다. 대부분의 조직에서 DM 그룹은 이메일 그룹이 수행중인 작업을 알지 못하고 이메일 그룹은 디스플레이 그룹과 대화하지 않는다. 이 과정에서 고객은 서로 다른 채널을 통해서 뒤섞인 메시지들을 접한다.

우리 모두는 동일한 업체로부터 전혀 서로 조율되지 않은 여러 디스플레이 광고, 이메일, 카탈로그를 받아왔다. 동일한 조직에 속하는 서로 다른 채널로부터 경쟁적인 할인 제안을 받았을 수도 있다. 광고는 당신과 관련성이 없는 것처럼 보였으며 제품에 대한 추천은 당신이 전에 구입한 제품, 그리고 당신이 사는 지역과 전혀 관련이 없다. 이런 일이 일어나지 않게 하기 위해 많은 기업들이 고객에게 일관된 메시지를 제공하도록 마케팅 팀을 재구성하고 있다. 그들은 옴니채널 태스크 팀을 만들고 옴니채널 고객경험 책임자를 임명하고 있다. 많은 기업들은 또한 부서간 조정을 위해 "통합 캠페인 플래너"를 사용한다.

일부 회사들은 신규고객, 기존고객 및 유효기간 경과 고객 각각을 대상으로 하는 별도의 팀들을 통해 고객 생애주기별로 마케팅 부서를 구성하기 시작했다. 한 출판사가 "로맨스 애호가"와 "서스펜스 애호가" 등으로 팀들을 조직하는 것처럼 회사들은 고객 페르소나에 따라 마케팅 팀들을 구성한다. 어떤 조직 구조를 선택하든 고객 및 고객 경험에 초점을 맞춰야 한다.

온라인 엔터테인먼트 회사인 샤잠은 고객 참여를 매우 중시하기 시작하면서 고객 생애주기 중 첫번째 단계를 전담하는 팀을 만들기로 결정했다. 일찍부터 샤잠은 고객과 관련성 있는 커뮤니케이션은 소비자 마케팅 회사의 주요 척도인 고객 참여를 유지시킨다는 것을 깨달았다. 샤잠은 소비자가 어떤 식으로 모바일 애플리케이션과 상호작용하는지 그리고 그들의 음악적 취향이 어떻게 다른지 등과 같은 각 사용자의 참여 행위를 이해하는 데 주력했다. 샤잠이 이메일 마케팅 및 앱 사용자 경험 전반에 걸쳐 높은 수준의 참여 프로그램을 도입한 뒤 신규 등록 사용자의 첫 달 고객유지가 두 자리 숫자 비율로 증가했다. 고객평생가치가 가지는 복리 효과를 계산할 때 이는 엄청난 것이다.

이제는 대부분의 사람들은 모든 고객이 동시에 같은 메시지를 받는 "일괄 대량 발송" 캠페인에 상당히 지긋지긋해 한다. 이러한 종류의 캠페인은 높은 수신거부 비율로 이어지고 마케팅 캠페인의 효과성을 떨어뜨린다. 반대로 정확하게 타깃팅된 캠페인은 예상고객의 전환과 고객 참여를 세 배 더 높일 수 있다. 이러한 유형의 캠페인은 고객의 선호, 관심사, 구매 경향성을 고려하여 마케터가 각 상황의 맥락에 따라 메시지를 변경할 수 있도록 해준다. 일괄 대량 발송에서 더 관련성 높은 고객 경험으로 전환할 때 모든 프로그램에 대해서 그것이 고객 행위에 의해 촉발된 것이든 예정된 것이든 다음 세 가지 차원에 대해 생각해야 한다.

1. 청중: 세분화에 대해서 가장 잘 알려진 측면은 누구를 타깃팅할 것인지 그리고 왜 그런지, 또한 맥락은 무엇인지를 결정하는 것이다. 즉 고객이 방금 웹사이트를 방문했기 때문에, 또는 매장에서 물건을 구입했기 때문에 그와 접촉하려고 하는 것인가, 아니면 한동안 소식이 없던 고객을 다시 연

결하려고 하는 것인가?

2. 의사소통의 빈도: 적절한 의사소통 주기를 아는 것도 고객 관련성을 높여 준다. 고객과의 적절한 의사소통량은 더 높은 참여도, 그리고 궁극적으로 더 높은 유지율로 이어진다. 우리는 마케터들이 일부 고객들에 대해서 이 메일 빈도를 줄임으로써 수신거부 비율을 거의 50%까지 줄어들게 한 것을 보았다.

3. 적절한 콘텐츠/제안: 고객이 구매 과정의 어느 단계에 처해 있는지를 고려할 때 그 시점에서 그를 위한 최고의 콘텐츠는 무엇인가? 어떤 경우에는 그것이 고객으로 하여금 그가 이전에 들여다보았던 물건을 사도록 하기 위해 유혹하는 제안일 수도 있고, 다시 되돌아오도록 하기 위한 리마인드 메시지일 수도 있으며, 고객의 관심사와 관련된 흥미로운 기사일 수도 있다. 예를 들어, 한 스포츠 용품 유통업체는 스키복을 사고 싶은 사람에게 그의 위치에 근거하여 눈과 관련된 일기예보를 발송한다.

예측마케팅을 위한 기술적 역량

예측마케팅을 수행하기 위한 조직을 갖추는 것을 넘어서 회사의 기술 인력 구성을 평가해야 하고 예측마케팅을 지원할 수 있는 기술 역량을 갖추고 있는지 확인해야 한다. 이 장에서는 몇 가지 기술적 요구 사항을 살펴보고 15장에서는 이러한 요구 사항을 충족시키기 위한 몇 가지 옵션을 살펴보겠다.

예측마케팅을 위한 기술적 역량은 (a) 고객 데이터를 모으고 통합하는 능력, (b) 고객의 요구를 분석하고 예측하는 능력, (c) 고객접촉 지점 전반에 걸쳐서 고객 경험을 설계하고 실행하는 능력 등을 포함한다. 우리는 이러한 각 능력에 대해서 자세히 논의할 것이다. 도표 14.1은 이러한 능력들을 요약한 것이다.

고객 데이터 통합

데이터 통합 :

☐ 즉시 사용 가능한 ESP(Email Service Provider) 커넥터
☐ 주요 웹 이벤트를 캡처하기 위한 웹 태그
☐ 표준 통합 패키지(ERP 등)
☐ 구글 애널리틱스 통합
☐ 전사적 통합 프레임워크

데이터 품질 :

☐ 퍼지 음운 매칭(부분 매칭)
☐ 표준화(전화, 이메일, 주소)
☐ 1일 주기 중복 제거(개인 및 가구)
☐ USPS DPV(배송 지점 검증) / NCOA(전국 범위의 주소 변경)
☐ 성별 인식
☐ 위치 표기|Geo tagging

예측 인텔리전스

즉시 사용 가능한 예측 모델 :

☐ 구매 가능성 모델
☐ 참여 가능성 모델
☐ 군집 (브랜드, 제품, 행위)
☐ 예상 고객가치
☐ 제품 추천

빌트인 보고서 출력 :

☐ 완제품형 비즈니스 및 마케팅 보고서
☐ 완제품형 및 설정가능형 대시 보드
☐ 수익성 측정 (반품, 할인)
☐ 매출 기회 보고서 (벤치 마크)
☐ 데이터를 Tableau, Excel, SQL에 연결하는 옵션

캠페인 자동화

캠페인 실행 :

☐ 자체 이메일 발송(또는 파트너 솔루션을 통한 발송) 기능
☐ 자체 웹 개인맞춤화 기능
☐ 소셜 캠페인(페이스북, 트위터, 기타.)
☐ 오프라인(다이렉트 메일, 콜센터, 매장)
☐ 모바일 메시 발송 기능
☐ 온라인 광고(디스플레이 광고 타깃팅)
☐ 웹 리타깃팅

캠페인 설계 :

☐ 세분화 및 캠페인 설계 사용자 인터페이스
☐ 빌트인 청중
☐ 빌트인 이메일 디자인 양식
☐ A/B 테스트(금전적 가치 기반의 결과 측정)
☐ 통제 그룹 실험결과 측정 가능
☐ 목록 내보내기(수동 및 API를 통해)
☐ 공헌 귀속

도표 14.1 예측마케팅 역량 점검표

고객 데이터 통합

고객을 세분화하고 타깃으로 설정하려면 고객 데이터를 수집하여 단일 고객 프로파일에 통합시켜야 한다. 3장에서는 수집하고자 하는 고객 데이터의 유형을 설명하였으며, 데이터 통합이란 온라인 및 오프라인에서의 거래 및 참여를 포함한 모든 고객 데이터를 단일 고객 데이터 프로파일에 연결하는 프로세스임을 설명했다.

많은 마케터는 온라인 또는 오프라인 중 한 가지 고객 데이터로 시작한다. 그러나 온라인 쇼핑객 중 절반이 온라인과 오프라인 모두에서 쇼핑을 하므로 온라인 및 오프라인의 고객 행위를 통합하는 관점에서 출발한다면 커다란 이점을 얻게 된다. 또한 주문 관리 및 전사적 자원 관리 시스템과 같은 기존 시스템과 연결하는 데 도움을 줄 수 있는 공급업체들이 많이 있다.

요즘에는 데이터를 연결하고 합치는 것이 비교적 쉬워졌다. 데이터 품질 및 클렌징이 더 큰 장애물이다. 3장에서 논의했듯이 데이터를 서로 연결하지 않으면 실제로 3건의 구매를 한 매우 높은 가치의 고객 1명에 대해서 3명의 수익성 낮은 고객들로 간주할 수 있다. 데이터 클렌징은 지속적인 노력이 필요하며 이상적이라면 고객 데이터는 매일매일 재정비해야 한다. 평균적인 미국인은 3개의 이메일 주소를 가지고 있으며 평생 12번이나 이사하므로 당신의 데이터베이스에는 많은 중복이 있을 가능성이 높다.

우리가 컨설팅해준 한 브랜드 업체는 고객 데이터베이스의 내용이 매우 많이 중복되어 고객 파일 규모가 실제 고객들보다 세 배나 부풀려졌다. 이러한 문제가 발생한 원인 중 하나는 이 회사가 오프라인, 온라인, 콜센터 채널의 데이터를 제대로 통합한 적이 없다는 점이다. 또한 이 회사는 최초 구매자에게 가격할인을 제공하는 프로모션을 장기간에 걸쳐 실행했는데 이를 이용하려는 영리한 소비자들이 각기 다른 이름, 전화 번호, 이메일 주소로 가입했기 때문에 고객 파일이 실제보다 부풀려졌다. 데이터를 클렌징하면서 이 회사는 줄어드는 고객 수 때문에 가슴 아팠지만 이제는 더이상 똑같은 사람에게 3번의 가격할인을 해주는 낭비를 하지 않게 되었다.

마지막으로, 도난 또는 우발적인 노출로부터 고객 데이터를 보호하는 것을 잊지 마라. 신원 도용 및 신용카드 도용은 빠르게 증가하고 있는 범죄이며 불행히도 많은 기업들이 최근 몇 년간 고객 데이터를 도난당함으로써 뉴스 헤드라인을 장식했다. 당신은 이런 회사들 중 하나가 되고 싶지 않을 것이다. 우리는 17장에서 데이터 보호와 프라이버시를 다룰 것이다.

예측 인사이트

2장에서는 경향성 모델, 군집화 모델, 추천을 포함하여 다양한 예측분석 모델에 대해 자세히 논의했다. 많은 기술 제공업체들은 예측 모델을 '개발'하기 위한 작업도구만을 제공하지만, 일부 벤더들은 완제품 모델들을 개발했다. 만약 당신이 제공받은 모델이 완제품형이라면 해당 제공업체에게 당신 회사와 동일한 업종에서 어떤 회사들이 이 모델을 사용하고 테스트했는지, 그리고 그 결과가 어떠하였는지 물어보라. 또한 예측분석 프로세스는 알고리즘의 개발, 테스트, 배포와 마찬가지로 데이터 정비와 관련이 있다. 당신의 회사가 이러한 일들을 자체적으로 처리하든가 아니면 서비스 제공업체 또는 기술 제공업체가 이러한 작업을 수행해야 한다.

예측 모델을 사용하면 고객을 명확히 구분되는 세그먼트들로 나눌 수 있으며, 분석 보고서를 통해 프로그램의 효과성을 평가하고 기존고객 기반에서 새로운 매출 기회를 발견할 수 있다. 보고서는 이탈 위험이 있는 고객, 낮은 반복 구매율과 같은 기회요인들을 고객별로 강조하여 표시할 수 있다. 한 대형 유통업체는 자신의 데이터를 정비해보니 재구매를 위해 다시 돌아오는 고객이 거의 없다는 사실을 알고 놀라게 되었다. 실제로 반복 구매자는 전체 고객기반의 17%만을 차지할 뿐이었다. 이러한 발견은 경영진 차원에서의 논의로 이어졌으며 결국 구매자를 되돌아도록 유도하는 새로운 전사적 고객관계관리 전략을 처음으로 만들게 되었다.

데이터가 많을수록 더 많은 질문을 할 수 있게 된다. 쉬운 인터페이스를 통해서 마케터가 IT 또는 전문적인 서비스 인력의 도움이 없이도 즉시 고객 데이터에 액세스할 수 있도록 해야 한다. 예를 들어, 높은 가치의 고객의 유지율이 매우 낮다는 것을 알게 되었다고 하자. 이러한 이슈의 근본원인에 대한 분석을 수행할 수 있다. 과연 이 고객들은 다른 고객들과는 다른 채널에서 구매하는가 아니면 다른 제품을 구매하는가? 해당 제품의 반품률이 평균보다 높은가? 이러한 것들은 당신이 자신의 비즈니스에 대해 물어보고 싶은 질문들 중 일부에 불과할 뿐이다.

캠페인 자동화

궁극적으로, 마케터가 고객 생애주기 전체에 걸쳐서 가치를 제공하는 고객 경험을 디자인할 때 본격적인 프로젝트가 시작된다. 그러므로 고객 생애주기의 여러 단계와 여러 채널에 걸쳐서 고객 경험을 어떻게 디자인하고 조율할 것인지 스스로에게 물어봐야 한다.

인사이트를 얻는 것만으로는 충분하지 않다. 모든 고객 접점에서 고객 인사이트를 활용할 수 있어야 한다. 즉, 고객 인사이트가 실시간으로 또는 실시간에 가깝게 고객참여 캠페인을 촉발해야 함을 의미한다. 또한 이메일이나 디지털 광고와 같은 가변적인 컨텐츠를 개인맞춤화하는 데도 고객 통찰력을 사용해야 한다.

성공적인 실행을 위한 방정식에서 캠페인 로드맵, 자원 할당, 프로젝트 관리를 소홀히 해서는 안 된다. 대부분의 마케터는 더욱 타깃팅된 캠페인을 개발하고 자동화하는 데 필요한 다양한 요소에 대해서 과소평가한다. 필요한 여러가지 작업을 명확하게 정의하고 할당해야 하며, 프로젝트를 현실적인 타임라인에 맞추어 진행되도록 해야 한다.

예측마케팅 기술 제공업체에 확인해야 할 사항들

예측마케팅 기술에 대해서는 당신의 비즈니스적 요구 사항에 따라 질문해야 한다. 대부분의 회사에서 필요로 하는 몇 가지 질문을 다음에 열거한다. 질문은 앞서 언급한 세 가지 범주로 나뉜다. 고객에 대한 완전하고 정확한 그림을 얻을 수 있는가? 어떤 종류의 분석들이 가능한가? 일상적인 캠페인에서 어떻게 사용할 수 있는가?

고객들에 대한 완전하고 정확한 그림을 얻을 수 있는가?

어떤 채널들이 지원되는가? 서로 다른 실행 채널은 서로 다른 유형의 데이터를 제공하며 서로 다른 유형의 결과물이 필요하다. 오늘 사용하는 채널로부터 데이터를 가져와서 당신의 시스템에서 내일 사용할 수 있어야 하고, 데이터를 그러한 채널들에게 필요한 형식으로 맞추어 피드백할 수 있어야 한다. 당신이 가지고 있는 특정한 채널 시스템들에 대한 커넥터가 존재하는지 확인하고 그렇지 않은 경우 커넥터를 만들기 위해서 무엇이 필요한지 확인하라. 개별 방문자에 맞도록 웹 페이지를 개인맞춤화하는 것과 같은 실시간 상호작용이 필요한 경우 이것이 구체적으로 어떻게 수행되는지 물어보라. 다이렉트 메일, 콜센터, 매장 구매와 같은 오프라인 채널에 대한 지원에 특별히 신경써야 한다.

어떤 유형의 데이터가 해당 시스템에 저장되는가? 모든 시스템은 고객 프로파일로 시작한다. 또한 대부분의 경우 트랜잭션을 저장할 수 있다. 캠페인 관리를 위해 고안된 시스템은 프로모션 내역 및 반응을 저장한다. 일부는 방문한 웹 페이지의 내용, 뉴스 기사에서 다뤄지는 주제, 공개적 댓글로 표현된 정서와, 그러한 출처에서 추출한 구조화된 정보를 수집한다. 고객 상태와 같이 시간경과에 따라 변경될 수 있는 데이터를 저장하고 재구성하는 기능을 갖춰야 한다. 새로운 데이터 유형과 소스를 마케터가 추가할 수 있는지 제공업체에 물어보라. 기업을 대상으로 영업하는 경우 개인 차원, 회사 차원 또는 두 가지 차원 모두에서 데이터가 조직화되는지 확인하라.

해당 시스템은 데이터를 어디에서 가져오는가? 데이터 소스들 중 하나는 당신이 가지고 있는 시스템들이다. 이러한 시스템들에는 마케팅 자동화 및 고객관계 관리(CRM)가 포함되며 나아가 웹 분석, 이메일 시스템, 주문처리 시스템, 저장소로 확장될 수 있다. 일부 공급업체는 웹 페이지 및 이메일의 자체 태그를 통해 직접 디지털 행위를 캡처한다. 일부 시스템들은 공공 웹사이트, 소셜 네트워크 및 기타 소스를 스캔하여 시스템 사용 기업의 좋은 예상 고객이 될 수 있는 회사 및 개인을 식별해낸다. 기술 공급업체는 던앤브래드스트릿Dun & Bradstreet과 같은 종합편집된 디렉토리로부터 회사 및 개인에 대한 참조 데이터를 탑재할 수도 있다.

해당 시스템은 데이터를 어떻게 탑재하는가? 대부분의 제품은 API Application Programming Interface 호출을 통한 직접 실시간 탑재 방식과 다른 시스템들에서 추출한 파일들의 일괄 탑재 방식을 함께 제공한다. 각 실행 시스템에서 다른 모든 채널에서의 행위를 반영하여 처리하려는 경우 실시간 업데이트는 필수적이다. 응답 시간(시스템이 동시에 처리할 수 있는 상호작용 수는 얼마나 되는가?) 또는 일괄처리 규모(대량 파일을 게시하는 데 얼마나 오랜 시간이 걸리거나 높은 비용이 발생하는가?) 측면에서 탑재할 수 있는 데이터의 양에 제한이 있는지 확인하라.

해당 시스템이 데이터 품질 관리와 확장 기능을 제공하는가? 단순히 고객 데이터를 시스템에 쏟아붓는 것만으로는 충분하지 않다. 시스템이 항목을 자동으로 클렌징할 수 있는지(표준형식 확인, 맞춤법 틀린 이름의 수정, 욕설 삭제 등), 정보를 검증하고 유효하게 수정할 수 있는지(이메일 주소 및 우편 주소가 맞는지, 주소가 "메일 거부"로 등록되어 있는지, 또는 그 이름을 가진 사람이 이사갔는지 등 점검), 이름을 기반으로 한 성별 추측, 주소 기반의 위치 태그 추가, 인구총조사 데이터 또는 군집 코드를 이용하여 소비자 고객 레코드의 내용을 확장할 수 있는지, 회사 규모, 업종, 모회사 등으로 기업 고객 레코드의 내용을 확장할 수 있는지 확인하라.

해당 시스템은 동일한 고객에 관련된 데이터들을 어떻게 연결짓는가? 관련된 레코드들을 연결시키면 중복을 제거할 수 있고 동일한 가구에 속하는 소비자들 또는 동일한 사업부에 속하는 구성원들을 그룹화할 수 있다. 이는 완전한 프로파일을 작성하고 동일한 고객에게 서로 다른 제안을 하지 않도록 하는 데 필수적이다. 연결 기능은 유사한 이름/주소 문자열의 정교한 "퍼지 매칭"에서부터 운영 시스템에서 제공하는 식별 지표를 사용하는 것까지 다양하다. 시스템은 회사 디렉토리 및 주소 변경 목록과 같은 외부 참조 데이터를 사용할 수도 있다. 매칭 규칙과 가구 구성 규칙에 대해 얼마나 많은 통제를 할 수 있는지 물어보라. 하지만 대부분의 공급업체는 사용자가 직접 만들 수 있는 것보다 더 정교한 방법을 제공한다.

어떤 종류의 세분화 및 타깃팅을 사용할 수 있는가?

해당 시스템은 어떤 종류의 통계 모델을 고객 데이터에 바로 적용할 수 있는가? 모델들은 특정한 마케팅 제안에 대한 반응을 예측하거나, 어떤 정보를 제시할지 추천하거나, 고객을 세그먼트로 분류하거나, 또는 다른 목적들을 위해 사용될 수 있다. 구축하는 모델의 유형, 모델 구축에 필요한 인력의 규모, 모델 구축을 위해 자체적인 도구를 제공하는지 여부, 모델의 결과를 해석해주는 보고서 제공 등에 따라서 시스템들은 매우 다양하다. 모델이 (사용자가 수동으로 정의해야 하는) 규칙 기반 모델인지 또는 (군집, 협업 필터링, 경향성 모델과 같은 예측 분석 또는 자동 분석을 기반으로 하는) 통계 기반 모델인지 여부를 물어보라. 규칙 기반 모델은 연구 및 설정에 더 많은 시간이 걸리고 통계 기반 방법론보다 정확하지 않은 경우가 많다. 모델이 표준형인지 아니면 맞춤형인지 확인하고 당신과 유사한 기업들이 그 모델을 사용하여 어떤 성과를 얻었는지 확인하라.

어떤 종류의 분석 보고서 및 대시 보드를 사용할 수 있는가? 기본적인 고객 프로파일링, 프로모션 분석 및 세분화 기능이 필요하다. 일부 시스템은 세련된 대시보드를 통해서 추세 및 현재 활동을 강조하여 표시해준다. 드릴 다운Drill down, 필터, 테이블 및 교차표 형식의 사용자 지정 보고서, 데이터 시각화 및 추세 분석과 같은 데이터 탐색 기능이 있는지 확인해보라. 시스템의 보고 도구에 어떤 데이터가 포함되는지, 그리고 다른 도구에서 사용하기 위해 해당 시스템에서 추출할 수 있는 데이터에 제한이 있는지를 확인하라.

고객 세그먼트들에 대해서 얼마나 쉽게 액션을 취하거나 추천을 할 수 있는가?

해당 시스템이 고객에 대한 조치를 취하는 데 어떤 도움을 주는가? 일부 예측마케팅 플랫폼은 마케팅 활동을 수행하기 위해서 직접 이메일을 발송하기도 한다. 그러나 기본적으로는 데이터, 점수 또는 의사 결정을 외부의 실행 플랫폼에 제공한다. 이들은 API를 통해 주문형으로 처리하거나, 외부 시스템에서 직접 쿼리를 할 수 있도록 허용하거나 파일 추출물을 전송할 수 있다. 단순히 기능들을 이해하는 것을 넘어서서 어떤 외부 시스템들이 예측마케팅 플랫폼과 통합되어 있는지, 그리고 그러한 커넥터가 지원하는 기능이 어떤 것들인지 파악하는 것이 중요하다.

기능에 대한 질문 외에도 해당 공급업체가 당신에게 적합한 업체인지 스스로 물어보라

근간이 되는 기술은 무엇인가? 시스템이 사용하는 데이터베이스의 유형과 같은 기술 관련 정보는 해당 시스템의 강점, 약점, 성장 가능성에 대한 유용한 힌트를 제공한다. 시스템이 클라우드에서 공급업체가 운영하는 서비스로 제공되는지, 사내 구축형으로 설치된 소프트웨어로 제공되는지 또는 둘 다에서 제공되는지 여부를 확실히 알아야 한다. 또한 혹시 당신이 해당 공급업체가 이전에 경험해보지 못한 요구를 하는 것은 아닌지 판단하기 위해서 그들이 기존에 수행한 프로젝트의 규모와 특성에 대해 문의해보는 것이 좋다.

시스템의 설치 및 실행을 위해서는 무엇이 필요하며 얼마나 오래 걸리는가? 원래 예측마케팅 플랫폼은 비기술적인 사용자를 위해 설계된 것이다. 그러나 시스템을 어떻게 구축하는지, 초기 배치에 소요되는 시간, 고객에게 요구되는 사항, 공급업체가 수행할 작업, 받을 수 있는 교육 및 지원의 유형을 이해하는 것은 중요하다. 당신이 시스템을 매일 운영하는 데 필요한 기술 수준과 소요 시간, 그리고 새로운 데이터 소스를 추가하는 등 가끔 변경해야 하는 데 필요한 기술 수준과 시간을 판단하라.

데이터 분석, 고객 세분화, 캠페인 운영을 위해 어떤 도움이 제공되는가? 유료 가입 비용 또는 라이센스 비용에 포함된 서비스 및 자원은 업체별로 매우 다르다. 어떤 서비스가 무료인지, 어떤 서비스가 추가 요금이 부과되는지 알아보라. 사전 정의된 캠페인을 제공하는가, 또는 제안하는 행동들에 대한 가이드북을 제공하는가? 사용자를 위한 훈련 및 시스템 조율과 관련하여 진행중인 세션이 있는가? 고객 지원 담당자와의 상담에는 몇 시간 또는 몇 차례 세션이 포함되어 있는가? 해당 업체의 고객 서비스 직원이 엔지니어 또는 마케터로서 훈련 받았는가? 그들은 당신이 계획중인 캠페인과 유사한 캠페인을 운영해본 경험을 얼마나 가지고 있는가?

해당 시스템의 비용은 얼마인가? 가격은 데이터 규모, 트랜잭션, 모니터링하는 고객의 수, 사용자 계정의 수, 기타 차원에 따라 달라진다. 또한 설치, 교육, 지원을 위한 비용이 별도로 요구될 수도 있다. 상세한 견적을 요청하고 그것이 모든 것을 포함하는지 확인하라. 장기 계약에 서명해야 하는지 여부, 가격 책정이 성과와 연동되어 있는지 여부, 서비스 수준 보장이 충족되지 않으면 어떻게 되는지 살펴보라.

나는 누구와 사업하고 있는가? 시스템 개발업체가 어떤 배경을 가지고 있는지는 종종 특정한 목적, 정교함의 수준, 확장성, 성장 경로, 장기 생존 가능성과 관련하여 파트너로서 적절한지에 대한 힌트를 제공한다. 자금 조달, 고객기업 수, 사업 이력에 관한 정보 또한 이 주제와 관련이 있다.

당신은 소비자 대상 마케터인가 또는 기업 대상 마케터인가? 대부분의 솔루션은 소비자 대상 마케팅 또는 기업 대상 마케팅에 따라 기본 제공 양식, 커넥터, 심지어 예측 모델도 영향을 받으며 매우 다르게 특화되어 있다.

당신의 사업적 목표는 무엇인가? 모두들 예측마케팅을 제공한다고 말하지만 어떤 솔루션은 제품에 대한 새로운 예상 고객이나 청중을 찾는 데 초점을 맞추는 반면에 어떤 솔루션은 기존고객의 평생가치를 최적화하는 데 초점을 맞춘다. 당신이 고려중인 솔루션이 당신의 사업적 목표를 지원하는지 확인하라.

사내 구축형 소프트웨어를 선택해야만 하는가, 아니면 클라우드 솔루션을 사용할 수 있는가? 일부 회사에서는 보안 정책 또는 기타 요구 사항에 따라 사내 구축형 소프트웨어만 설치할 수 있다. 클라우드 기반 솔루션을 선택하면 더 많은 유연성과 설치 시간 단축, 총 소유비용(TCO) 절감 등의 이점을 누릴 수 있다.

턴키 솔루션을 사용하는가 아니면 맞춤형 솔루션을 사용하는가? 어떤 솔루션들은 각 고객마다 매우 정밀하게 맞춤화가 가능하지만, 어떤 솔루션들은 사전에 설정된 기성품형 모델, 청중, 캠페인을 다수 제공한다.

진정으로 옴니 채널을 필요로 하는가? 너무 많이 진척되기 전에 먼저 광고, 소셜, 모바일, 웹, 이메일, 다이렉트 메일, 콜센터, 매장 방문 고객 관리와 같은 채널들 중에서 우선 순위를 결정하라. 모든 솔루션에는 강점과 약점이 있다.

| 15장 |

예측 (및 관련) 마케팅
테크놀로지에 대한 개괄

만약 당신이 제14장에서 언급한 기술적 능력을 구축하고자 한다면 세 가지 옵션이 있다. (1) 예측분석 개발도구를 사용하여 직접 예측 모델을 구축하고 어떻게든 이 모델을 캠페인 관리 도구로 임포트import 하는 것, (2) 예측분석 기술을 적용한 캠페인을 마케팅 서비스 제공업체로부터 아웃소싱하는 것, (3) 예측마케팅 클라우드 또는 멀티채널 캠페인 관리 도구 등의 예측마케팅 솔루션을 평가한 후 구매하는 것. 이 세 가지 옵션의 장단점에 대해 살펴보고 일정하게 예측분석 역량과 관련되어 있다고 여겨지는 테크놀로지들에 대해 논의해보자.

예측마케팅 자체 개발

예측마케팅 기술은 오랫동안 SAS, SPSS 및 매트랩Matlab과 같은 모델링 도구의 형태로 존재해왔다. 넷플릭스, 아마존, 베스트바이로부터 여행 및 통신 분야의 많은 회사들에 이르기까지 대부분의 대기업은 개발도구를 사용하여 예측 알고리즘을 개발하는 자체 데이터 과학자 팀이 있다.

그러나 이러한 개발도구를 활용하는 데는 몇 가지 중요한 단점이 있다. 예측분석 개발도구를 사용하려면 먼저 비즈니스적 요구 사항을 기술적 요구 사항으로 변환하여 데이터 과학자가 알고리즘으로 전환할 수 있도록 해야 한다. 대부분의 마케터는 이를 수행하기에 부적절하며 외부 컨설턴트의 도움 없이는 이 작업을 수행하지 못할 수도 있다. 어떤 면에서는 모든 것을 밑바닥부터 다시 시작해야 하는 것이 될 수도 있다. 맨땅에서 시작해서 당신의 비즈니스 문제에 어떤 모델 유형이 필요한지를 정의해야 한다. 경험 많은 데이터 과학자를 사용하지 않는 한 당신이 속한 업계의 다른 회사들이 얻은 교훈을 누리지 못한다.

개발도구를 활용하려면 데이터 과학자 팀이 데이터를 수집 및 통합하여 모델을 개발, 테스트, 설치해야 한다. 그 후에도 IT 인력 및 데이터 과학자의 지속적인 참여가 있어야 마케터가 캠페인을 위해서 보고서를 작성하고 세그먼트를 추출하고 고객 목록을 준비할 수 있다. 그렇기 때문에 많은 기업들이 이러한 모델링 도구를 사용하여 예측마케팅을 자동화하는 데 어려움을 겪고 있다.

데이터 분석 업무가 회사의 업무 흐름 자체에 포함될 수 있다면 큰 성과를 낳을 것이다. 외머는 매킨지에서 근무할 때 고객 기업이 강력한 분석 및 알고리즘을 만드는 일에 도움을 주었지만 매킨지가 손을 떼자마자 고객 기업은 분석을 반복할 수 없었거나 예측 점수를 지속적으로 산출할 수 없었다. 외머가 관여한 프로젝트 중 하나는 그가 나중에 마케팅 부문을 이끌게 된 마이크로웨어하우스였다. 그는 마케팅 비용 최적화를 위한 강력한 모델과, 기업 고객의 구매 가능성 상승 여력을 추정하는 또 다른 모델을 만들었다. 이 모델은 프로젝트 진행과정에서 테스트했을 때는 매우 좋은 결과를 산출했지만 프로젝트가 끝나자 이 회사는 이 예측마케팅 도구를 정식으로 운영절차화할 수 없었다. 이것은 그후 마이크로웨어하우스의 CEO인 제리 요크가 데이터 분석 마케팅을 이끌기 위해 외머를 영입한 이유 중 하나였다

마케팅 서비스 제공 업체로부터의 아웃소싱

데이터베이스 MSP(Marketing Service Provider)는 기업이 고객 데이터베이스를 아웃소싱하고 분석할 수 있도록 완전한 아웃소싱 옵션을 제공한다. 대부분의 MSP는 다이렉트 메일 캠페인을 위한 데이터 클렌징 및 처리 기능을 제공하는 것으로부터 진화하여 데이터 분석 및 컨설팅과 같은 추가 서비스를 층위에 맞게 제공할 뿐만 아니라 고객 데이터베이스까지도 완벽하게 호스팅 해주고 관리해준다. 대부분 MSP는 대기업을 위한 서비스에 중점을 둔다.

대부분의 MSP는 예측분석 역량을 가지고 있지만 이러한 역량은 전문적인 서비스 팀이 고객기업별로 구축하거나 조정하는 고도로 맞춤화된 모델로 나타난다. 따라서 만약 장기 계약을 위한 시간과 예산이 있으면 MSP는 하나의 좋은 옵션이다.

MSP를 이용하면 회사 내부의 IT 인력에 대한 의존도를 줄일 수 있다. 그러나 고객 데이터베이스를 아웃소싱하는 것에는 고유한 단점이 있다. 목록별 또는 캠페인별로 비용을 지불해야 하는 경우가 많으며 MSP는 기본적으로 특정한 캠페인을 넘어서는 고객 인사이트를 제공하지 않는다. 외머는 고객이 원하는 모든 보고서는 각기 돈을 지불해야 하고 미리 예약해야 한다는 것을

직접 경험했다. 이것은 질문에 대한 답변을 얻기 위해 몇 주 또는 몇 달을 기다려야 한다는 것을 종종 의미한다. 고객 데이터 분석 역량을 이러한 방식으로 회사 바깥에 두고서 진행한다면 진정한 고객 중심의 조직을 구축할 가능성은 거의 없다. 고객을 중심으로 회사와 전략을 구축하기 위해 노력하는 사람들은 고객 데이터를 사내로 가져와 모든 고객 접촉 직원이 고객 데이터에 즉시 액세스할 수 있도록 하는 것이 절대적으로 필요하다고 믿는다. 대부분의 마케팅 서비스 제공업체는 본질적으로 컨설팅 조직이다.

그들 대다수는 다이렉트 메일 및 이메일 캠페인을 제공할 수 있지만 실시간 웹 추천이나 개인화된 광고 캠페인과 같은 실시간 개인맞춤형 고객경험을 제공할 수 있는 제품 기능은 결여되어 있다.

캠페인 관리 및 마케팅 클라우드 옵션

캠페인 관리 솔루션들은 이메일 캠페인, 웹 캠페인, 소셜 캠페인, 모바일 메시징을 비롯한 여러 채널에서 마케팅 캠페인을 설계하고 실행하는 데 중점을 둔다. 자체적으로 이러한 채널들 전부에서 캠페인을 실행할 수 있는 캠페인 관리 솔루션은 거의 없으며 대개는 일부를 제3자에 의존한다. 캠페인 관리 솔루션이 올바른 채널을 통해 적시에 원하는 고객에게 적절한 메시지를 계획하는 데 도움이 되는 것은 분명하다. 이러한 솔루션들 중 대부분은 이메일 서비스 공급자로 시작되었기 때문에 고객이 아닌 이메일 채널에 초점을 맞춘다. 이러한 시스템들 중 다수는 고객 프로파일 기능이 여전히 매우 기초적 수준에 불과하지만 모두들 이 기능을 개선하기 위해서 노력하고 있다.

대부분의 캠페인 관리 솔루션은 주로 온라인에 초점을 맞추고 있으며, 일부는 아직 실제 주소 정보를 추적하고 수정하기 위한 데이터 클렌징 기능을 구축하지 않았다. 또한 모든 캠페인 관리 솔루션이 온라인/오프라인 신원 확인, 퍼지 매칭, 중복 제거 기능과 같은 강력한 데이터 관리 기능을 다 갖추고 있는 것은 아니다. 따라서 대부분의 캠페인 관리 솔루션은 마케팅 실행을 위해 필요한 조건을 모두 해결해주는 단일한 소스로 사용할 수 없다.

대부분의 캠페인 관리 솔루션은 스스로를 마케팅 클라우드라고 부르며 때로는 일부 데이터 관리 플랫폼, 콘텐츠 관리, 공동작업 기능을 포함할 정도로 진화하고 있다. 이 글을 쓰고 있는 현재, 이 분야의 기술 벤더들의 환경은 매우 유동적이다. 기존의 많은 소프트웨어 벤더들은 실제로는 잘 통합되어 있지 않은 여러 제품을 하나의 브랜드 우산 아래에서 조합하여 제공한다. 오늘날 옴니채널 고객과 마케터를 연결하기 위한 핵심요소인 고객 데이터에 대해서 밑바닥부터 솔루션을 개발하기 위해서 노력하고 있는 스타트업 회사들이 많이 있는데 이들 중 상당수는 벤처 캐피털로부터 초기 및 후기 투자를 받았다.

기업 대상 마케팅에 초점을 두는 캠페인 관리 솔루션은 흔히 마케팅 자동화 도구라고 불린다. 마케팅 자동화 제공업체도 일반적으로 기업 대상 마케팅을 위한 이메일 발송 대행업체로 시작했지만 곧이어 웹 양식을 설계할 수 있는 기능, 그리고 웹 및 이메일에서 사용자 참여를 추적할 수 있는 기능을 추가했다. 일부 마케팅 자동화 공급업체는 이제 소셜 캠페인도 설계하고 추적할 수 있다. 마케팅 자동화 솔루션은 다양한 소스로부터 얻은 고객 데이터들을 서로 연결할 수는 있지만 대개는 강력한 데이터 관리 기능이 결여되어 있으며 다양한 표준화된 데이터 소스로부터 얻은 비즈니스 정보와의 매칭을 필요로 한다. 대부분의 마케팅 자동화 공급업체는 규칙 기반의 내장된 리드 점수 산출 기능을 제공하지만 대체로 아직 진정한 예측 모델을 사용하지 않고 있다. 기업 대상 마케팅에서 예측 기술은 고객기반의 규모가 더 적기 때문

유형	설명	가치	고객 데이터	예측 인사이트	캠페인 자동화
마케팅 서비스 제공업체(MSP)	마케팅 데이터 분석 및 데이터베이스 전부 아웃소싱	다이렉트 메일 및 이메일 캠페인의 최적화	고객 데이터 아웃소싱, 마케터는 접근 불가	외부 서비스 제공자가 통제하는 높은 수준의 세분화	다이렉트 메일 및 이메일 캠페인. 실시간 웹 또는 광고는 없음
캠페인 관리/마케팅 자동화	옴니채널 마케팅 캠페인의 설계, 조율, 실행	수요 창출 및 충성도 마케팅. 온라인 채널이 주요 대상	수집 가능하지만 중복 제거 및 클렌징 기능 제한적. 정확한 매칭만 선택.	제한적인 예측 모델. 서비스를 끌어오는 맞춤형 모델인 경우가 많음.	여러 채널들에 걸쳐서 실행하기 위한 직접적 또는 제휴 채널. 온라인 및 오프라인 채널
웹 분석	자체 소유 웹사이트에서 접점하고 개별적 사용자 차원의 데이터를 측정	웹사이트 및 모바일에서의 성능 최적화	웹사이트 지표들, 사용자의 ID와 데이터베이스를 매칭하여 개인에게 연결	고객 전환 추세, 웹사이트 사용성, 개인 사용자 흐름	특정 세그먼트를 대상으로 한 웹사이트, 이메일, SMS 등의 개인맞춤형 메시지
데이터 관리 플랫폼(DMP)	리타깃팅 및 유사고객 타깃팅 등 퍼널 상위 부분 캠페인을 위한 쿠키 및 자체 데이터	웹사이트 사용자의 구성 이해, 개인맞춤화, 웹 및 광고의 타깃팅을 위해 사용	자체 쿠키 데이터와 제3자 데이터를 결합하여 온라인 사용자를 분석하고 세분화	일부 예측 모델링. 특히 온라인 사용자의 전환 가능성	디스플레이 광고 중심. 특히 웹 및 이메일의 온라인 경향에 대한 개인 맞춤화 일부 가능
이메일 서비스 제공업체(ESP)	이메일 캠페인의 설계 및 발송	이메일 자동화 및 이메일 전달성	이메일 행위만 수집 가능. 일부 데이터 클렌징 가능 있으나 퍼지 매칭 불가능	일부 데이터 분석 기능과 보고서 출력 기능. 예측 능력은 제한적이거나 불가능	이메일만 가능. 대부분의 ESP는 점차 캠페인 자동화 통합 솔루션으로 진화중
고객관계 관리(CRM)	접촉 대상, 계정, 판매 기회를 관리	퍼널(funnel) 관리	고객 데이터 수집 가능하지만 중복제거 또는 클렌징 불가능	현재 단계별 상황에 대한 스냅샷, 제한적인 과거 고찰, 예측 전망 불가능	다이렉트 판매, 콜센터 캠페인, 외부 캠페인 관리에 도움
고급 분석	데이터 분석 및 보고서 출력	정보의 시각화	어떤 데이터든 수집할 수 있고 매핑 가능	예측 분석 개발도구, 자체적 예측 모델 구축. 완제품형 모델 없음.	없음. 분석 도구로서만 역할

도표 15.1 예측마케팅 기술 개요

에 더 적은 가치를 창출하는 경향이 있다. 캠페인 관리 플랫폼처럼 마케팅 자동화 솔루션도 캠페인의 관점에서 개발되었으므로 그 아키텍처는 고객 중심이 아닌 캠페인 중심으로 설계되는 경향이 있다.

당신이 들어보았을 수도 있는 다른 도구들

예측 기능이나 데이터 분석 기능을 가지고 있다고 알려져 있는 마케팅 도구들이 몇 가지 더 있다. 이러한 다른 기술들 대부분은 예측마케팅에는 충분하지 않지만 마케터의 도구상자에서 여전히 중요한 역할을 할 수 있다. 완벽을 기하기 위해서 이러한 관련 기술 역시 도표 15.1에서 요약하였으니 어떤 기술들이 있는지 알아보는 참조 자료로 사용할 수 있다.

웹 분석

웹 분석은 모든 마케터의 도구상자에서 핵심적인 구성 요소이다. 근본적으로 다른 두 가지 유형의 웹 분석이 있다. 첫번째는 웹 기반 데이터에 대한 보고서 또는 분석을 제공하는 것이고, 두 번째 유형은 실명(또는 익명) 방문자에 대한 개인별 분석을 수행한다. 요즘의 엔터프라이즈급 웹 분석 도구는 집합적 분석 및 개별 사용자 분석, 임시 목적을 위한 탐색, 데이터 마이닝을 모두 제공한다. 웹 분석은 주로 사용자 인터페이스 및 사이트 성능을 개선하는 데 도움을 주기 위한 것이다. 이러한 도구는 옴니채널 고객경험을 제공하는 것을 목표로 하지 않는다. 일부 고급 웹 분석 도구들은 세그먼트 발견 및 경향성 모델을 도입하기 시작했지만 일반적으로 이러한 것들은 고도의 맞춤형으로 설치된다. 웹 분석 도구는 결코 당신의 웹사이트가 아닌 다른 출처로부터 얻은 고객 데이터를 연결하여 고객에 대한 전방위 프로파일을 작성하는 것을 목표로 하지 않으며, 모든 채널에 걸쳐서 캠페인을 실행하는 것을 목표로 하지도 않는다.

데이터 관리 플랫폼(DMP)

데이터 관리 플랫폼은 회사 자체의 웹사이트에서 1차 데이터를 수집하고, 이 데이터를 쿠키 기반의 제3자 데이터와 합치며, 웹사이트 방문자들 중 잠재고객 세그먼트에 대한 분석을 제공한다. 이 분석은 디스플레이 광고, 검색 광

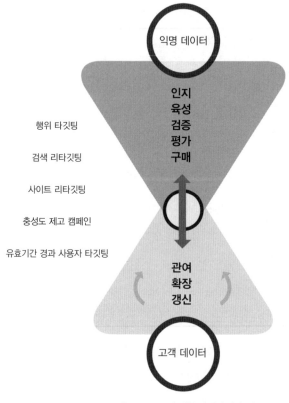

그림 15.2 DMP와 예측마케팅의 수렴

고, 동영상 광고, 소셜 광고 등 캠페인을 통해 특정한 잠재고객을 타깃팅하는 데 사용할 수 있다. DMP는 주로 익명의 쿠키 기반 정보를 처리하며 이것의 목표는 기존고객의 평생가치를 최적화하는 것이 아니라 광고 캠페인을 통해 더 많은 신규고객을 확보하는 것이다. DMP 플랫폼은 명백히 데이터의 중심 허브로 발전하고 있으며 서로 다른 소스의 데이터를 통합한다. 당분간 데이터 관리 플랫폼과 예측마케팅 플랫폼은 매우 보완적이지만 시간이 지남에 따라 그림 15.2에서 설명한 것처럼 이 두 데이터 플랫폼이 수렴할 것이다.

이메일 서비스 제공업체(ESP)

이메일 서비스 제공업체는 이메일 캠페인을 설계, 예약, 발송하는 데 도움을 준다. 일부 이메일 서비스 제공업체는 타사의 데이터 소스를 통합하고 이를 사용하여 이메일 데이터베이스를 분류하고 캠페인을 사용자 행위별로 반응하도록 할 수 있다. 대부분의 경우 데이터 통합은 번거롭고 기본 제공 기능에 포함되지 않으며 광범위한 전문적 서비스를 필요로 한다.

대부분의 이메일 서비스 제공업체는 이메일뿐만 아니라 모든 기능을 두루 갖춘 캠페인 관리 시스템으로 진화하고 있다. 최근 몇 개의 이메일 서비스 제공업체가 대규모 마케팅 클라우드 서비스업체에 의해 인수되었으며 독립적인 이메일 서비스 제공업체는 거의 남아 있지 않게 되었다.

고객관계 관리(CRM)

고객관계 관리 시스템은 원래는 영업 성과 관리 또는 퍼널 관리 시스템으로 구상되고 설계되었다. 고객관계 관리라는 이름에도 불구하고, 이들 시스템 대부분은 아직 고객관계를 관리하지 않는다. 그보다는 이러한 시스템은 고객 데이터를 위한 중앙 저장소 역할을 한다. 대부분의 경우 이들은 예측분석 기능을 포함하고 있지 않다. CRM 시스템은 옴니채널 캠페인 자동화를 제공하지는 않지만 그러한 시스템과 통합할 수 있다. 이메일 및 마케팅 자동화와 마찬가지로 CRM 시스템은 예측마케팅 클라우드와 양방향에서 통합될 수 있다. 예를 들어 콜센터에서 CRM 시스템을 사용하는 경우 콜센터 상호작용 데이터를 예측마케팅 클라우드로 가져와서 고객 프로파일에 연결하고 예측분석에 포함시킬 수 있다.

고급 분석^{advanced analytics}

비즈니스 인텔리전스(BI) 솔루션은 데이터 분석 기능을 제공하지만 일반적으로 과거에 대한 고찰 또는 현상 분석^{descriptive analytics}으로 제한된다. 대부분 BI 도구의 목표는 개별 고객을 분석하는 것이 아니라 전반적인 비즈니스 추세에 대한 개요를 제공하는 것이다. 보유한 고객기반의 평균 구매액과 지역별 판매량은 볼 수 있지만 한 고객의 평생가치가 얼마나 되는지, 또는 이 고객이 여러 매장에서 구매하는지, 아니면 한 곳에서 구매하는지 여부는 알 수 없다. 물론 비즈니스 인텔리전스를 사용하여 고객 및 비즈니스에 대해 확실히 많은 것을 배울 수 있다. 대부분의 비즈니스 인텔리전스 도구는 일반적인 목적이지만 새로 등장한 일부 공급업체는 특별히 마케터에 초점을 맞추고 있으며 이러한 잠재고객을 위한 자체 보고서 및 대시보드를 제공한다. BI 도구는 서로 다른 데이터 소스의 데이터를 통합하고 때로는 클렌징할 수도 있다. 그러나 BI 도구는 예측분석을 포함하지 않으며 옴니채널 캠페인 자동화 기능을 제공하는 것을 목표로 하지 않는다.

어떤 솔루션이 내게 적합한가?

언제나 최종 목표를 염두에 두어야 한다. 즉 모든 상황에서 가치 있고 관련성 있으며 의미있는 고객 경험을 제공하여 고객을 행복하게 만들어야 한다. 이렇게 해야 고객 참여를 이끌어낼 수 있으며 이는 수익성 높은 관계로 이어진다. 그래서 가장 짧은 기간 내에 가장 가치있는 경험을 제공하고 가장 수익성 높은 관계를 구축하는 데 어떤 역량이 도움이 될지 자문해보라. 예측 모델이 고객 관련성이 높을수록 고객 경험의 관련성도 높아진다. 왜냐하면 고객의 요구를 예측하고 제공할 수 있는 방법이 더 많아지기 때문이다. 고객 프로파일이 정확하고 완벽할수록 고객 경험의 관련성도 높아진다. 과거의 모든 고객 활동을 단일한 프로파일에 연결시킬 수 있다면 고객의 요구를 더 잘 예견하고 그들을 더 잘 대접할 수 있다. 기술이 모든 마케터에게 더 쉽고 사용 가능 할수록 일상 캠페인에서 그 기술이 사용될 가능성도 높아진다.

만약 당신이 대부분의 마케터와 비슷한 상황에 처해 있다면 마케팅 예산은 제한적일 것이다. 따라서 솔루션은 가능한 한 빨리 실행되고 데이터 통합 및 지속적인 전문 서비스는 가능한 한 최소화되기를 바란다. 따라서 이상적인 상황이라면 마케터인 당신은 자체 고객 데이터를 제어할 수 있는 고급 데이터 품질관리 기능과 진정한 예측 능력을 갖춘 일괄적 방식의 완제품형 솔루션에 액세스할 수 있을 것이다.

어떤 경로를 선택하든 당신은 이 책 전반에 걸쳐서 논의된 세 가지 기본 역량을 구축해야 한다.

1. 온라인 및 오프라인의 각기 다른 출처들로부터 얻은 고객 데이터들을 서로 연결할 수 있는 기능과 더불어 예측분석을 하기 위해 데이터를 정비할

수 있는 기능.

2. 완제품형 또는 맞춤형 예측 모델을 사용하여 고객 데이터를 분석하고 고급 분석 및 세분화를 수행할 수 있는 기능.

3. 각기 다른 마케팅 실행 시스템에 걸쳐서 적시에 적절한 고객을 위한 적절한 조치를 취할 수 있는 능력. 그런 다음에 이 시스템을 마케팅 인프라의 중심에 두어 그것이 고객 운영의 중추 신경계, 운영 체제, 두뇌가 되게 해야 한다. 적어도 하루에 한 번, 이상적으로는 수동 조작 없이 시스템이 자동으로 업데이트되어 최신 고객 데이터를 보유하도록 되어 있는지 확인해야 한다.

무엇이든 일단 시작하라

이 책에서 얻을 수 있는 것이 단 한 가지뿐이라면 그것은 가능한 한 빨리 예측마케팅을 시작해야 한다는 것이며 기본에 집중하고 잘 수행해야 한다는 것이다. 잘못된 공급업체 또는 잘못된 캠페인을 선택하더라도 아무 것도 하지 않고 그냥 바라보는 것보다 낫다. 당신의 경쟁업체들은 이미 예측마케팅을 활용하고 초기 실험에서 상당한 경쟁 우위를 확보하고 있다. 많은 기업들이 예측마케팅 기법을 사용하여 고객의 평생가치, 고객 유지, 고객 충성도가 급격히 증가하고 있음을 상기하라. 다음은 세 가지 권장 사항이다.

작게 시작하라

한 달에 약 2천 달러, 그리고 2주에 걸친 통합 작업을 통해 당신은 고객 데이터 문제를 해결하고 첫번째 마케팅 캠페인을 시작할 수 있다. 예측마케팅을 위한 사례를 구축하는 가장 좋은 방법은 바로 시작하는 것이다. 이 투자로부터 기대할 수 있는 큰 수익을 감안할 때 실제로 기다릴 여유가 없다. 경쟁자가 먼저 이런 유형의 기술을 도입할 경우 어떻게 될지 자문해보라. 당신의 고객이 당신이 아니라 경쟁업체로부터 먼저 개인맞춤화된 제안을 받고 있다면 어떻겠는가? 진정으로 당신에게 예측마케팅보다 더 높은 투자 대비 수익을 줄 수 있는 다른 프로젝트가 과연 당신의 책상 위에 놓여 있는지 스스로에게 물어보라.

고객 데이터는 인하우스로, 데이터 과학은 아웃소싱으로

우리는 마케터와 기업 내의 모든 고객 접촉 직원이 고객 데이터를 사용할 수 있도록 하지 않으면 진정으로 고객 중심이 될 수 없다고 강조하고자 한다. 따라서 마케팅 서비스 공급자와 같은 제3자 공급업체로부터 고객 데이터베이스를 아웃소싱하는 것에 대해서 강하게 반대한다. 그럴 경우 언제 어디서나 원하는대로 데이터에 액세스하는 것이 너무 힘들 것이며 고객에 대한 인사이트는 조직 외부에 존재하게 될 것이다. 고객 데이터를 인하우스로 가져온다고 해서 값비싼 데이터 과학자 또는 기술 자원을 사용해야 한다는 의미는 아니다. 사용하기 쉬운 온라인 솔루션을 통해 언제든지 당신 스스로 고객 데이터를 소유하고 액세스하면서도 외부 공급업체를 이용하여 고급 통계 모델을 만들 수 있다. 데이터 과학자는 공급보다 수요가 많으며 대부분의 마케터는 이러한 데이터 분석 인력을 고용하고 지시를 내리고 유지할 수 있는 해박함과 전문성을 갖추고 있지 않다. 진정으로 성과를 내는 최고의 데이터 과학자는 비즈니스 인사이트를 가지고 있어야 하기에 찾기가 더 어렵다. 데이터 과학은 인사이트를 얻는 좋은 방법이지만 광범위한 IT 프로젝트가 없으면 모든 고객 접점에 정보를 제공할 수 없다. 따라서 최종 목적을 염두에 두고 시작해야 하며, 고객이 당신의 브랜드와 상호작용하는 방식을 차별화할 수 있는 가장 실용적인 솔루션을 찾아야 한다.

예측마케팅으로 기존 인프라를 보완하라

기존 인프라를 제거하고 교체할 필요가 없다. 강력한 데이터 클렌징 및 예측 기능으로 기존 인프라를 보완하는 것으로 시작할 수 있다. 작은 규모로 시작하여 시간이 지남에 따라 도입 범위를 조금씩 확장해야 한다. 여기에는 이메일과 같은 다양한 마케팅 채널들에 예측 기능을 포함시키는 방법과, 기존의 특화된 도구들을 단일한 캠페인 관리 플랫폼으로 대체하여 모든 채널에 걸쳐서 캠페인을 조율하는 방법이 포함될 수 있다. 최근에 애질원이 유통업계의 마케팅 임원 132명을 대상으로 조사한 결과, 마케터 중 17%만이 단일 솔루션을 사용하여 옴니채널 캠페인을 조율하고 있다. 그러나 캠페인을 아직 중앙에서 조율하지 않고 있는 나머지 83% 중 42%는 향후 12개월 내에 이러한 중앙집중식 기능을 개발하려고 계획하고 있다.

16장

야심찬 예측마케터의
경력 개발을 위한 조언

데이터와 기계학습을 두려워하는 것은 당신만이 아니다. 아마도 당신은 고객을 위해 놀라운 경험을 창조하기를 원하고 스스로 창의적인 사람이라고 생각하기 때문에 마케팅 분야에서 일하고 있을 것이다. 그렇기에 당신은 결코 수학에 능숙하지 않았을 것이며, 데이터와 기계학습에 관한 모든 이야기에 대해서 불편함을 느낄 것이다. 하지만 예측분석의 전문가가 되기 위해 필요한 관련 지식이 얼마나 적은지 알게 되면 놀랄 것이다. 전문가에 대한 정의는 인구의 95%보다 해당 주제에 대해 더 많이 알고 있는 사람이다. 이 책을 읽는 것만으로도 상위 5%에 속하게 될 것이다. 또한 비록 예측분석을 이용하여 예측마케팅을 수행하지만 예측마케팅 전문가가 되기 위해서 반드시 예측분석에 대해서 '잘 알고 있을' 필요는 없다.

예측분석과 같은 신기술, 예측마케팅과 같은 새로운 비즈니스 업무에 대한 얼리어답터가 된다면 당신의 경력 개발에 커다란 기회가 될 것이다. 예측분석이나 예측마케팅을 직접 경험한 마케터는 매우 적다. 이는 곧 약간의 경험만으로도 취업 시장에서 스스로를 차별화할 수 있고 자격조건이 더 좋은 마케터들보다 한 발 앞서 나갈 수 있다는 것을 의미한다. 게다가 데이터 기반 마케터에 대한 수요는 계속 증가할 것이다. 다음은 야심찬 예측마케터의 경력개발을 위한 몇 가지 조언이다.

비즈니스에 대한 이해가 수학보다 훨씬 중요하다

전 세계의 대학들에서 데이터 과학 또는 데이터 분석 분야의 학위를 수여하는 프로그램이 수백 개 출현하고 있다. 아직은 등록하지 마라! 데이터 중심 사고를 하고 예측마케팅을 실행하기 위해서는 반드시 숫자를 분석할 줄 알아야 한다는 생각은 정말 잘못된 이해라고 우리는 생각한다.

데이터로부터 의미를 이끌어내어 그것을 전략, 제품, 캠페인으로 전환할 수 있는 사람들이 없으면 숫자와 통계는 아무 쓸모가 없다. 이러한 과정은 대개는 여러 부서 및 직무로 격리된 채 존재하는 창의적 능력, 분석적 능력, 대인관계 능력의 독특한 조합이 필요하다. 빅데이터에 대한 관심이 고조됨에 따라 통계로부터 인사이트와 영감을 얻어 고객을 타깃팅할 수 있는 빅데이터 마케터에 대한 수요도 늘어나고 있다.

데이터를 보고 해석할 수 있을 정도로 비즈니스, 목표 시장, 고객의 욕구를 잘 아는 사람들을 찾는 것은 숫자를 분석할 줄 아는 데이터 과학자를 찾는 것보다 훨씬 어렵다. 게다가 복잡한 수학을 드러내지 않고도 마케터가 쉽게 이해하고 사용할 수 있는 방식으로 데이터를 표시하는 새로운 기술들이 등장하고 있다.

숫자를 분석하는 법을 배울 필요는 없지만 그래도 숫자를 사용하고 해석하는 것을 편안하게 생각해야 한다. 이는 가능한 한 빨리 숫자에 대한 두려움을 극복해야 한다는 것을 의미한다. 구글 애널리틱스와 같은 간단한 분석 도구를 사용하거나 일상 생활에서 접하는 회사들의 재무제표를 읽는 것부터 시작하라. 『괴짜경제학』^{Freakonomics}, 『양육쇼크』^{NurtureShock} 또는 『머니볼』^{Moneyball}과 같은 인기 도서는 데이터 분석을 경제학, 교육, 야구에 각각 적용한 것으로 데이터 중심의 사고 방식을 연마하는 데 도움이 될 수 있다.

올바른 질문을 하라

예측마케팅이 결국 데이터를 해석하고 사용하는 것이라면 마케터는 어떻게 그런 일을 시작할 수 있을까? 가장 중요한 것은 호기심을 가지고 비즈니스 및 고객에 대해 올바른 질문을 하는 것이다. 가설로부터 시작해야 한다. 예를 들어, 새로운 경쟁자가 시장 점유율을 잠식하고 있기 때문에 또는 고객이 우리의 최신 제품 라인업에 만족하지 않기 때문에 고객들이 우리로부터 떠나가고 있다는 가설을 세울 수 있다. 일단 당신이 가설을 가지게 되면, 이 명제를 뒷받침하거나 부정하는 데이터를 찾는 것은 훨씬 쉽다. 모든 데이터 분석 접근방식은 문제를 해결하기 위한 도구이지 솔루션 자체가 아니다. 이러한 사실을 받아들이는 것이 매우 중요하다. 데이터 분석을 둘러싼 많은 실패한 프로젝트들은 결코 찾을 수 없는 만병통치약을 찾는 데서 기인한다.

특히 고객에 관해서 창의적이고 심도 깊은 질문을 하라. 고객 데이터와 고객 인사이트를 소유하고 있는 마케팅 조직이 점차 증가하고 있다. 132명의 마케팅 임원에 대한 최근의 설문조사에 따르면 75%의 회사에서 마케팅 부서가 고객 데이터를 책임지고 있다. 경영진은 회사의 주요한 전략적 의사결정에 필요한 정보를 얻기 위해서 마케팅 부서로 눈을 돌리기 시작했다. 회사 내에서 이렇게 주목받기 시작한다면 당신의 경력 발전에 커다란 도움이 될 수 있다.

최근 한 대형 할인점의 고객관계 관리 담당 임원은 평균 비율보다 많은 수의 고객들이 단 한 번만 구입한 뒤 다시는 돌아오지 않는다는 사실을 발견했다. 이는 많은 고객이 "한 번이면 족하다"라고 하는 것으로 유통업에서 흔히 발생하는 문제이다. 반복 구매자를 늘리는 것은 회사가 성장하기 위한 중요한 기회이다. 이 상장 회사의 이사회는 이 임원이 제시한 보고서에 대해 논의했다. 궁극적으로 이 임원은 승진했으며 전 세계적 범위의 팀을 지휘하여 고객 참여도와 고객평생가치를 높이는 과제를 부여받았다.

데이터만을 뚫어져라 쳐다보지 말고 그것을 현실의 고객 경험과 결합해야한다. 종종 최고의 질문은 고객과의 실제 상호작용에서 얻어진다. 칸막이 쳐진 당신의 책상에만 머물러 있어서는 안 된다. 현장에서 나가서 실제 고객과 상호작용해야 한다. 고객과의 대면 시간을 대체할 수 있는 것은 아무 것도 없다.

예전에 도미니크는 일본에서 50만 명의 직원이 일하고 있던 NTT에서 근무했다. 회사의 모든 직원은 고객의 요구를 잘 파악할 수 있도록 하기 위해서 두 번의 주말을 회사 매장에서 근무해야 했다. 마찬가지로 디즈니는 임원을 포함한 모든 신입 사원이 만화 주인공 복장을 한 채 테마파크에서 일하도록 함으로써 고객 경험을 가까이서 이해할 것을 요구했다. 만약 당신 회사에 이와 같은 프로그램이 없다면 지금 당장 시작해도 좋다. 이는 확실히 당신의 회사를 차별화시킬 수 있고 당신과 당신 동료로 하여금 더 나은 마케터가 되게 할 것이다.

마케팅에서 예술과 과학의 조화

로빈 윌리엄스Robin Williams가 출연한 TV 시리즈 〈미친 놈들〉The Crazy Ones
의 한 에피소드에서 뉴욕의 한 광고 대행사는 윌리엄스가 분장한 사이먼Simon
의 희망과는 달리 데이터 분석가를 고용한다. 이 광고 대행사는 고양이 먹이
를 판매하는 회사를 새로운 광고주로 확보했는데 젊은 데이터 분석가가 설
계한 데이터 기반 마케팅 캠페인은 광고 베테랑인 사이먼의 마케팅 아이디어
보다 훨씬 성과가 좋았다. 처음에는 사이먼과 이 데이터 분석가 사이에 의견
충돌이 있었지만 결국 그들은 마케팅의 예술과 과학이 결합된 행복한 나라로
간다. 이 황금시간대 텔레비전 프로그램의 내용은 진실에서 그다지 멀리 떨
어져 있지 않다. 성공적인 마케터는 숫자의 과학을 창의력의 예술과 결합시
키는 법을 터득한 사람이다. 기억하라. 당신의 임무는 차별화하고, 즐겁게 하
고, 전복disrupt하는 것이다.

깨달아야 할 가장 중요한 사실은 아마도 데이터 과학이 결코 창조적인 사
고의 소유자에 대한 필요성을 대체하지 않는다는 것이다. 무스죠의 CMO인
댄 핀그리는 데이터 기반 마케팅을 창조적인 과정에 영감을 불어넣고 또한
그것을 검증하는 방법이라고 묘사했다. 데이터를 사용하여 새로운 고객 페르
소나 및 마케팅 전략을 발견할 수 있고 또 창의적인 아이디어가 제대로 작동
하는지 테스트할 수 있다.

넷플릭스와 이 회사의 최고 컨텐츠 담당 임원 테드 사란도스Ted Sarandos는
데이터 기반의 프로그램 편성방식에 대한 열렬한 옹호자로 유명하다. 그들은
자체 프로그램 제작으로 가장 큰 성공을 거둔 〈카드로 만든 집〉House of Cards과
〈오렌지는 새로운 블랙〉Orange Is New Black의 이면에는 데이터 기반의 프로그램
편성이 있었다고 말한다. 그러나 선댄스 영화제에서 열린 "나는 어떻게 걱정

을 멈추고 알고리즘을 신뢰하는지 배웠다"라는 제목의 패널 토론에서 사란도스는 다음과 같이 인정했다. "어떤 데이터를 무시해야 하는지를 아는 것이 중요하다. 실제로는 70:30 비율일 것이다. 70이 데이터이고 30이 판단력인데 이 30을 최우선에 두어야 한다."

다른 사람들로부터 배워라

기존 마케터들로부터도 여전히 배울 점이 많이 있다. 다이렉트 메일 캠페인에 중점을 둔 전통적인 데이터베이스 마케터는 예측분석에서 가장 숙련된 마케터이다. 우편 홍보물이나 카탈로그를 보내는 데 비용이 많이 드는 데이터베이스 마케터는 오래전부터 구매 가능성 모델과 군집을 사용하여 메일 발송업체들로 하여금 가장 높은 반응을 보이는 세그먼트에 집중하도록 해왔다. 디지털 마케터와 데이터베이스 마케터는 일반적으로 많은 시간을 함께 하지 않지만 이제는 반드시 함께 해야 한다! 데이터베이스 마케팅에서 오랫동안 사용된 원칙들을 그대로 최신 데이터 기반 마케팅에 적용해야 한다.

만약 당신 팀에 현직 또는 과거의 데이터베이스 마케터가 있는 경우 함께 나가서 밥을 사주고 그로부터 고급 세분화 기법에 대해 배워야 한다. 당신 팀에 데이터베이스 마케터가 없으면 링크드인의 인맥 네트워크에서 찾아내어 연락할 수 있을 것이다.

데이터 기반 마케팅 및 예측마케팅에 대해 배우고자 하는 욕망은 당신에게만 있는 것이 아니다. 당신이 모든 것을 밑바닥부터 다시 시작할 필요가 없다. 업계에서 존경받는 회사들을 찾아볼 수 있고 링크드인을 통해 동료들을 접촉할 수 있다. 서로 업무노트를 비교하기 위해 함께 모이는 것에 대해서 그들 대부분은 당신과 마찬가지로 아주 열심일 것이다. 데이터 분석에 관심있는 다른 사람들과 공식 또는 비공식 모임을 시작하여 정기적으로 모임을 갖고 노트를 비교하라. 당신과 당신의 친구들을 교육하기 위해 외부 연사를 초청할 수도 있다. 한 단계 더 나아가 더 큰 모임을 공식적인 미트업meet-up의 형태로 만들 수도 있다. 미트업을 주도하는 것은 업계에서 당신을 눈에 띄게 만들고 당신 이력서에 관련 리더십 경험을 추가할 수 있는 좋은 방법이 될 수 있다.

학습을 위한 훌륭한 소스 중 하나는 예측마케팅 소프트웨어를 판매하는 기술 벤더들이다. 이 벤더들은 당신이 속한 업계에서 다른 많은 회사들과 협력하고 있으며 모범 사례와 벤치마킹에 대한 교육을 해줄 수 있다. 소프트웨어 판매의 양상은 최근 들어서 많이 바뀌었다. 대부분의 벤더들은 교육 콘텐츠, 훈련, 토론회, 심지어 업계 종사자들간의 저녁 식사 모임에 많은 투자를 하고 있으며, 무언가를 판매하려고 하기 전에 이러한 무료 자원들에 대한 사용권한을 제공한다. 이러한 기회들을 꼭 활용해야 하고 애질원을 포함한 관련 기술업체들에게 문의하는 것을 쑥스러워 하지 않아야 한다. 우리는 당신과 이야기하고 싶고 당신의 경력이 발전하도록 돕고 싶다!

| 17장 |

프라이버시,
그리고 유쾌함과 불쾌함의 차이

이제 고객에게 초점을 맞추고 그 과정에서 가치있는 브랜드를 구축하고 개인적인 경쟁우위를 갖추어야 할 때이다. 그러나 고객 데이터를 다루고 있다는 사실을 결코 잊지 마라. 프라이버시에 대한 우려가 발생하는 것은 피할 수 없을 것이다. 오늘날 마케터들은 프라이버시와 개인맞춤화 사이의 담벼락 위에서 아슬아슬하게 균형을 유지하려고 노력하고 있는데 이는 이러한 목표들이 상호배타적이지 않다는 사실을 깨닫지 못하고 있기 때문이다.

일반적으로 소비자는 개인맞춤화로 인한 제품 및 서비스 사용의 편의성과 같은 뚜렷한 편익과 선호도 정보의 제공을 기꺼이 맞바꾸고자 한다. 마샬 경영대학원Marshall School of Business에서 발간된 『개인맞춤화 대 프라이버시: 온라인 소비자의 딜레마에 대한 경험적 고찰』이라는 한 연구 보고서는 개인맞춤화 서비스에 대한 온라인 소비자의 사용 의향(즉 자발적인 정보공유 의사)은 개인맞춤화 서비스를 제공하는 공급업체에 대한 신뢰와 상관성이 있다는 증거를 제시했다. 이러한 발견에 따르면 개인맞춤화 전략의 이점을 추구하는 온라인 서비스업체라면 프라이버시에 대한 소비자의 우려를 염두에 두어야 할 뿐만 아니라 신뢰를 구축할 수 있는 방법을 명확히 밝혀야 한다고 주장한다. 사실, 온라인 서비스업체의 상대적 평판은 소비자가 어떤 업체의 개인맞춤화는 기꺼이 사용하지만 사실상 똑같은 서비스에도 불구하고 또다른 업체의 개인맞춤화는 쳐다보지도 않는 이유 중 하나이다. 신뢰를 구축하는 데 중요한 두 가지 요소는 업체에 대한 소비자의 친숙성과 과거의 경험이다.

여기 고객 데이터 관리 및 신뢰 창출을 위한 몇 가지 가이드 라인이 있다. 첫째, 어떤 정보가 어떻게 그리고 왜 수집되는지 온라인 소비자에게 알려주어야 한다. 둘째, 자신의 정보가 어떻게 사용될 것이며 어떤 제3자에게 제공될 수 있는지에 대해 온라인 소비자에게 선택권을 부여해야 한다. 셋째, 온라인 소비자 정보가 도난당하거나, 우발적으로 유출되거나, 허가없이 사용되지 않도록 적절한 메커니즘을 갖추고 있는지 확인해야 한다. 당신의 회사에서 개인정보가 유출되는 사고가 터져서 월 스트리트 저널의 첫 페이지를 장식하게 되는 것을 원치 않을 것이다. 또한 충분한 프라이버시 보호를 위해서는 프라이버시 침범에 대해 제재 조치를 집행하고 부과할 수 있는 효과적인 권한이 필요하다.

개인정보의 유형들

개인맞춤화를 위해 사용할 수 있는 고객정보의 유형은 다양하며 소비자는 각각의 정보 유형마다 다른 느낌을 가질 수 있다.

익명의 정보. 프라이버시를 침범하는 어떠한 기술도 사용하지 않고 웹사이트 방문시 수집되는 정보를 말하며, 일반적으로 웹 또는 인터넷으로 컨텐츠를 접속할 때 함께 전송되는 표준 정보이다. 이러한 정보에는 컴퓨터의 IP주소, 도메인 유형, 브라우저 버전 및 유형, 운영 체제, 브라우저 언어, 현지 시간 등이 포함된다.

개인 식별불능 정보. "그것만으로는 개인을 식별하거나 찾아낼 수 없는 정보"를 말한다. 나이, 생년월일, 성별, 직업, 교육, 소득, 주소가 없는 우편번호, 관심사, 취미 등의 정보가 이러한 범주에 속한다. 웹 페이지의 선택 버튼, 메뉴, 체크 박스 등을 선택한 소비자는 위와 같은 정보들의 대부분을 명시적으로 제공해야 한다. 요청을 통해 얻는 것 외에 개인 식별불능 정보를 얻기 위해서는 종종 쿠키, 투명 gif 등과 같은 정교한 추적기술을 사용해야 한다. 이러한 기술은 고객을 개별적으로 식별하지는 못하지만 정보수집 주체가 의미있는 고객 프로파일을 개략적으로 파악할 수 있도록 해준다.

개인 식별가능 정보. 특정한 개인을 식별하거나 위치를 파악하는 데 사용할 수 있는 정보를 의미한다. 여기에는 이메일 주소, 이름, 주소, 전화번호, 팩스 번호, 신용카드 번호, 사회보험 번호 등이 포함된다. 예외없이 이러한 정보는 거의 항상 고객으로부터 명시적으로 수집되며 주로 소비자가 웹사이트에 등록하거나 금전적 거래를 할 때 수집된다.

당신이 과거에 거래한 적이 있는 회사가 당신의 개인식별 데이터를 이용하는 것과 당신이 과거에 아무런 거래가 없는 회사가 (설사 익명이라 하더라도) 그러한 데이터를 사용하는 것에 대해서는 중요한 심리적 태도상의 차이가 있다는 것이 증명되었다. 만약에 당신이 전에 한 레스토랑에서 식사를 하였는데 그곳을 다시 방문했을 때 웨이터가 알아본다면 당신은 기분이 좋을 것이다. 웨이터가 당신의 이름을 알고 있고 당신이 미디엄-레어로 구운 고기를 좋아한다는 것을 기억한다면 당신은 감탄할 것이다. 그러나 길 건너에 있는 낯선 사람이 갑자기 당신의 이름을 말하면서 어젯밤에 당신이 마신 위스키가

괜찮았는지 묻는다면 그것은 프라이버시 침해로 느껴진다. 인터넷에서도 마찬가지다. 구찌Gucci에서 이전에 물건을 구입한 적이 있는데 그들이 당신을 고액 쇼핑객으로 인식하고 크리스마스 선물을 보내주었다면 당신은 이를 고마워할 것이다. 그러나 구찌의 경쟁자인 베르사체Versace가 당신을 목표로 삼아서 당신이 열람하는 웹 페이지들을 따라다니는 디스플레이 광고를 계속한다면 당신은 짜증나고 불쾌하다고 느낄 것이다.

겟 일래스틱Get Elastic*은 인터넷 쇼핑객의 57%가 자신의 정보 제공이 자신의 편익을 위한 것이라면 불편해 하지 않는다는 사실을 발견했다. 그런데 사용자가 알지 못하는 브랜드가 자신도 모르는 사이에 그 사용자가 인터넷을 사용하는 동안 계속 따라다니는 것은 결코 그를 위한 편익이 아니다. 동시에 『컨슈머 리포트』지는 소비자의 71%가 자신의 허락없이 정보를 판매하거나 공유하는 온라인 회사들에 대해 매우 우려하고 있으며, 이로 인해서 점점 더 많은 마케터들이 기존의 제3자 쿠키를 사용한 리타깃팅에서 자체 쿠키를 사용한 리타깃팅으로 전환했다고 밝혔다.

프라이버시를 침해할 수 있는 상황을 피하라

마케팅 캠페인이 유쾌한 것인지 불쾌한 것인지 여부를 판단할 때는 상식을 사용하라. 상황의 맥락을 고려하라. 어떤 상황에서는 유쾌한 행동이지만 맥락이 바뀌면 완전히 오싹한 느낌을 줄 수 있다. 예를 들어 매장에서 판매원이 나를 반겨주는 것은 괜찮았지만 밤 10시에 동일한 판매원이 내 집의 문을 두

---

*세계적인 옴니채널 마케팅 플랫폼 업체인 Elastic Path Software에서 운영하는 전자상거래 및 온라인 마케팅 관련 블로그.

드리면 등골이 오싹해진다. 고객들은 디스플레이 광고와 같은 실시간 개인맞춤화보다는 이메일과 같은 비^非동시적 커뮤니케이션을 더 편하게 여기는 것 같다. 제11장에서 미국 소비자의 66%는 이전에 온라인에서 봤던 것과 관련된 가격할인 제안 이메일은 고맙게 생각하지만, 이와 동일한 제안을 온라인 광고 형태로 접하는 것에 대해서 고맙다고 생각하는 사람은 24%에 불과하다고 언급했다.

고객이 프라이버시에 대해 갖고 있는 인식은 각 고객마다, 각 세그먼트마다 매우 다르다. 3,000명의 소비자를 대상으로 한 콜루미노의 조사에 따르면 일반적으로 미국의 소비자는 온라인 유통업체가 고객 경험을 개인맞춤화할 것이라고 기대할 가능성이 영국보다 훨씬 더 높다. 미국인의 약 절반 가량이 신규고객에 대한 환영인사를 받고 싶어하지만 영국에서 34%만이 그러하다. 또한 "밀레니엄 세대"의 일부인 18세에서 34세 사이의 쇼핑객들은 거의 모든 형태의 개인맞춤화를 긍정적으로 평가할 가능성이 더 높았다. 밀레니엄 세대 중 52%는 웹사이트가 자신의 생일을 기억할 것으로 기대하는 반면에 65세 이상 구매자는 21%만이 그렇다. 이러한 차이 때문에 개인맞춤화의 기준을 일반화하지 않는 것이 매우 중요하다. 일부 고객은 철저히 개인맞춤화를 요구하는 반면에 다른 일부 고객은 개인맞춤화 자체를 거부한다. 따라서 모든 고객에 대해 각각의 고객 프로파일을 개발하고 이러한 프로파일로부터 고객이 좋아하는 개인맞춤화 유형을 추적하는 것이 중요하다.

고객에게 통제권한 부여

소비자는 자신의 데이터를 통제하기를 원하기에 자기 데이터에 대한 통제

권을 고객에게 부여하는 회사가 성공할 것이다. 구글이나 아마존 같은 대기업들은 이미 이러한 일을 하고 있다. 알고리즘에 입력되는 내용 일부를 고객들이 확인할 수 있도록 해주면 예측분석의 전체 과정에 대해서 훨씬 덜 두려워하게 된다. 소비자가 자신의 데이터를 사용하는 방식에 대해서 보다 잘 파악하고 통제할 수 있는 세 가지 효과적인 방법이 있다.

1. **데이터 수정:** 회사가 제품 추천에 사용하는 데이터 종류를 고객이 결정할 수 있는 기능을 제공해야 한다. 예를 들어 고객이 특정 데이터(예: 친구의 출산 축하를 위한 선물 구매)를 삭제하거나 특정 데이터 소스를 완전히 배제할 수 있어야 한다.
2. **이유 설명:** 특정한 제품 추천이 만들어진 이유를 설명하고 사용자가 고객 관련성이 어디에서 나오게 되었는지를 이해할 수 있도록 해야 한다. 일반적으로 이 간단한 접근방식은 심지어 잘못된 추천조차도 사용자에게 논리적이고 이해할 수 있는 것처럼 보이게 한다.
3. **피드백 선순환:** 제품 추천이 좋든 나쁘든 사용자가 그것에 대한 피드백을 할 수 있는 기능을 제공해야 한다. 이것은 단지 사용자 행동을 관찰하는 것(암시적 학습)뿐만이 아니라 직접 사용자로부터 입력을 받음(명시적 학습)으로써 시스템이 학습하는 '강화학습'reinforcement learning이라고도 한다.

엄격한 경계선과 정부 법규

건전한 비즈니스 관행 이외에도 고려해야 할 엄격한 사생활의 경계가 있다. 예를 들어 고객의 허락 없이는 정보를 수집하고 판매할 수 없는 경우도 있다. 또한 우발적인 정보 유출이나 유실을 방지하기 위해 고안된 다양한 업계 규칙 및 법률이 있다. 유럽연합EU에서 데이터 프라이버시 보호는 「데이터 보호 지침」Data Protection Directive의 적용을 받는다. 유럽에서 사업하기를 원하는 미국 회사는 개인 신상정보 전송에 관한 「미국-유럽연합 세이프 하버Safe Harbor 프라이버시 기준」을 준수해야 한다. 신용카드 정보를 처리하는 회사는 신용카드 업계의 데이터 보안 표준을 준수해야 한다.

「미국-유럽연합 세이프 하버 프라이버시 기준」은 미국 기업이 개인정보 보호에 관한 유럽연합 지침 95/46/EC를 준수하기 위한 간소화된 프로세스를 허용한다. 세이프 하버 원칙은 우발적인 정보 공개 또는 분실을 방지하기 위해 마련되었다. 유럽연합에서 운영하는 회사는 적절한 보호 수준이 보장되지 않는 경우 '유럽 경제 공동체'European Economic Area 이외의 국가에 개인정보를 보낼 수 없다. 또한 적절한 직원 교육 및 효과적인 분쟁해결 메커니즘을 마련하기 위해 지켜야 할 요구 사항도 있다.

PCI DSS라고 불리는 「신용카드 업계 데이터 보안 표준」은 신용카드 업계에서 개발되었다. 신용카드 정보를 취급하는 모든 회사들은 이 표준을 준수해야 한다. 동시에 보안 업계에서도 해당 표준은 데이터 보호를 위한 벤치마크 기준으로 널리 공감을 얻고 있다. PCI DSS를 따르지 않아도 고객 데이터를 가장 효과적으로 보호하는 방법을 알기 위해 이 프레임워크를 고려할 수 있다. PCI DSS에서 요구하는 필요한 기능 중 일부는 방화벽의 설치 및 유지, 카드 소유자 데이터 전송시 암호화, 네트워크 자원 및 카드 소유자 데이터에 대한 모든 액세스의 추적 및 모니터링이다. 전체적으로 이 표준은 규정 준수를 위한 12가지 요구 사항을 명시하고 있다.

영국, 스페인, 포르투갈과 같은 일부 국가에서는 정보를 수집하고 처리할 때 개인의 동의가 있어야 하며 민감한 개인정보의 경우 명시적 동의가 필요하다. 미국의 법률은 여러 주들의 규정을 짜맞춘 것인데, 일반적으로 미국은 데이터 프라이버시에 대한 제약이 가장 적다. 특히 여러 나라에서 비즈니스를 하는 경우 현지 법률 및 규정이 자주 변경되며 미국 및 유럽을 비롯한 많은 지역에서보다 엄격한 데이터 보호법을 고려하고 있기 때문에 반드시 법률 전문가와 상담하는 것이 좋다.

정부가 너무 간섭적인 법안을 채택하지 않도록 기업들이 스스로 옳게 행동해야 한다. 한 가지 분명한 사실은 소비자의 신뢰와 확신을 높이기 위해 기업들은 고객의 데이터를 자신의 데이터로 대우하고 보호해야 한다는 것이다. 기업들은 데이터 프라이버시 보호가 법률 준수를 위한 경영지원 활동이 아니라 고객 경험을 향상시키는 경쟁력있는 차별화 요소라고 생각해야 한다.

18장

예측마케팅의
미래

뉴욕이나 샌프란시스코에 레베카 밍코프Rebecca Minkoff* 매장에 들어서 자마자 고객이 처음 마주치는 것은 무료 음료를 주문하는 벽 크기의 터치 스크린이다. 손님들은 무료로 물, 차, 커피 또는 에스프레소를 주문할 수 있다. 그리고는 주문한 음료수의 준비완료를 알리는 문자 메시지를 받을 전화번호를 묻는다.

이러한 특별 서비스는 단순히 밍코프의 친절한 선의에서 나온 것이 아니 다. 이 전화번호는 매장에 있는 동안 고객의 활동을 추적되는 디지털 서명 역 할을 한다. 이 대형 터치 스크린을 통해 브랜드 카탈로그를 탐색하고 옷들을 맞춰볼 수 있다. 구매자가 모르는 사이에 매장의 직원은 모바일 앱에 연결되 어 스토어에 누가 있는지, 어떤 데이터가 거대한 벽 디스플레이에 입력되고 있는지 알 수 있다. 그런 다음 고객이 탈의실에 들어서면 재미있는 일이 발생 한다.

---

*뉴욕에 본사를 둔 여성용 유명 럭셔리 가방, 악세서리, 신발, 의류업체.

밍코프의 새로운 매장에 있는 모든 의류 및 액세서리에는 테마파크의 액세스 팔찌 티켓이나 신용카드에 자주 사용되는 무선신호 방출 태그인 RFID 태그가 장착되어 있다. 뉴욕, 로스앤젤레스, 샌프란시스코, 도쿄에 있는 레베카 밍코프의 새 매장에 있는 탈의실에는 RFID 감지기가 장착되어 있어 고객이 특정한 탈의실로 들고오는 의류를 식별할 수 있다.

탈의실 내에도 거울 역할을 하는 대형 터치 스크린이 있다. 컴퓨터는 고객이 가져온 의류의 인벤토리를 RFID 태그를 기반으로 자동으로 구축한다. 터치 스크린을 통해 고객은 다양하게 무드 조명 설정을 바꿔볼 수 있는데, 중요한 것은 밍코프의 전자상거래 절차를 탈의실 내로 통합한 것이다.

고객이 탈의실로 들고 온 물건이 화면에 자동으로 다양한 사이즈와 색상으로 표시된다. 무언가가 맞지 않으면 그 물건을 다른 사이즈로 온라인 장바구니에 추가하도록 주문해두고 나중에 결제할 수 있다. 그들이 들고 왔지만 입어보지는 않은 옷 하나 하나가 향후 판매 리드로 변환된다. 이러한 혁신으로 인해 밍코프와 같은 유통업체는 개별 고객이 구매하지 않는 품목을 파악할 수 있다. 이를 기반으로 유통업체는 고객에게 이메일을 보내어 그들이 골랐지만 사지 않은 옷들을 다시 한번 들여다보러 매장에 재방문할 것을 요청한다.

이 책에서 우리는 예측분석이 마케터를 위해 무엇을 할 수 있는지를 개괄적으로 살펴보았다. 우리는 마케팅에서 예측분석의 사용사례가 점점 더 많아질 것이라고 예측한다. 예측 모델은 시간이 지남에 따라 크고 작은 회사의 모든 마케터가 보다 쉽게 액세스하고 사용할 수 있게 될 것이다. 또한 예측 모델은 디지털 세계와 물리적 세계에서 고객과의 실시간 개인맞춤 커뮤니케이션을 강화해줄 것이다. 우리가 레베카 밍코프에 대한 이야기에서 보았던 것처럼 미래의 매장은 우리가 오늘날 알고 있는 매장과 매우 다를 것이다. 마지막으로, 대용량 데이터 및 기계 학습의 광범위한 접근 가능성이 제품이나 판매 채널보다는 고객에 초점을 맞추는 방향으로 마케팅 실천을 재구성하도록 만들어 진정한 문화적 변화에 박차를 가할 것이라고 우리는 믿는다.

고급 예측분석 모델

이 책에서는 단기간에 고객가치에 가장 큰 영향을 줄 수 있는 예측 모델에 초점을 맞추어서 예측마케팅에서 얼리어답터가 가장 널리 사용하는 모델을 주로 설명한다. 그러나 고급 마케터가 사용할 수 있는 다른 예측 모델들도 많이 있다. 다음은 몇 가지 예에 불과하므로 이러한 기술을 얼마나 광범위하게 적용할 수 있는지 생각해보라.

'참여engagement 경향성 모델'은 고객이 브랜드에 참여할 가능성을 예측한다. 참여는 다양한 방법으로 정의할 수 있지만 대부분의 경우 이메일 개봉, 이메일 클릭, 브랜드 웹사이트 방문과 같은 행동을 말한다. 참여 경향성 모델을 사용하면 마케터는 이러한 참여 경향성에 따라 고객이 받는 이메일 수를 제한하고 이메일의 적절한 빈도를 결정할 수 있다. 참여 모델에 방향 표시 기능을 포함시키면 고객이 브랜드에 참여하는 정도가 늘어나고 있는지 줄어들고 있는지를 보여줄 수도 있다. 마케터는 이 모델을 사용하여 하락 추세에 있는 고객을 타깃팅하여 특별한 메시지와 할인 제안을 발송함으로써 고객이 브랜드로부터 이탈하는 것을 예방할 수 있다.

'지갑 크기 합계total size of wallet 모델'은 각 고객마다 그 사람이 지출 가능한 최대 금액을 예측할 수 있다. 이것은 종종 '지갑 크기'size of wallet 또는 '전체 대상 시장'total addressable market(약어 TAM)이라고도 하는데, 한 명의 고객이 한 회사에서 판매하는 제품/서비스에 대해 연간 지출하는 총 금액으로 정의된다. 특정한 제품 카테고리에 대해서도 TAM 예측을 할 수 있다. 마케터는 이 모델을 사용하여 자신의 브랜드에 더 많은 돈을 지출할 가능성이 높은 고객을 식별할 수 있다. 참여와 마찬가지로 TAM 방향성^{Direction of TAM} 모델로 TAM 모델을 보완할 수 있다. TAM 방향성 모델은 특정한 고객의 전체 시장이 증가하고 있는지 아니면 축소되고 있는지를 예측한다. 예를 들어, 한 주목받는 스타트업 회사는 서버 구매 고객으로써 현재 TAM이 낮지만 TAM의 방향성은 매우 높을 수 있는데 이는 이 회사가 빠르게 성장하고 있으며 향후 중요한 예상고객이 될 수 있다는 것을 의미한다. 마케터는 이 모델을 사용하여 중요한 예상고객을 식별할 수 있다.

'가격설정 최적화 모델'은 매출, 판매량, 수익성 등을 가장 잘 증대시킬 수 있는 가격을 예측한다. 판매, 수익, 판매량, 기타 요인 등 당신이 최적화를 원하는 요인에 따라서 모델을 맞춤 설정해야 한다. 마케터는 가격 최적화 모델을 사용하여 각 고객마다 특정한 제품 또는 서비스의 최적 가격을 결정할 수 있다. 이를 위해 각 제품별로 다른 모델을 개발하거나 일반적인 고객의 가격 민감도를 예측하는 보다 일반적인 모델을 사용할 수 있다. 마찬가지로 할인 최적화 모델은 어느 정도의 할인이 어떤 고객에게 가장 큰 영향을 줄지 결정할 수 있다. 이러한 종류의 모델을 사용하여 전환율, 매출, 마진이 극대화되도록 설정할 수 있다. 이 모델을 통해 마케터는 어떤 사람들에게 어떤 제안을 보내는 것이 가장 좋은지 알려준다.

'접촉을 위한 키워드^{keyword-to-contact} 추천 모델'은 웹사이트에서의 행위나 과거 구매와 같은 것에 기반하여 뉴스레터나 이메일과 같은 특정 콘텐츠에 대한 고객의 선호도를 예측할 수 있다. 이와 유사하게 핫 토픽 탐지 모델은 고객의 사회적 활동, 웹 로그, 구매 및 기타 소스 분석을 기반으로 고객이 관심을 갖는 관심 주제 또는 관심 제품을 예측한다. 마케터는 이러한 예측을 사용하여 특정한 고객을 위한 콘텐츠 마케팅의 주제를 결정할 수 있다.

'예측 군집분석 모델'은 고객이 향후 어떤 클러스터에 속하게 될 것인지를 예측한다. 마케터는 이러한 예측을 사용하여 고객을 획득한 직후 고객에 대한 차별화된 조치에 착수할 수 있다. 더 이상 그들이 누구인지 이해하기 위해 그들이 행동으로 자신을 표현할 때까지 기다릴 필요가 없다. 마케터는 가치가 낮은 고객 군집으로 고객이 이동하기에 앞서 너무 늦기 전에 대응할 수 있다.

예측 마케터처럼 생각하라

우리는 예측마케팅 분야의 성공적인 얼리어답터들과 함께 일하면서 깨달은 바가 있다. 이들은 다른 접근방식을 취했다. 소비자, 기업 대상 및 소비자 대상 마케터 모두가 서로 윈-윈이었다. 고객 만족도는 높아지고, 회사는 고객을 중심으로 변화되었으며, 소비자 마케터는 회사 안에서 더 큰 주목을 받았다. 우리가 함께 일한 한 회사는 오프라인 매장에 기반을 두고 있는 브랜드를 온라인 상에서 매출이 늘어나게 함으로써 전반적인 매출을 두 배로 늘릴 수 있었다. 이 과정에서 온라인 구매는 매출의 20%를 차지하던 것에서 80%로 증가했다.

따라서 우리는 무엇을 해야 할지에 대해서가 아니라 어떻게 되어야 할지에 대한 조언을 제공하면서 책을 마치고자 한다. 당신이 이러한 놀라운 변화를 이루는 데 도움이 되도록 예측 마케터들로부터 얻은 교훈 몇 가지를 소개한다.

첫째, 만약 이 책으로부터 얻어갈 교훈을 오직 한 가지만 이야기하라고 한다면, 그것은 고객에게 집중하고 고객을 중심으로 생각을 재구성하라는 것이다. 고객 중심은 새로운 개념이 아니다. 사실 마케터는 마케팅이 시작된 이래로 고객에게 집중하기 위해 노력해왔다. 하지만 이 개념이 오랫동안 주목을 받아왔다고 해서 그것이 성공적으로 구현되었다는 것을 의미하지는 않는다. 물론 당신의 회사가 아직까지 진정한 고객 중심의 문화를 구축하지 못했다고 해서 더이상 시도하지 말아야 한다는 의미는 아니다. 빅데이터 및 예측분석은 이전에는 불가능했던 방식으로 진정한 고객 중심의 조직을 가능하게 한다.

둘째, 분석이 아니라 회사가 해야 하는 행동에 초점을 맞춰야 한다. 회사들이 그 유명한 '분석 마비'라는 단계에 빠짐으로 인해서 실패하는 데이터 분석 프로젝트가 너무 많다. 일단 당신이 숫자에 익숙해지면, 당신은 그것들에 매료될 가능성이 있다. 고객에 대한 모든 발견은 또다른 질문을 던져줄 것이다. 반복 구매자의 비율이 낮다. 왜 그럴까? 이탈 고객은 나이가 많은가 적은가? 온라인 쪽보다 매장 쪽의 이탈 고객이 더 많은가? 더 많은 재구매 고객을 불러들이는 특정한 제품들이 있는가? 이탈 고객들은 다른 사람들보다 반품을 더 많이 하는가? 고객 데이터를 사용하여 물어보고 대답할 수 있는 질문은 끝이 없다. 그러나 한 번에 너무 많은 질문을 제기한다면 위험하다. 그 위험이란 데이터를 가지고 '아무것도 하지 않는다'는 것이다. 데이터만 가지고 있어서는 아무것도 바뀌지 않는다. 행동으로 이어질 질문만 하라. 그렇지 않은 것은 그저 알고 있으면 좋을 따름이다. 사실 이는 많은 컨설턴트가 하는 일인 바, 아무런 행동도 취하지 않고 두꺼운 분석 보고서와 많은 흥미로운 사실들을 모아놓는 것이다. 고객 데이터에 기반하여 행동을 취하는 경우에만 고객 경험, 고객평생가치, 회사의 재무실적을 개선할 수 있다. 즉, 단 하나의 고객 인사이트를 사용해서라도 무언가를 변화시켜야 하고, 하나의 캠페인이라도 시작해야 뭔가를 개선할 수 있다. 그것은 어쩌면 구매 후 추천을 사용하여 고객 환영 캠페인을 시작한 뒤 실제 효과를 확인하는 방법일 수 있다. 고객 데이터에 대한 기반한 행동을 일찍 시작할수록 데이터 기반 마케팅이 더 일찍 핵심에 자리잡을 수 있다. 또한 이로 인해서 고객 만족도와 매출의 개선이라는 초기 성공을 얻게 되고 이에 따라 회사 내에서 당신은 데이터를 계속 탐색할 수 있는 권한을 얻을 수 있게 된다.

셋째, 오늘 시작하라. 단순함을 유지하면서 반복적으로 실행해야 한다. 예측마케팅을 지원하는 벤더업체의 기술 환경이 빠르게 변화하고 있다는 것은 사실이다. 더 새롭고 우수한 기술이 매년 제공될 것이다. 그러나 그렇다고 해서 당신이 계속 앉아서 기다려서는 안 된다. 조기 착수자가 되는 것에는 큰 이점이 있다. 이 책에 소개된 회사들은 그것을 알고 있었다. 이 책을 쓰면서 우리가 직면한 주요 도전 과제는 마케터가 예측마케팅으로 얻은 결과를 다른 사람들과 공유하는 데 동의를 얻는 것이었다. "우리는 예측마케팅을 배치함으로써 얻을 수 있는 보상의 규모가 얼마나 큰지 경쟁업체가 알기를 원하지 않는다." 또는 "우리는 예측마케팅 이니셔티브를 주요 경쟁우위로 생각하며 다른 사람들이 그것에 대해 알기를 원하지 않는다." 이 말이 무엇을 의미하는지 당신은 잘 알 것이다. 프로젝트 규모가 작더라도 위험을 감수하고 예측마케팅을 시작하라. 당신의 회사가 예측마케팅에 필요한 새로운 사고방식에 익숙해지려면 일정한 시간이 걸린다. 따라서 이러한 전환과 학습 과정을 더 빨리 시작할수록 더 좋은 결과를 얻을 수 있다. 궁극적으로 고객들은 자신과의 관련성이 큰 콘텐츠를 제공할 것을 요구하며, 만약 경쟁사가 먼저 예측마케팅을 실시한다면 그들에게 당신의 고객을 잃게 될 것이다. 궁극적으로 예측마케팅을 채택해야 한다는 사실을 알고 있다면 오늘 당장 시작하여 경쟁 우위를 확보해야 하지 않겠는가?

넷째, 새로운 것을 자주 시도하고 모든 것을 측정해야 한다. 첫 번째 시도에서 바로 예측마케팅을 성공할 수 있을 것이라고 기대하지 마라. 당신의 회사에 적합한 데이터와 캠페인 유형을 파악하려면 여러 차례의 시행 착오가 필요하다. 그러나 이를 터득하기 위한 유일한 방법은 일단 시작하는 것이다. 하지만 이 모든 실험에 대해서 명확한 가설을 세우고 A/B 테스트를 통해 가설을 테스트하거나 항상 새로운 조치를 적용하지 않은 대조 그룹을 포함시켜야 한다. 새로운 것을 시험하고 점진적으로 개선하라. 참을성이 있어야 한다. 회사가 예측마케팅 트렌드를 따라잡는 데는 시간이 걸릴 수 있다. 첫 번째 실험이 실패했다고 해서 거기서 멈추지 마라. 우리가 접한 가장 성공적인 고객 중 일부는 수백 개의 캠페인을 운영했으며 각 캠페인은 고객 경험 전반과 그들의 평생가치에 조금씩 기여를 했다. 미식축구와 마찬가지로 예측마케팅은 1인치의 전진을 두고 다투는 게임이다. 모든 마케팅 실천은 충성도가 높고 수익성 있는 고객이라는 골 문을 향해 필드에서 공을 앞으로 이동시키는 데 도움이 된다.

다섯째, 회사의 성공 사례를 안팎에 전파해야 한다. 예측마케팅으로 성과를 얻기 시작하면 그 내용을 바깥 세상과 공유하라. 업계 내에서 비슷한 생각을 가진 마케터 그룹을 찾고 서로 내용을 비교하면 실질적인 이득을 얻을 수 있다. 당신 회사와 공통점이 많지만 직접 경쟁하지 않는 회사와 브랜드에서 일하는 마케터를 찾을 수 있다. 혼자서 처음부터 모든 것을 시작하지 않아도 된다면 학습은 가속화될 것이다. 예측마케팅은 강력한 흐름이 되어가고 있으며 마음이 맞는 현업전문가들을 찾는 것이 수익성에도 도움이 되고 재미도 있을 것이다. 또한 블로그를 사용하거나 보도자료를 통해 당신의 실험에 대해 고객에게도 알려주는 것이 좋다. 우리는 당신이 이러한 흐름에 대해 쓰기를 좋아하는 기자들과 만나기를 권한다. 고객들은 당신의 회사가 고객 관련성 없는 매스 마케팅 관행을 없애려고 노력하고 있다는 기사뿐만 아니라 당신 회사가 고객에 대한 더 깊은 이해와 서비스에 투자하고 있다는 기사를 읽게 되면 좋아할 것이다. 마지막으로 당신의 성공에 대해서 블로그나 트윗을 통해 사람들에게 알린다면 당신은 진취적인 사고방식을 가진 선진적 마케터라는 평가를 얻게 될 것이다. 예측마케팅을 채택하는 과정에서 당신 개인의 명성을 쌓지 않을 이유가 있겠는가?

이러한 것들이 예측마케팅의 원칙들이다. 우리는 매우 운이 좋게도 역사에서 가장 심오한 기술적, 문화적 혁명을 목격하고 있다. 만약 당신이 이러한 수준의 목표를 추구한다면 우리가 이 책에서 제시한 전략을 당신의 이점으로 활용하거나 자신의 전략을 직접 창안해낼 수 있다. 당신은 고객과 함께 그리고 회사 내에서 성공을 구축할 수 있다. 그리고 점점 더 예측마케팅이 증가하고 보편화되면서 당신은 크게 성공할 준비를 갖추게 될 것이다.

마케팅은 그보다 훨씬 더 큰 혁명의 최전선에 서 있다. 기계학습은 결국 모든 사람들의 삶에 침투할 것이며 교육, 자선, 보건의료의 질을 향상시킬 것이다. 마케터로서 우리는 바람직하지 않은 방식으로 개인정보를 침해하지 않으면서도 우리의 삶을 향상시키기 위해 기계의 지능을 최대한 활용하는 방법을 모색하고 있는 선구자이다. 당신이 하는 일은 정말로 중요하다. 우리는 예측마케팅을 위한 당신의 노력에 최고의 행운이 있기를 기원하며 우리에게 당신의 경험을 이야기해주기를 바란다.

웹사이트 : www.predictivemarketingbook.com

링크드인의 예측마케팅 책 관련 그룹 : www.linkedin.com/groups?gid = 8292127

트위터 : twitter.com/agilone

고객 데이터 유형에 대한 개요

구매 및 거래

웹사이트에 설치한 태그로부터 또는 전자상거래 플랫폼인 주문관리 시스템에서 직접적으로 온라인 구매를 추적할 수 있다. 또한 POS 응용 프로그램 또는 주문관리 시스템을 통해서 매장 구매를 추적할 수 있다. 종종 매장 구매는 온라인 구매 또는 전화 구매와는 별개의 시스템에 의해 수집된다. 한 사람이 여러 채널을 통해서 하는 모든 구매를 다시 동일한 사람으로 묶을 수 있는 것은 매우 중요하다. 예를 들어 온라인와 휴대전화을 통한 구매를 통합하지 않은채 미결제 장바구니에 대한 리마인드 메시지를 보낼 경우 온라인에서는 장바구니를 미결제했지만 휴대전화로 구매를 완료한 사용자는 미결제된 장바구니를 결제하도록 유인하는 할인 쿠폰을 받을 수 있다. 이 고객들은 화가나서 불평할 것이다. "아니, 내가 조금만 더 기다렸으면 방금전에 산 물건을 할인받을 수 있었다는 말인가?"

웹 및 온라인에서의 행위

기업 대상 마케터인 경우 웹 브라우징 행위와 이메일 상호작용이 구매보다 훨씬 중요할 수 있다. 이 두 가지 행위 데이터 포인트는 예상 고객 또는 기존 고객의 향후 의도에 대한 좋은 아이디어를 제공한다. 소비자 마케팅보다 구매 횟수가 훨씬 적기 때문에 구매 행위만으로는 비즈니스에서 충분한 정보를 얻을 수 없다. 반대로 기업 대상 마케팅에서는 의사결정 주기가 훨씬 길어지므로 이러한 구매 이전 데이터 포인트가 더 많이 있다. 실제로, 비즈니스 마케팅에서 누가 구매할 것인지를 예측하는 것은 매우 큰 이익이 걸려 있기 때문에 "리드 점수 예측"에 특화된 소규모 벤더들이 마케터가 어떤 예상 고객이 구매할 준비를 하고 있는지 알 수 있도록 도와준다. 이러한 정보를 가지게 되면 기업들은 제한된 영업 자원을 가장 중요한 고객들에게 집중할 수 있다.

고객이 당신의 웹사이트를 처음 방문할 때는 그를 인식하지 못할 수도 있다. 그러나 고객의 인터넷 활동을 추적하는 쿠키 태그를 사용하면 익명 방문자에 대해서도 행위에 대한 추적을 시작할 수 있으며 나중에 이를 실제 사용자와 결부시킬 수 있다. 사람들이 구매를 하거나, 뉴스레터를 구독신청하거나, 전자책 다운로드 또는 웹사이트 동영상을 보기 전에 온라인 양식에 자신의 정보를 입력할 때 당신은 그가 어떤 사람인지 알 수 있다. 당신은 누진적 프로파일링을 통해서 전환율에 악영향을 미치지 않으면서도 고객정보를 수집할 수 있다. 등록을 위해 15개나 되는 양식 필드를 채워 넣는 대신 사이트 방문자는 한 번에 한 두 개의 필드만 입력한다. 예를 들어 고객이 처음 사이트를 방문했을 때는 성, 이름, 이메일만 입력하도록 요청하고 두 번째 방문 시에는 전화번호 및 우편번호 등을 입력하도록 요청한다.

이메일 행위

이메일 읽기 및 클릭은 사용자의 참여 및 구매 가능성에 대한 중요한 신호가 될 수 있다. 고객들이 어떤 이메일을 읽는지, 얼마나 자주 당신이 보낸 이메일을 읽는지를 분석함으로써 고객에 대해 많은 것을 알 수 있다. 이 정보는 한 개인이 당신의 이메일 수신자 목록에서 탈퇴할 가능성을 예측하는 데 사용될 수도 있다. 수신 거부는 겉으로 보기에는 무해하지만 실제로는 매우 큰 대가를 치르게 된다. 이 책의 제9장에서 이메일 빈도를 최적화하는 방법을 다루었다.

가구 구성 및 계정 그룹화

가구 구성은 과거에 카탈로그 마케팅에서 꼭 거쳐야 할 중요한 데이터 처리 단계였다. 마케터들은 동일한 가구에 속하는 두 구매자에게 동일한 카탈로그를 두 번 보내지 않으려 했다. 가구 구성은 다이렉트 메일의 비용을 줄이는 데 도움이 될 뿐 아니라 진정으로 가치있는 고객을 이해하는 데 도움이 된다. 나 혼자만 놓고 보면 매우 가치있는 고객처럼 보이지 않을 수도 있지만, 내가 많은 가족 구성원의 구매에 직접적으로 영향을 끼치고 있다면 나는 VIP가 될 수 있다.

개인과 그들이 속한 가정과의 관계가 항상 쉽게 알 수 있는 것은 아니다. 그 사람의 이름과 주소를 사용하여 가족 간의 관계를 정립할 수 있다. 소프트웨어를 사용하여 가구주를 자동으로 지정할 수도 있다. 이 가구주는 해당 가구 구성원들이 당신의 브랜드로부터 물건을 구입할 때 가장 영향력이 큰 것으로 간주된다. 기업 대상 마케팅에서 (예상 고객 또는 기존고객인) 담당자와 그가 일하는 회사 간의 관계는 종종 회사의 고객관계 관리 시스템에 기록된다. 새로운 리드를 얻게 되면 해당 담당자와 그들이 속한 계정이 자동으로 연결되도록 해주는 사용자 지정 코드를 개발하거나 제3자가 개발한 도구를 구매하는데 비용을 투자해야 할 수도 있다.

위치

고객이 첫번째 구매를 한 후에 청구서 수신 주소 또는 배송지 주소로부터 그 사람의 집 주소를 가져올 수 있다. 소프트웨어가 자동으로 고객의 집 주소 위치의 위도와 경도를 계산하고 추가하게 하는 것이 유용하다. 이렇게 하면 나중에 다른 계산을 위해 사용할 수 있으며 특정한 매장과의 근접성과 같은 속성을 기반으로 고객을 타깃팅할 수 있다. 예를 들어, 새 매장이 개설되면 10마일 반경 내의 모든 고객에게 초대장을 엽서로 보내어 새 매장 위치를 알릴 수 있다.

온라인 전용 브랜드로 시작한 화장품 유통업체인 100% 퓨어[100% Pure]는 실제 매장들을 열기로 결정하였을 때 기존고객으로부터 수집한 데이터에 근거하고자 하였다. 온라인으로 제품을 구입할 때 수집한 운송 및 청구 주소를 기반으로 이 회사는 새로운 실제 매장 위치를 선택했다. 100% 퓨어의 예측마케팅 관련 경험에 대해서는 제12장에서 더 많은 내용을 읽을 수 있다.

기업 대상 마케팅의 경우 종종 고객 기업의 위치를 기반으로 영업 담당자를 배정하기 때문에 회사 주소도 매우 중요하다.

고객의 집 주소를 넘어 더 많은 임시적 위치 정보를 수집하는 것도 유용하다. 즉, 고객이 현재 어디에 있는지 파악하는 것도 유용하다. 웹 로그를 사용하여 고객의 IP 번호를 조회하고 마케터가 이를 기반으로 고객 위치를 결정할 수 있다. 해외여행을 할 때 이 기술을 가장 생생하게 경험했을 수 있으며 검색엔진의 기본 언어를 전환할지 묻는 메시지가 구글에 표시된다.

아이비이콘iBeacon과 같은 모바일 기술은 스마트폰의 위치를 높은 정확도로 확인할 수 있다. 마쉬Marsh와 세이프웨이Safeway와 같은 슈퍼마켓은 아이비이콘 기술의 얼리어답터였다. 코카콜라와 프록터엔갬블이 실시한 연구는 소비자가 받는 할인 제안 장소가 집안이냐 아니냐에 따라서 그 효과가 엄청난 차이가 있다는 것을 보여준다. 구매 시점이 가지는 힘은 매우 중요하다. 예를 들어 마쉬의 비이컨은 마쉬의 모바일 앱을 사용하는 고객 위치를 감지하여 쇼핑 리스트, 광고 및 기타 콘텐츠와 같은 알림을 보낼 수 있다. 그리고 비이콘은 GPS보다 정확하기 때문에 고객이 올바른 매장 통로에 있을 때 알림을 보낼 수 있다.

콜센터 통화, 미팅, 소셜 상호작용

고객은 회사에 직접 전화를 걸어오기도 하는데 이는 더 중요한 데이터 포인트를 회사에 제공할 수 있다. 새로운 텍스트 분석 소프트웨어는 통화의 길이와 빈도뿐만 아니라 대화 및 고객 감정의 주제를 기록하고 분석하도록 도와준다. 콜센터 대화를 통합하는 가장 쉬운 방법은 각 통화를 카테고리로 분류하고 이 카테고리를 각 고객 데이터 프로파일에 추가하는 것이다. 특히 기업 대상 마케팅의 경우 예상고객이나 기존고객이 전화 통화를 원하거나 직접 만나기를 원한다는 사실은 강력한 구매 신호이며 데이터베이스에 이를 기록해야 한다. 구매 및 콜센터 통화와 마찬가지로 각 미팅에도 기록할 수 있는 많은 수의 (직접 및 파생) 데이터 포인트가 있다. 미팅 시간, 위치 및 길이뿐만 아니라 미팅 중의 고객 감정도 생각해볼 수 있다.

소셜 상호작용은 콜센터 데이터와 동일한 문제를 제기한다. 그것은 일반적으로 자연스러운 텍스트 대화이기에 고객 프로파일에 실행 가능한 정보를 추가하기 위해서는 소셜 상호작용을 분류해야 하거나 태그를 지정해야 한다. 벤더들은 고객이 긍정적인 의견이나 부정적인 의견을 내는지 여부와 같은 소셜 의견을 바탕으로 고객 감정을 수집하려고 한다. 문제는 지금까지 이러한 감정 분석 패키지의 대부분이 매우 부정확하고 마케터에게 유용한 데이터 포인트보다 오히려 잘못된 정보를 줄 수 있다는 점이었다. 대형 소비자 제품 브랜드들은 종종 고객 서비스 담당자를 지정하여 소셜 피드를 모니터하고 수동으로 분류한 뒤 대화 업무를 할당한다.

반품, 불만, 고객 리뷰

반품 및 불만은 고객 유지 가능성 및 고객에 의한 홍보와 관련하여 풍부한 정보를 제공한다. 반환하거나 불평하는 고객은 그리 많지 않으므로 데이터가 희소하지만 주의를 기울여야 한다. 예를 들어, 고객의 평생가치 또는 고객 유지를 예측하는데 있어서 반품 또는 불만이 상위 5개 주요 변수 중 하나임이 밝혀졌다.

고객 리뷰와 설문조사는 불만과 반환만큼이나 중요한 정보를 제공할 수 있다. 다만 예측마케팅을 고려할 때 고객 리뷰에 대한 분석으로 시작하는 것을 권하지 않는 이유는 고객 리뷰 및 설문조사가 타사 사이트에 게시되는 경우가 많기 때문이다. 이러한 사이트를 통합하여 리뷰들을 특정한 고객과 결부시키는 것은 더 까다로운 일이다. 이 중 일부는 고객의 프라이버시를 침해할 수 있으며 모든 고객들이 이에 대해서 동의하는 것도 아니다.

성별

성별로 고객을 분류하는 것은 가장 기본적인 세분화 중 하나이다. 받는 사람의 성별에 따라 바뀌는 자동 변환 제목이 있는 뉴스레터를 만드는 것은 쉬운 일이다. 이를 통해 클릭 및 전환율이 크게 증가하는 것으로 나타났다. 또한, 여성 제품의 프로모션을 남성에게 보내고 여성에게 면도기 프로모션을 보내는 것은 정말 한심한 일이다. 일반적으로 고객의 성별은 구매 과정에서 별도로 수집되지 않지만 소프트웨어 알고리즘은 대부분의 이름을 자동으로 인식하고 많은 고객을 남성 또는 여성으로 구분하여 표시한다. 남성과 여성에 대해서 각기 다른 마케팅 및 할인 제안으로 타깃팅하는 것을 넘어서서 남성과 여성은 쇼핑 습관도 서로 다르다. 우리는 최근 선물 구매 사이트 및 잡화 사이트를 방문한 1백만 명의 소비자를 분석하여 다음과 같은 차이점을 발견했다.

- 남성들은 여성들보다 더 자주 쇼핑하고 더 높은 금액의 구매를 하기 때문에 평생가치가 여성보다 24% 높다.
- 남성은 여성보다 적립 포인트를 사용하여 구매하는 확률이 두 배 더 높다.
- 남성들에 대한 비용이 약간 더 비싸다. 남성들이 더 많은 마일리지 및 할인을 사용하기 때문에 남성의 마진율은 여성보다 4% 낮다.

- 남성은 바지만 따로 구입하기보다는 양말, 바지, 시계와 같은 여러 제품 범주에 걸쳐서 구매할 확률이 약간 더 높다.
- 남성은 개별 브랜드 또는 전문 유통점의 사이트보다는 아마존에서 구매할 가능성이 약간 더 높다.

만약 당신이 이러한 사이트들 중 하나에서 일하는 마케터인 경우, 남성 고객이 마일리지 프로그램에 대해 매우 수용적이기 때문에 남성 고객에게 포인트를 제공할 수 있다. 또한 여성은 재구매 및 빈번한 구매 성향이 높기 때문에 고객 유지를 위한 예산을 여성에게 집중해야 한다.

미국 인구조사 데이터

미국의 인구조사 정보는 종종 간과하기 쉬운 중요한 데이터 원천을 제공한다. 미국 인구조사 데이터는 모든 사람이 자유롭게 사용할 수 있으며 우편번호를 기반으로 한 고객 레코드와 일치시킬 수 있다. 특정한 지역에 얼마나 많은 사람들이 살고 있는지 안다면 그 지역에 있는 고객의 수와 비교할 수 있다. 이제 특정 지역에 대한 시장 점유율을 계산할 수 있다. 이 정보를 바탕으로 점유율이 낮은 지역에서 고객 획득을 위한 예산을 늘릴 수 있다. 미국 인구 조사 데이터를 통해 특정한 지역에서 가장 인기있는 주택 유형을 알 수 있다. 특히 잔디 깎는 기계를 판매하는 경우 이 지역이 아파트 단지인지 또는 단독 주택 동네인지 여부를 아는 것이 중요할 수 있다. 고객의 우편번호를 토대로 가계 소득을 추산할 수 있다. 가구 수입은 고객 행위를 이해하는 데 항상 중요하다는 것이 증명되었다.

업종과 규모

　기업 대상 마케팅에서 회사의 규모와 업종은 위치 다음으로 세분화에 가장 많이 사용되는 인구사회학적 데이터일 것이다. 데이터베이스 판매회사들이 제공하는 데이터베이스들은 회사 규모, 업종, 직원 수에 대한 정확한 정보를 알려주므로 당신의 데이터를 보강하는 데 도움이 될 수 있다. 전통적으로 던 앤브래드스트릿Dunn & Bradstreet, 하트 행크스Harte Hanks와 같은 회사들이 이러한 데이터를 제공해왔다. 최근 들어서 회사 규모, 직원 수에 대한 가장 정확하고 최신의 정보를 제공하는 것은 링크드인이다. 링크드인에는 매출 데이터는 없지만 직원 수를 최신 현황으로 유지하고 있는 것으로 보인다. 기업 대상 마케팅에서 전체 시장, 지갑 점유율, 시장 점유율 등을 계산할 때 업종 및 직원 규모는 매우 중요하다. 기업 대상 마케터들은 일반적으로 시장의 전반적인 점유율에 신경 쓰지 않고 업종별 또는 회사 규모별로 특정한 세분 시장의 점유율에 대해서 관심이 많다.

기타 고객 데이터 포인트

　고객에 대해 수집할 수 있는 데이터의 양은 실제로 끝이 없다. 예를 들어 고객 데이터를 풍부하게 만들 수 있는 제3자 데이터 소스가 많이 있다. 한 가지 인기있는 예는 고객의 위치를 해당 지역에서 예상되는 날씨와 결합하는 것이다. 두 가지를 실시간으로 수집할 수 있는 경우 비 오는 날 실제 매장에서 하는 것과 마찬가지로 우산을 웹사이트의 첫 페이지에 올릴 수 있다. 우리가 함께 일하는 한 유통업체는 날씨 기반 캠페인을 실험했지만 그것을 이용하여 사이트에서 수익을 낼 만한 방법을 아직 찾지 못했다. 우선, 날씨에 반응하여 즉시 캠페인을 만드는 것이 쉽지 않았으며, 두 번째로 이러한 캠페인으로 인해서 판매량이 현저하게 증가하였다는 증거가 아직 없다.

빅데이터를 활용한
예측마케팅 전략

지은이 ㅣ 외머 아튼 / 도미니크 레빈
옮긴이 ㅣ 고한석

펴낸곳 ㅣ 마인드큐브
발행인 ㅣ 이상용
책임편집 ㅣ 홍원규
디자인 ㅣ 서용석

출판등록 ㅣ 제2018-000063호
이메일 ㅣ eclio21@naver.com
전   화 ㅣ 031-945-8046
팩   스 ㅣ 031-945-8047

초판 1쇄 발행 ㅣ 2017년 7월 25일
초판 5쇄 발행 ㅣ 2024년 10월 21일
ISBN ㅣ 979-11-953277-9-9 (03320)